财经管理专业"十四五"精品教材

网络营销

主　编　张远记　杨　蕾　周彩云
副主编　余时军　杨洁萍　梁　堃
　　　　余志钧　王文杰　李　平　万雪琪

天津出版传媒集团

天津科学技术出版社

内容简介

本书共九章,主要包括网络营销概述、网络营销策略与策划、网络营销活动策划与实施、定位网络市场、"微"营销、多媒体营销、移动营销新模式、其他网络营销方式、网络营销效果评估与优化。

本书内容充实、体系完善,具有较强的实用性、可读性,既可作为各类院校网络营销课程的相关教材,也可作为网络营销爱好者自学的参考书。

图书在版编目(CIP)数据

网络营销 / 张远记,杨蕾,周彩云主编. —天津:
天津科学技术出版社,2023.4
 ISBN 978-7-5742-0841-4

Ⅰ. ①网… Ⅱ. ①张… ②杨… ③周… Ⅲ. ①网络营销 Ⅳ. ①F713.365.2

中国国家版本馆 CIP 数据核字(2023)第 033162 号

网络营销
WANGLUO YINGXIAO

责任编辑:	张　冲
出　　版:	天津出版传媒集团 天津科学技术出版社
地　　址:	天津市西康路 35 号
邮　　编:	300051
电　　话:	(022)23332372
网　　址:	www.tjkjcbs.com.cn
发　　行:	新华书店经销
印　　刷:	唐山唐文印刷有限公司

开本 787×1092　1/16　印张 14　字数 287 000
2023 年 4 月第 1 版第 1 次印刷
定价:49.80 元

前　言

当前，互联网正在成为推动人类历史发展进程的重要因素。随着我国数字化建设的稳步推进，全面的数字化、智能化时代已经到来。党的二十大报告指出，推进新型工业化，加快建设制造强国、质量强国、航天强国、交通强国、网络强国、数字中国。网络营销是以国际互联网为基础，利用数字化的信息和网络媒体的交互性来辅助营销的一种新型的市场营销方式。网络营销极具发展前景，必将成为21世纪企业营销的主流。《网络营销》一书以培养网络营销定位、推广和策划能力为核心，按照网络营销工作流程相关要求，围绕网络营销的市场定位、各种推广工具的运用以及营销策划方案的制定，详细介绍了网络营销的核心工作过程，旨在与企业网络营销的岗位接轨，满足企业对网络营销人才的需求。

本书共九章，内容充实、体系善，系统全面，主要包括网络营销概述、网络营销策略与策划、网络营销活动策划与实施、定位网络市场、"微"营销、多媒体营销、移动营销新模式、其他网络营销方式、网络营销效果评估与优化。本书设置"本章导读""案例导入""知识拓展""课堂实训"等多个小栏目，使内容活泼，形式多样；精选当下经典案例，图文并茂，增强教材的实用性、可读性。

本书由张远记（烟台南山学院商学院）、杨蕾（云南中烟工业有限责任公司技术中心）和周彩云（新疆交通职业技术学院）担任主编，由余时军（信阳航空职业学院）、杨洁萍（广东生态工程职业学院）、梁堃（广西职业师范学院）、余志钧和王文杰（广东财贸职业学院）、李平（曹县技工学校）、万雪琪（河南技师学院）担任副主编。本书的相关资料可扫封底微信二维码或登录www.bjzzwh.com下载获得。

由于本书篇幅及编者水平和精力有限，书中难免有错误和疏漏之处，请广大读者批评指正，以便使本书不断完善。

编　者

目 录 CONTENTS

第一章 网络营销概述 ·· 1

　　本章导读 ··· 1
　　本章重点 ··· 1
　　案例导入 ··· 1
　　第一节 网络营销的概念 ··· 2
　　第二节 网络营销思维模式 ·· 9
　　第三节 网络营销的理论基础 ·· 12
　　本章小结 ·· 18
　　本章习题 ·· 18

第二章 网络营销策略与策划 ·· 19

　　本章导读 ·· 19
　　本章重点 ·· 19
　　案例导入 ·· 19
　　第一节 网络营销策略分析 ··· 20
　　第二节 网络营销策划分析 ··· 28
　　本章小结 ·· 31
　　本章习题 ·· 32

第三章 网络营销活动策划与实施 ·· 33

　　本章导读 ·· 33
　　本章重点 ·· 33
　　案例导入 ·· 33

第一节　营销活动策划的准备 ……………………………………… 34
第二节　营销活动的策划实施 ……………………………………… 38
第三节　营销策划书的写作 ………………………………………… 49
第四节　营销活动的执行与评价 …………………………………… 53
本章小结 ……………………………………………………………… 58
本章习题 ……………………………………………………………… 59

第四章　定位网络市场 ……………………………………………… 60

本章导读 ……………………………………………………………… 60
本章重点 ……………………………………………………………… 60
案例导入 ……………………………………………………………… 60
第一节　调研与选择目标市场 ……………………………………… 61
第二节　熟悉营销环境 ……………………………………………… 66
第三节　分析竞争对手 ……………………………………………… 74
第四节　研究消费模式与消费群体 ………………………………… 78
本章小结 ……………………………………………………………… 86
本章习题 ……………………………………………………………… 87

第五章　"微"营销 …………………………………………………… 88

本章导读 ……………………………………………………………… 88
本章重点 ……………………………………………………………… 88
案例导入 ……………………………………………………………… 88
第一节　微博营销 …………………………………………………… 89
第二节　微信营销 …………………………………………………… 100
本章小结 ……………………………………………………………… 117
本章习题 ……………………………………………………………… 118

第六章　多媒体营销 ………………………………………………… 119

本章导读 ……………………………………………………………… 119
本章重点 ……………………………………………………………… 119
案例导入 ……………………………………………………………… 119

第一节　网络图片营销 ……………………………………………… 121

第二节　网络广告营销 ……………………………………………… 125

第三节　网络视频营销 ……………………………………………… 134

第四节　网络直播营销 ……………………………………………… 151

本章小结 ……………………………………………………………… 161

本章习题 ……………………………………………………………… 161

第七章　移动营销新模式 ……………………………………… 162

本章导读 ……………………………………………………………… 162

本章重点 ……………………………………………………………… 162

案例导入 ……………………………………………………………… 162

第一节　二维码营销 ………………………………………………… 164

第二节　APP 营销 …………………………………………………… 167

第三节　移动新闻客户端营销 ……………………………………… 177

本章小结 ……………………………………………………………… 180

本章习题 ……………………………………………………………… 180

第八章　其他网络营销方式 …………………………………… 181

本章导读 ……………………………………………………………… 181

本章重点 ……………………………………………………………… 181

案例导入 ……………………………………………………………… 181

第一节　博客营销 …………………………………………………… 182

第二节　网络事件营销 ……………………………………………… 186

第三节　搜索引擎营销 ……………………………………………… 189

第四节　整合营销 …………………………………………………… 197

本章小结 ……………………………………………………………… 200

本章习题 ……………………………………………………………… 201

第九章　网络营销效果评估与优化 …………………………… 202

本章导读 ……………………………………………………………… 202

本章重点 ……………………………………………………………… 202

案例导入 ·· 202

第一节　认知网络营销评估指标 ·· 203

第二节　分析网络营销评估指标 ·· 206

第三节　优化网络营销效果 ·· 209

本章小结 ·· 215

本章习题 ·· 215

参考文献 ·· 216

第一章 网络营销概述

　　网络营销是当今社会经济发展不可或缺的一种新型营销方式,是整体营销战略的一个重要组成部分,对改善企业销售环境、提高产品竞争能力、扩大市场占有率具有非常重要的作用。当今,互联网正以前所未有的速度影响着我们的生活。在这样的背景下,如果我们不想被社会所淘汰,就必须了解互联网,学会运用互联网的相关工具。

　　网络营销;营销组合;直复营销;关系营销;定制营销;软营销;整合营销。

　　提高媒介使用能力、媒介信息辨识能力及媒介信息筛选和运用能力。
　　通过参与实践,理性对待网络各类信息与网络行为。

案例导入

亚马逊的网络营销

　　长期以来,广告商始终会通过亚马逊的广告网络开展一些有针对性的广告活动。许多广告商甚至与亚马逊的员工直接合作,这些员工将代表他们下订单。随着时间的推移,亚马逊已经允许更多的广告商和他们的代理使用自助服务系统,在亚马逊的网站上和网站外,以及在不同的支出水平上,开展他们自己的目标广告活动。
　　自助服务系统的用户可以从数百个自动化用户群中进行选择。亚马逊的定位能力取决于实施购物行为的人,如有人在亚马逊上播放健身和锻炼视频。与其他广告网络一样,亚马逊使用Cookie和其他技术工具来跟踪从其网站到其他网站的用户。他们让

> 公司知道，最近买了减肥书籍的人正在美国有线电视新闻网（Cable News Network，CNN）上阅读新闻，公司可以考虑在该网站上登一则蛋白质棒的广告。亚马逊不会告诉广告商那个用户是谁，但它确实代表该品牌以该用户为目标提供广告服务。

第一节　网络营销的概念

一、网络营销概念

网络营销（On-line Marketing 或 E-Marketing）是以国际互联网络为基础，利用数字化的信息和网络媒体的交互性来辅助营销目标实现的一种新型的市场营销方式。简单地说，网络营销就是以互联网为主要手段进行的，为达到一定营销目的的营销活动。

网络营销

（一）网络营销与网络推广

网络推广即利用互联网向目标受众传递有效信息的活动。

从过程来说，网络推广要经过三个步骤：首先，确定目标受众，即向谁说；其次，策划传播内容信息，即说什么；最后，采取什么方式推广，即怎么说。只有经过这三个有机组合的策划，才能构成一个成功的传播案例并达到传播的目的。网络推广更多侧重于信息传递传播，而网络营销不仅包括推广，还要让客户从知道、了解、信任、喜欢到购买，更重要的是激发客户的购买欲望和购买行为，提升转化率。可以说网络推广是保障网络营销效果和成功的关键，是网络营销的重要组成部分。网络营销则需要策划和设计营销方案，落实到执行层面，需要网络推广为之服务。

（二）网络营销与电子商务

网络营销和电子商务是一对紧密相关又具有明显区别的概念。网络营销是企业整体营销战略的一个组成部分，无论是传统企业还是互联网企业都需要网络营销，但网络营销本身并不是一个完整的商业交易过程，而是促进商业交易的一种手段。

电子商务通常是指在全球各地广泛的商业贸易活动中，在因特网开放的网络环境下，基于浏览器/服务器应用方式，买卖双方不谋面地进行各种商贸活动，实现消费者的网上购物、商户之间的网上交易和在线电子支付及各种商务活动、交易活动、金融活动和相关的综合服务活动的一种新型的商业运营模式。电子商务强调的是交易行为和方式。所以，网络营销是电子商务的基础，开展电子商务离不开网络营销，但网络营销并不等于电子商务。

（三）网络营销与网络销售

网络营销的目的不只是为了促进网络销售，很多情况下，网络营销活动是为了辅助传统营销活动，促进线下交易，增进客户的忠诚度等。网络营销的效果可以表现在多个方面，如提升企业的品牌价值、加强与客户之间的沟通、拓展对外信息发布的渠道、改善客户服务质量等。

从网络营销的内容来看，网络销售属于网络营销中的一个部分，而不是必须具备的内容。部分企业产品在不具备网络销售的条件下，通过网络营销发布产品和企业信息，实现产品和品牌形象宣传的目的。

二、网络营销的内容

网络营销涉及的范围较广，所包含的内容也较为丰富。与传统营销相比，网络营销的目标消费者和营销手段均有所不同。因此，网络营销的内容与传统营销的内容也有很大的差异。网络营销的内容主要包括以下几个方面。

（一）网络市场调查

网络市场调查是开展网络营销活动的前提和基础，也是企业了解市场、准确把握消费者需求的重要手段。网络市场调查是指企业通过互联网，针对特定的营销任务而进行的调查活动，主要包括调查设计、资料收集、资料处理与分析等环节。网络市场调查的重点是充分利用互联网的特性，提高调查效率和改善调查效果，以求在浩瀚的网络信息海洋中快速获取有用的信息。

（二）网络消费者行为分析

网络消费者是伴随着电子商务的蓬勃发展而产生的一个特殊消费群体，这个群体的消费行为有其自身的典型特征。因此，企业在开展网络营销活动前必须深入了解网络消费者不同于传统消费者的需求特征、购买动机和购买行为模式。网络消费者行为分析的内容主要包括分析网络消费者的用户特征、需求特点、购买动机和购买决策等。

（三）网络营销策略制订

为了实现网络营销目标，企业必须制订相应的网络营销策略。与传统营销策略类似，网络营销策略也包括产品策略、价格策略、渠道策略和促销策略，但企业在具体制订网络营销策略时应充分考虑互联网的特性、网络产品的特征和网络消费者的需求特点。例如，企业在制订网络营销价格策略时，通常可以对某些在线体验类产品，如在线培训、远程医疗、虚拟旅游、游戏等采取全部免费或部分免费的价格策略。

（四）营销流程改进

与传统营销相比，网络营销的流程发生了根本性的变化。利用互联网，企业不仅可以实现在线销售、在线支付、在线服务等，还可以通过网络收集信息并分析消费者的特殊需求，以生产消费者需要的个性化产品。如著名的李维斯公司就是利用互联网为消费者量身定制个性化产品的典范。消费者可以在李维斯公司的网站上直接输入所需服装的尺寸、款式和喜欢的颜色等信息，这样李维斯公司就可以为消费者量身定制服装，从而使消费者的个性化需求得到满足。

（五）网络营销管理

营销管理是企业为了实现营销目标而开展的计划、组织、领导和控制等一系列管理活动的统称。传统营销管理的许多理念和方法虽然也适用于网络营销管理，但网络营销依托全新的网络平台开展营销活动，难免会遇到新情况和新问题，如网络消费者的隐私保护问题及信息安全问题等，这些都要求企业做好有别于传统营销的营销管理工作。

三、网络营销职能

（一）网络营销职能

网络营销可以在网络品牌、网络推广、信息发布、销售促进、网络销售、客户服务、维护客户关系和网络调研等多个方面发挥作用（图1-1）。这几个方面也是网络营销的八大职能，网络营销策略的制订和各种网络营销手段的实施也以发挥这些职能为目的。

图1-1　品牌网络推广

1. 网络品牌

网络营销的重要任务之一是在互联网上建立并推广企业的品牌。知名企业的线下品牌可以在线上得以延伸；一般企业则可以通过互联网快速树立品牌形象，提升企业整体形象。

2. 网络推广

这是网络营销最基本的职能之一，其目的是让更多的客户对企业产生兴趣，并通过访问企业网站、APP、第三方平台内容，利用网站、APP、第三方平台的服务来达到提升品牌形象、促进销售、增进企业与客户的关系、降低客户服务成本等目的。相对于其他功能来说，网络推广显得更为迫切和重要，企业平台所有功能的发挥都要以一定的访问量为基础。所以，网络推广是网络营销的核心工作。获得必要的访问量是网络营销取得成效的基础。特别是中小型企业，由于经营资源的限制，发布新闻、投放广告、开展大规模促销活动等宣传机会比较少，因此通过互联网手段进行网络推广的意义显得更为重要，这也是中小型企业对网络营销更为热衷的主要原因。即使是大型企业，网络推广也是非常有必要的，事实上许多大型企业虽然有较高的知名度，但网站访问量并不高。

3. 信息发布

网站是一种信息载体，通过网站发布信息是网络营销的主要方法之一。同时，信息发布也是网络营销的基本职能，所以也可以这样理解：无论选择哪种网络营销方式，结果都是将一定的信息传递给目标人群，包括客户/潜在客户、媒体、合作伙伴、竞争者等。

信息发布需要一定的信息渠道资源，这些资源可分为内部资源和外部资源。内部资源包括企业网站、官方 APP、小程序、第三方网络平台、微博、微信公众平台、短视频平台等；外部资源则包括新闻网站、行业网站、搜索引擎、供求信息发布平台、网络广告服务资源、百科、问答平台、合作伙伴的网络营销资源等。掌握尽可能多的网络营销资源，并充分了解各种网络营销资源的特点，向潜在客户传递尽可能多的有价值的信息，是网络营销取得良好效果的基础。

4. 销售促进

营销的基本目的是为增加销售提供帮助。网络营销也不例外，大部分网络营销方法都直接或间接地与销售促进有关，但销售促进并不限于促进网上销售。事实上，网络营销在很多情况下对于促进线下交易十分有价值。

5. 网络销售

一个具备线上交易功能的企业网站本身就是一个线上交易场所。网络销售是企业销售渠道在线上的延伸。网络销售渠道建设也不限于网站本身，还包括建立在综合电子商务平台上的网上商店，以及与其他电子商务网站不同形式的合作等，如图 1-2 所示。因此，网络销售并不仅是大型企业才能开展的，不同规模的企业都有可能拥有适合自己需要的网络销售渠道。

图 1-2　华为搭建的网络销售渠道

6. 客户服务

互联网提供了更加方便的在线客户服务手段，包括形式最简单的常见问题解答（FAQ）、电子邮件、邮件列表，以及各种即时信息服务等。在线客户服务具有成本低、效率高的优点，在提高客户服务水平方面具有重要作用，同时也直接影响到网络营销的效果。华为官网客户服务界面如图 1-3 所示。

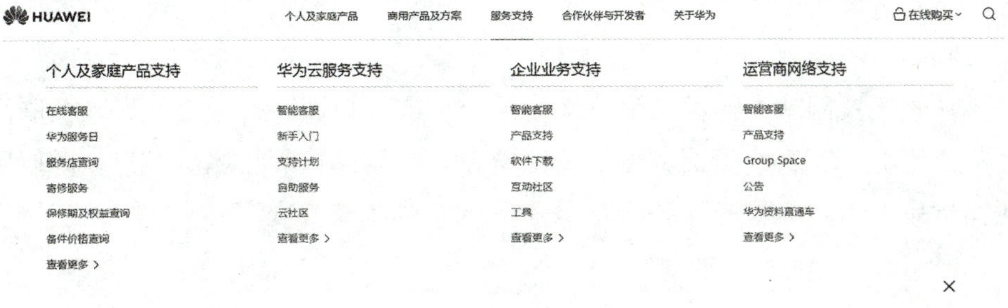

图 1-3　华为官网客户服务界面

7. 维护客户关系

良好的客户关系是网络营销取得成效的必要条件。网站的交互性、客户参与等方式在开展客户服务的同时，也增进了客户关系。客户关系是与客户服务相伴而产生的一种结果，良好的客户服务才能带来稳固的客户关系。

8. 网络调研

企业不仅可以采用在线调查表等网络调研方式，还可以使用大数据调研等调研方法。与传统市场调研相比，网络调研具有高效率、低成本的特点。因此，网络调研成为网络营销的主要职能之一。

（二）网络营销职能之间的关系

开展网络营销的意义在于充分发挥各项职能，让网络营销的整体效益最大化，因此，仅仅由于某些方面效果欠佳就否认网络营销的作用是有失偏颇的。

网络营销的各项职能之间并非相互独立的，而是相互联系、相互促进的。网络营销的最终效果是各项职能共同作用的结果。开展网络营销需要用全面的观点，充分协调和发挥各项职能的作用。

为了更直观地描述网络营销八项职能之间的关系，从其作用和效果上可将其大致分为网络推广、信息发布、维护客户关系、客户服务、网络调研五项。这五项属于网络营销资源的投入和建立，是基础职能。网络品牌、销售促进和网络销售则表现为网络营销的效果，涵盖直接效果和间接效果。网络营销职能关系如图1-4所示。

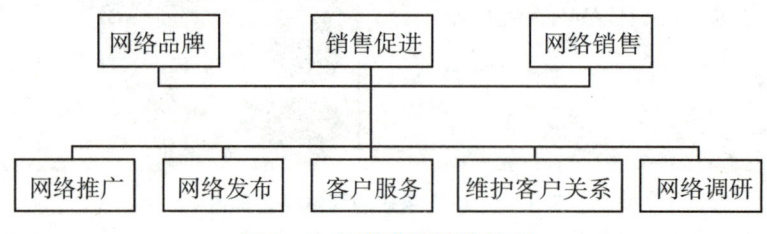

图1-4 网络营销职能关系

课堂实训

搜索引擎优化综合查询

1. 训练目的

进行搜索引擎优化综合查询，了解不同网站的销售情况。

2. 训练内容及步骤

通过站长工具网站进行搜索引擎优化综合查询，找到下列网站的日均互联网协议地址数（日均IP）、日均页面浏览量（日均PV）、网站世界排名等信息，并以同款海尔的热销产品为例，参照下表1-1记录不同网站的销售情况。

表 1-1 不同网站销售情况记录表

网站	日均 IP	日均 PV	网站世界排名	网站销售记录（销售量/时间）
淘宝网				
京东商城				
苏宁易购				
亚马逊中国				
海尔商城				
总结				

3. 训练思考

如何进行搜索引擎优化综合查询？试分析网络推广对产品销售的重要性。

知识拓展

网络营销发展趋势分析

随着网络技术和信息通信技术的发展，互联网成为一个全球性新型媒体，网络营销将持续快速地增长。

1. 网络营销的发展趋势

根据互联网的发展特点及市场营销环境的变化，可以预测网络营销将会呈现以下的发展趋势。

（1）网络媒体和网络技术将深度应用

网络的防火墙技术、信息加密技术将更加成熟，这将有助于提高网络系统安全性。随着各种网上支付方式的推行，电子商务将更加繁荣，网络营销形式也将更加多样。

（2）营销决策趋于理性化

随着网络消费者的购物经验日益丰富，其购买与消费行为趋于理性，因此忽视顾客理智与情感的营销策略需要改变。

（3）互动营销将成为主流

随着个体网络传播的影响，营销不再停留在企业对用户的方式上，将来人人都有机会参与到营销中，制定营销规则。

2. 网络营销发展的新模式

（1）移动互联网营销

随着无线通信技术的发展与普及，移动互联网营销已经成为网络营销的重要组成部分，如图 1-5 所示。

（2）新媒体营销

新媒体是在相对传统的报刊、广播、电视等媒体以后发展起来的新的媒体形态，

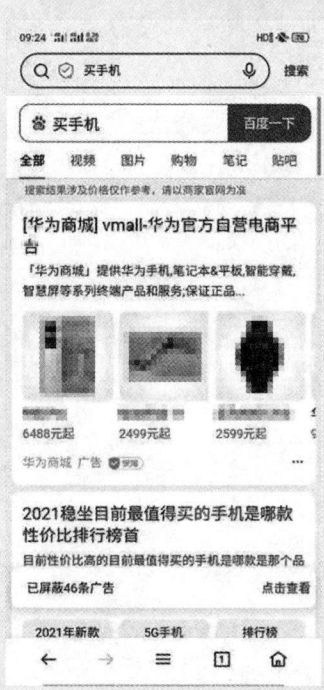

图 1-5 移动搜索引擎推广

包括网络媒体、手机媒体、数字电视等。现在常用的有微博（图1-6）、微信、搜索引擎、网络视频、网络直播等营销方式。

图1-6　微博营销

（3）APP营销

APP营销指的是智能手机的第三方应用程序，APP用户数量直接影响企业经营发展，因此APP营销已成为众多企业的核心营销工作之一，如图1-7所示为目前比较主流的APP。

图1-7　主流APP

（4）O2O营销模式

O2O即Online To Offline（线上到线下），是指将线下的商务机会与互联网结合，让互联网成为线下交易的平台。O2O通过打折、提供信息、服务预订等方式，把线下商店的消息推送给互联网用户，从而将他们转换为自己的线下客户。这种模式特别适合必须到店消费的商品和服务，比如餐饮、健身、看电影和演出、美容美发、摄影、酒店等。

第二节　网络营销思维模式

网络营销自诞生之日起就处于逐步进阶的历程之中。伴随着信息技术的日新月异、国际互联网的迅猛发展及网络消费者行为方式的变化，促成了企业网络营销思维模式的不断演变。

一、技术思维模式

在国际互联网发展的早期，网络营销对绝大多数企业来说还属于新生事物，此时技术思维模式占主导地位。企业网络营销活动的开展和实施由授权的技术人员或专门的技术部门负责，具体的工作是负责网站建设和网页美化。在此阶段，网络营销并未充分发挥其营销的功能，更多的是作为企业的一个对外宣传的窗口。该阶段网络营销的方法较为单一，主要是网站营销、网络广告营销、交换链接营销等。

二、运营思维模式

随着搜索引擎网站的兴起，人们逐步认识到其巨大的商业价值，很多企业开始重视搜索引擎营销。企业开始实施跨部门合作来开展和实施网络营销活动，具体做法是让市场部参与进来，与技术部一起来完成企业网站推广和搜索引擎优化等工作，所以这一时期被称为网络营销的运营思维模式阶段。这一阶段搜索引擎营销成为网络营销的一种重要方法，在营销活动中发挥着重要的作用。

三、全员营销思维模式

Web 2.0时代的到来，促成了论坛的兴起和博客的流行，国际互联网实现了开放分享和用户参与的功能。企业的网络营销活动已不再局限于某一两个特定部门，而是扩展到整个企业甚至合作伙伴，企业的网络思维模式由运营思维转变为全员营销。该阶段具有代表性的网络营销方法有论坛营销、博客营销等。

四、社会化思维模式

社会化思维是指组织利用社会化工具、社会化媒体和社会化网络，重塑企业和用户的沟通关系，以及组织管理和商业运作模式的思维方式。社会化思维模式是伴随着社会化网络媒体兴起而产生的一种新的网络营销思维模式。表现在开展网络营销的企业开始注重构建以自身为核心的社会群体网络，通过及时通信工具与目标用户实时互动借以实现一对一的精准营销，如微信营销等；同时利用社会化网络媒体的快速复制与传递功能开展口碑营销、事件营销和"病毒式"营销等。

五、碎片化思维模式

碎片化思维模式是移动互联网时代的重要特征，突出表现在人们的时间碎片化和获取信息的碎片化。便捷的移动网络让每个人都能随时随地获取各种信息，并进行工作、学习和社交等活动。因此开展网络营销的企业一定要有碎片化营销的思维。微博、微信、短视频、微社区等恰好满足了人们的碎片化需求，孕育着巨大的商机，因此备受企业关注和重视。

六、场景化思维模式

> **案例**
>
> e代驾通过不断地细分代驾行业，更大地提高客户体验。所以除酒后代驾外，e代驾还应该和汽车保养、维修公司合作，或者提供场地用于汽车维修、保养，在帮客户代驾后直接开到汽车保养门店去，或者直接开到停车场。客户身体不舒服，接送孩子上下学，带老人去医院，去机场接朋友，假期长途代驾等个性化服务都是使用e代驾的场景。用户可以在多次使用某一司机后让其成为自己的专属司机，成为VIP服务，这样的场景构建，也将让e代驾在不久的将来成为不方便开车人的私人司机。

场景化营销是指针对消费者在具体的现实场景中所具有的心理状态或需求所开展的营销。近年来信息技术的发展使得场景化营销已不再局限于线下。营销场景由时间、空间、人、事件、关系五要素构成。其中，关系是这几个元素之间的相互关联和反应。随着互联时代的到来，特别是移动互联网的兴起，时间、空间得以无限地扩展，我们无时无刻不处在鲜活的现实场景和虚拟场景中。可以说，媒体特别是移动媒体大大丰富和激活了营销场景，也加速了现实场景和虚拟场景的交融互动，为我们创造了更大的营销想象空间（图1-8）。场景化

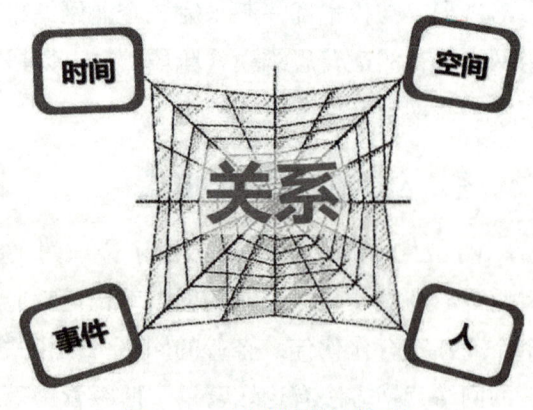

图1-8　场景营销构成要素

营销将消费者线下的消费体验移植到了线上，在虚拟的环境中获得真实的感受。企业运用场景化思维模式开展营销将是未来网络营销发展的一大趋势。

七、大数据思维模式

> **案例**
>
> 流行的年度账单和年度歌曲列表可以在年底为用户生成专属的个人报表，显示一年内该用户在应用程序上的各种使用行为。而这种精细化的个人报表实际上也使用了大数据技术。利用大数据技术收集用户的个人行为数据，并通过分类和计算获得。近年来，网易云音乐一直吸引着用户的眼球，让用户积极参与其中。网易云的年度歌曲清单是使用大量数据来收集用户的收听信息和数据。每个用户听到最多的歌曲，发送的评论，收听时间，收听习惯等都将显示在这个专属的歌曲清单中。它非常清楚地列出每个用户的收听喜好并分析用户的心情、个性等，制订一个大概的标签，增加更多的个人情感内容，并让用户体验定制化。播放列表细致周到，对其印象深刻，并被进一步转发和共享以实现散布和刷新屏幕的最终效果。其中，大数据起着非常基础但是也很重要的技术作用。正是由于大数据，网易云与用户才能形成深度的创意互动，并实时生成独家歌曲列表。然后借助情感视角，走心的内容所引起的情感和共鸣，可以与每个用户建立情感联系，从而增强用户对网易云音乐的信任和依赖性（图1-9）。

图1-9　网易云音乐

大数据是指数据体量巨大，创建、移动和处理快速，类型繁多及价值密度低的数据。在互联网高速发展的今天，数据呈现出爆炸式的指数级增长，面对如此浩瀚的信息海洋，企业要想精确识别目标客户，开展有针对性的营销活动，必须要拥有大数据的营销思维。企业要充分利用大数据资源，借助大数据挖掘技术描绘用户画像，识别用户真正的需求，从而提高营销效率并实现精准营销。

需要说明的是，时至今日以上网络营销模式主导下的网络营销方法依然在沿用，而且在不断创新发展，如网络广告从原来的单一的静态网页广告形式逐渐演变为网络视频广告、自媒体广告、H5广告等多种形式。另外，企业使用的网络营销方法往往不是单一的，而是多种方法并用的组合方式。如小米公司，除了采用网站营销、网络广告营销、搜索引擎营销、微博营销、论坛营销、短视频营销外，也在进行直播营销和APP营销等。

网络营销

课堂实训

网络营销思维模式

1．训练目的

了解网络营销的不同思维模式。

2．训练内容及步骤

（1）查阅相关文献并结合教材内容，对网络营销的思维模式进行深入分析。

（2）总结各网络营销思维模式的特点，列举典型的应用，完成表1-2的填写。

表1-2　网络营销的实现方式的比较

网络营销思维模式	模式解读	特点	典型应用
技术思维模式			
运营思维模式			
全员营销思维模式			
社会化思维模式			
碎片化思维模式			
场景思维模式			
大数据思维模式			

（3）完成表格填写后提交作业，交授课教师评阅。

3．训练总结

实训作业——网络营销思维模式的比较。

第三节　网络营销的理论基础

随着互联网技术的快速发展，网络营销手段在不断更新变化，使得传统营销理论需要进一步发展和完善，需要对网络的特性和新型消费者的需求、购买行为进行重新思考，形成具有网络特色的营销理论。

一、营销组合理论

随着营销理论和移动互联网技术的发展，网络营销组合以4P营销组合理论为基础，以4C、4R和4D营销组合理论为导向。4P理论、4C理论、4R理论与4D理论的内容如表1-3所示。

表 1-3 四种营销理论的内容

4P 理论	4C 理论	4R 理论	4D 理论
产品（product）	顾客（customer）	关联（relevancy）	需求（demand）
价格（price）	成本（cost）	反应（respond）	数据（data）
渠道（place）	便利（convenience）	关系（relation）	传递（deliver）
促销（promotion）	沟通（communication）	回报（return）	动态（dynamic）

杰罗姆·麦卡锡（Jerome McCarthy）教授于 1960 年最早提出了 4P 理论。4P 理论包括产品、价格、渠道与促销四个策略。产品策略指企业以向目标用户提供各种适合消费者需求的有形和无形产品的方式来实现其营销目标，主要包括质量、品类、规格、样式、品牌、商标、包装、特色及各种服务措施等因素的组合与运用。价格策略指企业通过制定价格和变动价格等方式来实现其营销目标，主要包括成本导向、需求导向、竞争导向等定价方法及折扣定价、地区定价、心理定价、差别定价等定价策略等因素的组合与运用。渠道策略指企业合理地选择分销渠道，并组织商品实体流通的方式，以实现其营销目标，主要包括渠道覆盖面、商品流转环节、中间商选择、网点设置、商品存储、物流运输等因素的组合和运用。促销策略指企业利用各种信息传播手段刺激消费者购买欲望，促进产品销售，从而实现其营销目标，主要包括人员推销、营业推广、广告、公共关系等因素的组合和运用。

1. 4C 理论

4C 理论是 4P 理论的发展，并一一对应，由顾客、成本、便利、沟通四个要素组成。该理论的基本观点是先不急于制定产品策略，而是以研究顾客的需求和欲望为出发点；先不急于制定定价策略，而是重点研究顾客为满足其需求所愿付出的成本；先不急于制定渠道策略，而是着重考虑如何使顾客方便地购买到商品；先不急于制定促销策略，而是着重思考如何加强与消费者的沟通和交流。

2. 4R 理论

4R 理论是在 4P 理论和 4C 理论基础上的进一步创新，包括关联、反应、关系和回报四个要素。关联是指通过某些有效的方式在业务、需求等方面与顾客建立关联，形成一种互助、互求、互需的关系，把顾客与企业联系在一起，形成稳定、持久和牢固的关系，减少因网络的便利而带来的顾客流失。反应是指提高网络时代的市场反应速度，站在顾客的角度，及时倾听顾客的希望、渴望和需求，并及时答复和迅速做出反应，满足顾客的需要，以体现网络方便、快捷的特点。关系是指抢占市场的关键已转变为与顾客建立长期而稳固的关系，从交易变成责任，从顾客变成拥趸，营销管理和顾客之间逐渐形成一种互动、伙伴关系。回报是营销的动力源泉，既包括为顾客带去的回报，也包括为企业带来短期或长期的收入和利润。

3. 4D 理论

4D 理论包括需求、数据、传递和动态四个要素。需求指聚焦消费者需求；数据指精准定位个性化营销；传递指直接把产品价值传递给消费者；动态指企业与消费者的动态立体式沟通。

4. 4P 理论

4P 理论是营销的基础，4P 理论、4C 理论、4R 理论与 4D 理论之间不是取代关系，而是完善、发展的关系。

二、直复营销理论

案 例

麦考林是一家以会员营销方式为主，专注于为用户提供与健康美丽相关的产品和服务的多渠道、多品牌零售和服务企业。麦考林的前身为成立于 1996 年的上海麦考林国际邮购有限公司，主要经营服装、首饰、家居用品、健康用品、宠物用品等多种商品，公司业务覆盖全国，是中国第一家获得政府批准的从事邮购业务的三资企业。2010 年 10 月，麦考林作为"中国 B2C 第一股"在美国纳斯达克上市，以"目录邮购 + 线下门店 + 线上销售"多渠道向消费者提供物有所值的快时尚产品。2014 年 5 月加入三胞集团后，麦考林重新定位，以满足消费者对健康美丽生活的高品质需求为核心，通过严选产品、专业服务、高效沟通、良好互动体验等方式，构建消费者、分享者、经营者三位一体的生活家会员体系，致力于成为互联网时代中国领先的健康美丽产品、服务、解决方案社交营销新平台。

麦考林的发展历程如下。

1996 年，麦考林公司成立，是中国第一批获得政府批准的从事邮购业务的中外合资企业。

2001 年，麦考林将顾客群定位为都市白领女性，以城市邮购模式迅速扩大市场份额，成为中国白领女性和大学生群体最受欢迎的购物公司之一。

2002 年，麦考林在业界首推送货上门及 30 天无条件退换货服务，引领邮购与电子商务服务的服务新方式。

2004 年，麦考林成立健康事业部，引入健康美丽产品线。

2006 年，麦考林在上海开设了第一家实体店，正式开启网络、电话、店铺及邮购等多渠道服务及分销模式，成为中国女性直复式营销行业的领导者。

2010 年，麦考林在美国纳斯达克上市，成为中国电子商务 B2C 企业上市第一股。

2014 年，中国民营 500 强企业三胞集团入股麦考林，麦考林转型全力发展健康美丽事业。

> 2016年，麦考林设立并打造生活家及会员制度，构建消费者、分享者、经营者三位一体的生活家会员体系。
>
> 2017年，麦考林开启分享式营销模式，建立微商城平台，打造以全新健康美丽生活方式为核心的全方位的营销体系。

直复营销（direct marketing）是20世纪90年代中期出现的新的营销理论。"直"是指企业不通过中间商，而直接通过媒体与顾客连接；"复"是指企业与顾客之间的交互，顾客对这种营销可做出一个明确的回复，企业可以通过统计明确回复的数据，对相关的营销效果进行评价。美国直复营销协会（America Direct Marketing Association，ADMA）对直复营销定义是：一种为了在任何地方产生可度量的反应或达成交易而使用一种或多种广告媒体的相互作用的市场营销体系。

直复营销包括直接邮购营销、目录营销、电话营销、电视营销、网络营销、其他媒体（报纸、杂志、广播）营销。

新兴的网络信息技术对直复营销的发展起了很大的作用。网络可以很方便地为企业与顾客架设起桥梁，顾客可以直接通过网络订货和付款，企业可以通过网络接收订单、安排生产，直接将产品送到顾客手上。基于网络的直复营销将更加符合直复营销的理念，其特点具体表现在四个方面：直复营销具有非常好的互动性；直复营销可实现跨时空营销；直复营销能方便地提供一对一服务；直复营销的效果可测定。

三、关系营销理论

关系营销是20世纪90年代以来受到重视的营销理论，是指企业与消费者、分销商、供应商、竞争者、政府机构及其他公众之间建立、保持并加强良好关系，通过相互交换及共同履行诺言，实现各方的目的。由于争取一个新顾客的营销费用是维系老顾客费用的5倍，所以关系营销的核心是保持顾客，为顾客提供高度满意的产品和服务价值。通过加强与顾客的联系，提供有效的顾客服务，保持与顾客的长期关系，从而开展营销活动，实现企业的营销目标。关系营销包括亲缘、地缘、业缘、文化习俗、偶发性五种形态。

互联网是关系营销的保障，它作为一种有效的双向沟通渠道，使得企业与顾客之间可以实现低成本的沟通和交流，进而满足个性消费需求，与消费者保持密切联系，这样就为企业与顾客建立长期、稳定和持久的关系提供了有效的保障。

四、定制营销理论

案 例

根据戴尔公司的前期网络营销机会和网络营销任务分析，戴尔公司利用现代信息技术支持企业生产的便利条件，开展了以顾客定制为主的定制化营销，实现了顾客导向的快速运筹，具体体现在生产环节上就是戴尔公司通过国际互联网和企业间内联网等技术，以电子速度对顾客订单做出反应。当订单传至该公司信息中心时，由公司控制中心将订单分解为子任务，并通过国际互联网和企业间内联网分派给各个独立制造商，各制造商按照收到的电子订单进行配件生产组装，最终按照戴尔公司控制中心的时间表来供货。一旦获得由世界各地发来的源源不断的订单，这个过程就会循环不停、往复周转，形成规模化、产业化生产。定制营销重建了企业的价值流，能快速、准确地把握顾客需求的特点，并以最快的速度生产出产品和提供服务，相对于大规模生产企业制造出的有限产品组合，确实物有所值，真正实现了用"平民的价格"享受到了"贵族的服务"。戴尔的 Premier 个性化产品定制方案（图 1-10）吸引了更多的网络消费者，受到了广大消费者的好评。

图 1-10 戴尔的 Premier 个性化产品定制方案

定制营销（customization marketing）是指企业在大规模生产的基础上，将每一位顾客都视为一个单独的细分市场，根据其个性需求，单独设计、生产产品并快速交货的营销模式。定制营销是在简单的大规模生产不能满足消费者多样化、个性化需求的情况下提出来的，其核心价值在于最大化地创造、满足顾客需求，并获得比规模化产品更高的利润作为回报。

信息化是定制营销的基础。没有畅通的信息渠道，企业无法及时了解顾客的需求，顾客也无法确切地表达自己需要什么产品，定制营销也就无从谈起。互联网的发展为这一问题提供了很好的解决途径，互联网改善了企业与顾客的关系，一方面，网络沟通渠道的便利使得企业了解客户的个性化需求成为可能；另一方面，企业越来越多地将生产与管理过程数据化、网络化，也使得针对客户的个性化需求进行生产得以实现。因此，企业实施网络定制营销，通过建设网上定制营销系统，让消费者参与到产品的设计、生产与流通的全过程中来。传统上，个性定制服务仅限于"个别高贵市场"，目标市场受众少；而随着互联网的普及，对企业而言，网络定制营销的目标市场已经走向了碎片化的大众长尾市场。

五、软营销理论

网络软营销理论实际上是针对工业经济时代以大规模生产为主要特征的"强势营销"而提出的新理论。该理论强调企业在进行市场营销活动时，必须尊重消费者的感受和体验，让消费者乐意主动接受企业的营销活动。强势营销的主动方是企业，如传统广告经常试图以一种信息灌输的"轰炸式"方式进行传播，以期在消费者心目中留下深刻印象，而不考虑消费者是否愿意接受、是否需要。软营销的主动方是消费者，消费者心理上渴望成为主动方，而网络的互动性使其成为可能，因为互联网上的信息交流是平等、自由、开放、交互的，强调相互尊重与沟通，用户也注重个人体验的隐私。实施网络软营销的两个基本出发点是网络社区（network community）和网络礼仪（netiquette）。

（一）网络社区

网络社区指由互联网上具有相同兴趣和目的、经常相互交流和互利互惠、能给每个成员以安全感和身份意识等特征的单位或个人所组成的团体。例如，在互联网上，人们利用Email、网络论坛等网络工具，就共同感兴趣的话题展开讨论，形成摄影爱好者、健身爱好者、园艺爱好者、茶艺爱好者等社区。网络服务商会对其服务范围内的社区进行维护，由专职工作人员、志愿者、批评者组织讨论，安排文章发布，阻止不合乎网络礼仪的商业性广告发送等。网络社区逐渐成为不少敏锐的营销者获得企业利益的途径之一。

（二）网络礼仪

网络礼仪是互联网自诞生以来所逐步形成与不断完善的一套良好、不成文的网络行为规范，也是网络营销必须遵守的准则，如不使用电子公告牌（BBS）张贴私人的电子邮件，不进行喧哗的销售活动，不在网上随意传递带有欺骗性质的邮件等。网络营销的经营者应该树立起遵守良好网络礼仪的意识，能提供易于导航、易于搜索有效信息的服务或工具，静候网上消费者的访问，提供方便、快捷、高效的网络服务，以满足顾客的需求，从而赢得更多的顾客。

六、整合营销理论

整合营销理论产生于20世纪90年代，最早由美国西北大学市场营销学教授唐·舒尔茨（Don Schultz）提出。整合营销是一种对各种营销工具和手段进行系统化结合，根据环境进行即时性的动态修正，以使交易双方在交互中实现价值增值的营销理念与方法。建立在互联网基础上的整合营销称为网络整合营销。网络整合营销是在深入研究互联网资源、熟悉网络营销方法的基础上，从企业的实际情况出发，根据不同网络营销产品的优缺利弊，整合多种网络营销方法，为企业提供网络营销解决方案。网络整合营销的内涵主要体现在以下三个方面。

1. 传播资讯的统一性

以企业的角度，向消费者传播的是统一的形象；以消费者的角度，从各种媒体所获得的该企业信息都是统一的、一致的。

2. 互动性

企业与消费者之间展开富有意义的交流，能够迅速、准确、个性化地获得信息和反馈信息。

3. 目标营销

企业的一切营销活动都应围绕企业目标来进行，以实现全程营销。网络整合营销从理论上脱离了在传统营销理论中占中心地位的 4P（产品、价格、渠道、促销）策略理论，而逐渐转向以 4C（消费者、成本、便利、沟通）策略理论为基础和前提。网络整合营销把消费者的需求放到了首位，强调企业利润和产品定价应符合消费者的意愿，产品的分销应考虑消费者的便利性，促销形式应使企业和消费者真诚、有效地进行双向沟通。

本章小结

通过对网络营销基础知识的学习，希望读者了解网络营销的概念，能够区分网络营销与电子商务、网上销售的不同，并清楚网络营销与传统营销之间的关系；认知网络营销思维模式；掌握网络营销的职能，能够结合实际情况理解营销组合、直复营销、关系营销、定制营销、软营销、整合营销理论在网络营销中的应用，在学习中不断发展与人合作、解决问题的能力。

本章习题

1. 网络营销的内容有几个方面？
2. 网络营销的职能有哪些？试分析网络营销职能之间的关系。
3. 简述网络营销思维模式。
4. 简述网络营销组合的 4P 营销组合理论。

第二章 网络营销策略与策划

  随着互联网和电子商务的发展，传统的营销战略已经无法满足新时期的要求，取而代之的是网络营销战略。网络营销战略是指企业在现代网络营销观念下，为实现其经营目标，对一定时期内企业网络营销发展的总体设想和规划。在不同的时期，针对不同的产品进行网络营销推广时，会运用到不同的营销策略和方法。

本章重点

  实体产品；虚拟产品；新产品定价策略；网络直接渠道；网络间接渠道；网络营销策划。

素质目标

  能够熟练运用各种网络工具与语言，具备一定的市场营销知识与技巧。
  熟悉网络行业市场营销变化，并能根据市场变化为企业量身订制合理的营销方案。

  电影《我和我的家乡》成为国庆假期的票房赢家。电影热映带火的不仅是后疫情下的电影行业，还有与电影联动推出"家乡好货"的新电商平台拼多多。
  作为这部电影的官方合作伙伴，电商平台拼多多特别上线了"家乡好货"专区，并对应影片故事分别设置了京津冀、云贵川、江浙沪、西北和东三省销售专场，通过特色产品的集中展示、大规模的补贴让利，进一步带领消费者体验家乡风貌的深刻变化。消费者可在拼多多APP的"家乡好货"专区页面选购各地的特色产品，如图2-1所示。
  受电影的影响，不少消费者对影片提及的陕西、贵州、浙江、辽宁等地的好货与美景产生了浓厚的兴趣。相关地区的特色农产品和农副产品的销量随着电影票房一路上涨，国庆期间，拼多多"家乡好货"专区的产品订单量已突破1亿单。

拼多多数据显示，2020年10月1日至2020年10月8日，北京的糕点、河北的山楂等在京津冀专场中销量靠前。在假期消费热潮的带动下，拼多多北京糕点类产品的订单量同比上涨近70%。

云贵川专场的产品种类最多，从四川的丑橘、石榴，到云南的鲜花饼、土豆，再到贵州的辣椒、牛肉粉。值得一提的是，电影《天上掉下个UFO》这一故事反映的黔货运输难问题近年来已随着道路交通状况和物流基础设施的不断完善而逐步得到解决。

在拼多多"家乡好货"江浙沪专场中，江苏的螃蟹、糯米藕，以及浙江的梅干菜、水磨年糕等产品较受欢迎。此前，在长三角区域合作办公室和沪苏浙皖一市三省农业主管部门的共同指导下，包括太湖、固城湖、洪泽湖、长荡湖等在内的长三角大闸

图2-1　拼多多"家乡好货"专区页面

蟹优质产区联合拼多多共同成立了"长三角大闸蟹云拼优品联盟"，为消费者提供了众多优质产区的源头好蟹。

银幕上，陕西苹果在《我和我的家乡》"回乡之路"章节中频繁曝光，而在拼多多平台上，陕西苹果、冬枣、猕猴桃等牢牢占据着西北专场产品销量前三的位置；东三省专场则几乎是黑龙江大米、红肠、辽宁小米、果梨和吉林人参的天下。拼多多的"家乡好货"专区让消费者便捷迅速地搜罗到了记忆中的家乡美食，助力农货出山，让乡亲们的腰包更鼓了。

第一节　网络营销策略分析

网络营销策略是指开展网络营销的企业为实现营销目标而对企业内部要素，包括生产要素、经营要素等可控要素进行综合把握和利用，一般包括产品策略、价格策略、渠道策略和促销策略。

案 例

小米创业初期恰逢中国智能手机市场换机潮，市场出现巨大空白。小米把市场目标定位于年轻、新潮的科技玩家，中等收入但追求品牌的人群，其中高校大学生是小米品牌的主力消费人群。小米瞄准的消费人群习惯于通过网络获取信息，喜欢网络购物，易接受新鲜事物，同时对手机价格较为敏感。小米制定出针对这个市场的精准策略，成功吸引了这一庞大的消费群体。以小米首发产品为例，高通骁龙芯片、双核1.5GHz主频、Adreno220图形处理器、1GB内存、夏普四英寸大屏、800万像素摄像头，这样高配置的产品售价才1 990元，小米手机一经推出立即引发市场轰动。小米通过大众产品高品质定位策略，直接满足目标市场群体的消费需求，一举取得第一次市场战役的胜利。小米消费群体具备这样的特点：对科技有强烈的好奇心，是电子产品的高频消费者。小米以手机产品为桥梁，向这个群体销售大量周边产品。实际上，这个群体购买产品的总体费用并不低，这为后来小米的生态链战略打下了深厚的用户基础。

近年来，国产智能手机的市场竞争日趋激烈，5G时代几大手机品牌的竞争序幕已经拉开。在营销品牌推广和公关方面，一直注重性价比的小米投入了巨大资源，终于开始做品牌了！2022年5月30日，小米新品即将开售。小米某产品的微博营销如图2-2所示。

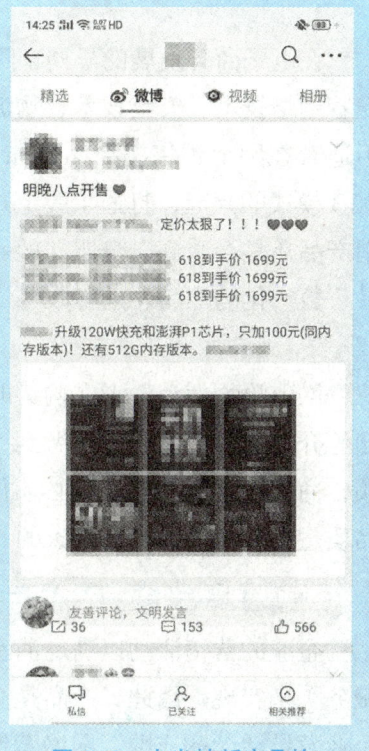

图2-2 小米某新产品的微博营销

一、网络营销产品策略

（一）网络营销中的产品

1. 实体产品

实体产品是指具有物理形态的、人们可以通过视觉和触觉感受到的产品。网络营销是市场营销方式的一种，从理论上讲，任何一种实体产品都可以通过网络进行交易，但在实践中，仍有少数产品因物流成本太高等问题而不适合在网络上销售。

2. 虚拟产品

虚拟产品一般是无形的，即使表现出一定形态也是通过其载体体现出来的。例如，计算机软件的实质是存储在磁盘上的有规则的数字编码，磁盘是软件的载体。在网络上销售的虚拟产品分为软件和服务两大类,包括各种软件、视听产品、电子书籍、在线培训课程、网络游戏等。相较于实体产品,虚拟产品更适合在网络上销售。

(二)网络营销产品的特性

1. 产品性质

在电子商务发展的早期,网上销售的产品大多是虚拟产品、图书、电子产品等。后来,随着网络技术、安全技术、物流技术等的发展及人们消费观念的改变,一些最初人们认为不适合在网上销售的产品,如汽车、地产、生鲜冷食等均实现了在线销售。尤其是当前O2O模式的兴起,打通了线上与线下的渠道,大大扩展了网络营销产品的范围。但网络营销产品还是会受到自身属性的一些影响。一般来说,标准化的产品、易于保存和运输的产品、数字化的产品、远程服务等尤为适合在网上销售。

2. 产品质量

网上购物使消费者在购买时无法亲身体验产品而只能依靠商家提供的文字、图片、视频等介绍选择产品,无法做到"眼见为实"。因此,在网络世界里,要想取得消费者的信赖,商家所售的产品质量必须得到保障,必须经得起考验。因为网络具有的特性,一旦产品质量失信于消费者,商家的"恶名"就会广为传播,这些商家也必将被消费者抛弃。

(三)网络营销产品策略的内容

企业的营销活动以满足消费者的需求为中心,而需求的满足只能通过提供某种产品(或服务)来实现。因此,产品是企业开展营销活动的基础,产品策略的好坏直接影响和决定企业营销活动的成败。网络营销产品策略主要包括新产品开发策略、产品生命周期策略、产品组合策略、品牌策略等。

网络营销的产品策略与传统营销的产品策略所应用的基本理论是一致的,两者的不同之处在于网络营销的产品策略中融入了互联网思维。例如,在新产品研发过程中,企业可以充分利用网络平台的互动性,倾听消费者的心声,甚至可以邀请消费者共同参与产品的研发、设计。此外,在电子商务时代,产品的生命周期更短、更新换代的速度更快,这就对企业制订网络营销产品策略提出了新的挑战。

知识拓展

4C营销策略

4C营销策略是一种以消费者需求为导向的营销策略。4C营销策略在面向消费者需求的基础上,重新设定了组成市场营销的四个基本要素:消费者、成本、方便性、沟通交流(图2-3)。

1. 消费者

4C营销策略中的消费者要素主要是指消费者需求。企业在开展营销活动前要先了解和分析消费者，找到消费者未被满足的需求，将"以消费者为中心"作为贯彻营销活动的主线，以此来进行企业产品的生产和创新。同时，还要提供相应的服务来维护消费者关系，以提高更加重要的消费者价值。

2. 成本

成本包括企业生产成本和消费者总成本两部分。企业生产成本是指企业为生产产品而产生的成本。消费者总成本是指消费者为了购买产品所耗费的时间、精力、体力和资金成本。企业在开展营销活动时要充分考虑这两点因素，可以通过降低产品成本和市场营销费用来降低产品价格，减少消费者的购买成本；也可通过优化网站页面，节约消费者的时间成本；还可以通过多种渠道为消费者提供信息和服务，减少消费者的精神和体力上的成本。

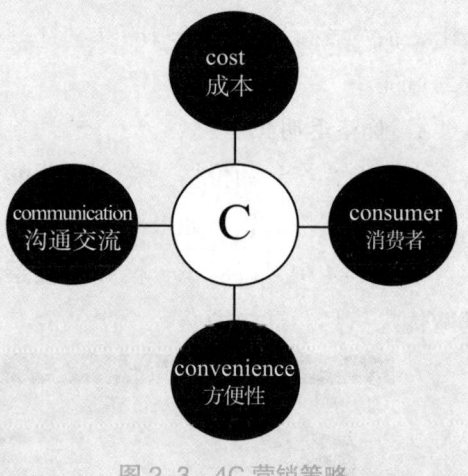

图 2-3　4C 营销策略

3. 方便性

方便性是指为消费者提供方便，包括在产品使用、挑选、浏览、参观和结算等方面。在营销的过程中，企业要让消费者在购买产品的同时享受到便利，以产生消费者价值。

4. 沟通交流

沟通是指企业与消费者的双向沟通。在保证与消费者不断接触的前提下，企业要及时响应消费者的需求。

4C 营销策略强调的是消费者满意度，即始终围绕"消费者需要什么？如何为消费者提供更好的服务？"来开展营销工作。它是一种由消费者拉动企业的营销模式，也就是在保证消费者需求的前提下，依次对消费者购买过程中的成本、便利性进行优化，最后再以消费者为中心进行有效的营销沟通。

二、网络营销价格策略

（一）网络营销的产品价格特征

与传统营销的产品价格相比，网络营销的产品价格具有如下特征。

1. 低价位

网络经济是直接经济，因为减少了交易的中间环节，所以能够降低网上销售产品的价格。另外，由于网络信息的共享性和透明性，消费者可以方便地获得产品的价格信息，这要求企业必须以尽可能低的价格向消费者提供产品或服务。如果产品的定价过高或降价空间有限，那么该产品则不太适合在网上销售。

2. 消费者主导定价

消费者主导定价是指消费者通过充分的市场信息来选择购买或定制令自己满意的产品或服务，同时以最小代价（产品价格、购买费用等）获得这些产品或服务。在网络营销过程中，消费者可以利用网络的互动性与商家就产品的价格进行协商，这使消费者主导定价成为可能。

3. 价格透明化

在网上，产品的价格是完全透明的。网络消费者足不出户，通过轻点鼠标就可以查询同一产品的报价信息，如果商家的定价过高，产品将很难销售出去。

从图2-4中可以看出，网站页面给出了《三体》这本书在京东商城的价格，而且给出满减优惠信息。这样消费者一眼就能看出产品价格与优惠力度，可迅速做出购买决策。

图2-4 京东商城《三体》图书详情页面

（二）网络营销的定价策略

1. 免费定价策略

面对浩瀚的网络信息海洋，消费者的注意力无疑是最稀缺的资源。因此，经济学家提出了"注意力经济""眼球经济"的概念。很显然，免费是吸引消费者"注意力"或"眼球"的一大利器。

免费定价是企业以零价格的形式将产品（服务）的全部或部分提供给消费者使用的定价方式。免费定价策略主要有四种形式：完全免费、限制免费（一定时间内或一定次数内免费提供产品，如网络杀毒服务）、部分免费（部分内容免费、部分内容收费，如研究报告的数据）和捆绑式免费（在购买产品后，其附属的一些东西免费，如正版软件附带的小软件）。从成本的角度分析，免费定价策略适用于复制成本几乎为零的数字化产品和无形产品。

2. 新产品定价策略

新产品定价策略关系到新产品能否顺利地进入市场、能否在市场上立足，以及能否为目标消费者所接受和认可等。所以，企业制订合理的新产品定价策略至关重要。在网络营销实践中，可供选择的新产品定价策略主要有撇脂定价策略、渗透定价策略和满意定价策略。

3. 折扣定价策略

折扣定价策略是指企业对现行定价做出一定的调整，直接或间接地降低价格，以争取消费者、增加销量。折扣定价策略可采取数量折扣、现金折扣、季节折扣、功能折扣和时段折扣等多种形式，其实质是一种渗透定价策略。

4. 差别定价策略

差别定价策略是指企业根据消费者、销售区域等方面的差异，对同一种产品或服务设置不同的价格，以达到获取最大利润的目的。

5. 拍卖定价策略

拍卖定价策略是指网络服务商利用互联网技术平台，让产品所有者或某些权益所有人在其平台上开展以竞价、议价为主要方式的在线交易。实施拍卖定价策略具有一定的风险，因为这样做有可能破坏企业原有的营销渠道和定价策略。通常，比较适合采用拍卖定价策略的是企业的库存产品或二手产品。当然，如果企业希望通过拍卖展示来吸引消费者的关注，这种定价策略也适用于部分新产品。

6. 定制定价策略

定制定价策略是指企业为所生产的消费者定制的产品定价。采用这种定价策略，每一个产品的价格会因消费者的独特需求而不同。例如，计算机组装企业完全根据消费者指定的配置来提供产品，所以每台计算机的价格自然是由配置的好坏来决定的。

7. 使用定价策略

使用定价策略是指消费者只需根据使用次数付费，而不需要完全购买产品。企业采取这种定价策略有助于吸引消费者使用产品，扩大市场份额。使用定价策略比较适合虚拟产品，如计算机软件、音乐、电影、电子出版物和游戏等。

8. 品牌定价策略

品牌是影响产品定价的重要因素，产品如果具有良好的品牌形象，就可以定较高的价格。例如，名牌产品采用"优质高价"的策略，既增加了盈利，又让消费者在心理上获得了极大的满足感。

三、网络营销渠道策略

（一）网络营销渠道概述

营销渠道是产品从商家交换至消费者的通道。对于开展网络营销的企业来说，熟悉网络营销渠道的结构，掌握不同网络营销渠道的特点，合理地选择网络营销渠道，无疑会促进产品的销售。

网络营销既可利用直接渠道，也可利用间接渠道。两种渠道各有利弊，下面分别进行介绍。

（二）网络直接渠道

网络直接渠道又称网络直销，是指开展网络营销的企业不经过任何中间商而直接通过网络将产品销售给消费者的营销模式。

1. 网络直接渠道的优点

（1）降低产品售价。由于没有中间商赚差价，网络直销可以有效地降低交易费用，从而为企业降低产品售价提供保障。

（2）及时获取消费者的反馈信息。开展网络直销的企业可以通过网络及时了解消费者对产品的意见和建议，并可针对这些意见和建议提高产品质量和服务水平。

2. 网络直接渠道的缺点

网络直接渠道的缺点主要在于由于自身能力所限，企业很难建立被众多消费者关注的销售平台，因而产品销量有限。当前我国企业自建的销售平台不计其数，然而除个别行业和部分企业自建的销售平台外，大部分自建销售平台的访问者寥寥无几，营销效果平平。

（三）网络间接渠道

网络间接渠道又称网络间接销售，是指开展网络营销的企业通过网络中间商将产品销售给消费者的营销模式。

1. 网络间接渠道的优点

（1）可以利用网络中间商的强大分销能力迅速覆盖市场并提高销量。

（2）提高交易的成功率。网络产品交易中介机构的规范化运作可以降低交易过程中的不确定性，从而提高交易的成功率。

2. 网络间接渠道的缺点

网络间接渠道的缺点也很明显，如企业容易受制于中间商，市场反馈信息不如直接渠道通畅，中间商的存在提高了产品的售价，使产品缺乏竞争力等。

四、网络营销促销策略

（一）网络促销的概念

促销是企业为了激发消费者的购买欲望、影响他们的消费行为、促进产品销售而进行的一系列宣传报道、说服、激励、联络等促进性工作。企业的促销策略实际上是对各种不同的促销活动的有机组合。与传统促销方式相比，基于国际互联网的网络促销有了新的含义和形式，它是指利用现代化的网络技术向虚拟市场传递有关产品和服务的信息，以激发消费者的需求，引起消费者的购买欲望和购买行为的各种活动。

（二）网络促销的特点

1. 虚拟性

在网络环境中，消费者的消费行为和消费观念都发生了巨大的变化。因此，开展网络营销的企业必须突破传统实体市场和物理时空的局限，采用全新的思维方法，调整自己的促销策略和实施方案。

2. 全球性

虚拟市场的出现将所有的企业（无论规模大小）都推向了全球市场。传统的区域性市场正在被逐步打破，因此，开展网络促销的企业面对的将是一个全球化的大市场。

3. 发展变化性

这种建立在计算机与现代通信技术基础上的促销方式还将随着这些技术的不断发展而发生变化。

（三）网络促销的方式

传统促销的方式主要包括广告、公共关系、人员推销和营业推广。与之对应，网络促销的方式主要有网络广告、网络公共关系、网络关系营销和网络营业推广。

1. 网络广告

网络广告促销是指开展网络营销的企业借助网络广告的形式，如网页广告、电子邮件广告、新媒体广告等开展的促销活动。网络广告既具有传统广告的优点，又具有后者无法比拟的实时性、交互性等优势，是企业开展网络营销促销的主要方式之一。

2. 网络公共关系

网络公共关系是一种以互联网为传播媒介，依托互联网为企业营造良好的组织形象，塑造有利的内外部环境的新型公关方式。网络公共关系在功能上与传统公共关系并没有太大差异，但网络公共关系主要利用互联网进行公关活动，因此具有更强的开放性和互动性。网络公共关系的这种特性使企业可以摆脱传统新闻媒介的局限性，在利用新闻媒介方面的主动性得到增强。

3. 网络关系营销

网络关系营销与传统促销中的人员推销相对应。人员推销是指企业销售人员与潜在消费者直接接触，帮助和说服消费者购买某种产品或服务的过程。人员推销是一种独特的促销方式，它具备许多区别于其他促销方式的特点，可实现许多其他促销方式所无法实现的目标。对于某些产品或服务来说，人员推销的效果是极其显著的，如工业品、原材料、保险产品等销售就主要采用人员推销的方式。但网络促销是在虚拟的网络市场中进行的，企业销售人员与消费者不会直接接触，人员推销这种促销方式被网络关系营销所取代。网络关系营销的核心是建立和发展与企业目标消费者的良好关系，以提高消费者忠诚度，从而实现企业的营销目标。利用网络关系营销开展促销活动具有低成本、针对性强、亲和力强、信息反馈及时等优点，因而这种促销方式被越来越多的企业所重视。

4. 网络营业推广

网络营业推广又称网络销售促进，是开展网络营销的企业在某一段时间内采用特殊的营销手段对消费者进行强烈的刺激，以促进产品销量迅速增长的一种策略。网络营业推广以强烈的呈现方式和特殊的优惠手段为特征，给消费者不同寻常的刺激，从而激发他们的购买欲望。针对消费者的常见的网络营业推广方式包括赠送促销、折扣促销、优惠券促销、积分促销、网络会员促销、网络抽奖促销等。

因资源所限，网络营业推广不能作为企业的经常性促销手段来使用。但在某一特定时期内，如在一年一度的"618""双十一"购物节期间，大多数电商企业会积极采取这种促销手段，以求取得良好的促销效果（图2-5）。

图2-5　京东618活动宣传

课堂实训

认知网络营销与电子商务

1. 训练目的

认识网络营销与电子商务的区别。

2. 训练内容及步骤

网络营销是电子商务的具体应用，两者有很大的区别，但很多人将两者混为一谈，甚至一些电商从业人员也说不清两者的区别。请以小组为单位，基于此前的学习，从专业的角度对网络营销和电子商务的区别进行分析，并撰写一份不少于500字的分析报告。

3. 训练总结

实训作业——网络营销与电子商务的区别分析。

第二节　网络营销策划分析

一、网络营销策划的含义

网络营销策划是企业为了实现既定的网络营销目标而进行策略规划和方案制订的过程。与计划相比，策划更强调方案的谋略性和创意性，包含了策略思考、布局规划和谋划制胜等内容；而计划是指企业为适应未来变化的环境，实施

网络营销策划

既定的经营方针和经营战略,而对未来的行动所做出的科学决策和统筹安排。计划更为具体,其工作内容可概括为"5W1H",即做什么(What)、为什么做(Why)、何时做(When)、何地做(Where)、谁来做(Who)、怎样做(How)。

二、网络营销策划的分类

(一)按照网络营销策划的层次进行划分

网络营销策划按照层次进行划分,可分为网络营销战略策划和网络营销战术策划。网络营销战略策划是由企业高层做出决策的、有关企业网络营销活动总体目标和战略方案的策划。网络营销战略策划注重企业的网络营销活动与企业总体战略之间的联系,内容涉及企业战略发展方向、战略发展目标、战略重点等。网络营销战略策划的基本特点是时间跨度长、涉及范围广,策划的内容抽象、概括,策划的执行结果往往具有一定的不确定性。

网络营销战术策划是有关企业在网络营销战略策划的指导下如何实现总体目标的详细策划,是对战略策划的细化和落实。网络营销战术策划注重企业网络营销活动的可操作性,是为实现企业的营销战略所进行的战术、措施、项目和程序的策划,如产品策划、价格策划、渠道策划和促销策划等。网络营销战术策划的特点是策划涉及的时间跨度较短、覆盖的范围较小,内容较为具体,具有较强的可操作性。

(二)按照网络营销策划的具体内容进行划分

按照具体内容进行划分,网络营销策划可分为网络营销市场调研策划、网络市场推广策划、网络营销品牌策划、网络广告策划等。而网络市场推广策划又可细分为网站推广策划、APP推广策划、网店推广策划、搜索引擎营销推广策划、自媒体营销推广策划、网络事件营销推广策划、网络软文营销推广策划、网络论坛营销推广策划、网络社区营销推广策划、病毒式营销推广策划、二维码营销推广策划等。

三、网络营销策划的程序

网络营销策划需按照一定的程序来进行。第一步是进行市场分析,以界定问题;第二步是在市场分析的基础上确定网络营销策划目标;第三步是构思网络营销策划创意,明确营销活动的方式和策略;第四步是拟订网络营销策划方案,并进行优选,同时完成网络营销策划

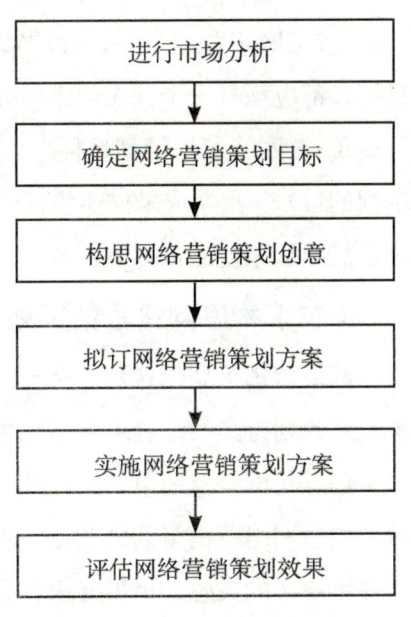

图2-6 网络营销策划的程序

书的撰写；第五步是实施网络营销策划方案；最后一步是对网络营销策划的效果进行评估。网络营销策划的程序如图 2-6 所示。

（一）进行市场分析

网络营销策划的第一步是进行市场分析，其内容包括网络营销环境分析、目标消费者分析等。网络营销环境分析又可分为宏观环境分析、行业环境分析及企业内部环境分析。企业可采用的分析法包括 PEST 分析法，即从政治（politics）、经济（economy）、社会（society）和技术（technology）四个方面对企业的宏观环境进行分析；五力分析模型法，即从现有企业间的竞争、潜在竞争者的威胁、替代品的威胁、供应商的议价能力以及消费者的议价能力这五个方面对行业环境进行分析；SWOT 分析法，即将企业的优势（strengths）和劣势（weaknesses）与外部的机会（opportunities）和威胁（threats）结合，对企业的内外部环境进行综合分析。目标消费者分析包括分析网络消费者的需求特点、影响网络消费者购买行为的因素以及网络消费者的购买行为过程等。进行市场分析是开展网络营销策划的前提，也是界定网络营销策划问题的关键。

（二）确定网络营销策划目标

网络营销策划目标是指企业通过网络营销策划活动所要取得的预期营销成果，它对企业的网络营销策略和行动方案具有明确的指导作用。企业在确定网络营销策划目标时要基于市场分析的结果，制定切实可行的目标。确定网络营销策划目标应明确以下几点。

（1）网络营销策划目标必须有明确的实施主体，即"由谁来实现目标"。

（2）网络营销策划目标的实现要有明确的时间限定。不管是长期的目标还是短期的目标，都应该有一个预先规定的完成期限。

（3）网络营销策划目标应该有明确的预期成果描述，否则，所提的目标不过是一句空洞的口号。预期成果描述包括要实现的销售增长目标、市场占有率目标、企业利润目标、企业品牌形象塑造目标等内容。

（三）构思网络营销策划创意

网络营销策划创意是网络营销策划中的一系列思维活动，是对网络营销策划主题的提炼及对策划方案的综合思考与想象。

创意是网络营销策划的灵魂，创意水平的高低在很大程度上决定了网络营销活动的成败。构思网络营销策划创意是一项复杂而艰辛的创造性工作，但绝不是无中生有。它不仅需要策划者的灵感，更需要策划者扎实的营销功底、丰富的网络营销实战经验和科学严谨的创作过程。

（四）拟订网络营销策划方案

拟订网络营销策划方案指在前期工作的基础上进行具体的网络营销活动安排，如投入多少活动经费、采用何种网络营销方式、不同阶段应采取的营销手段等。需要注意的是，在此阶段，企业需先拟订多个备选方案，然后从中选择最优的方案，同时要将网络营销策划方案落实到书面上，即完成网络营销策划书的撰写。

（五）实施网络营销策划方案

在确定网络营销策划方案之后，企业下一阶段的工作就是要将方案付诸实践。企业在实施网络营销策划方案时，要注意以下两点：一是企业必须严格按照此前确定的策划方案开展网络营销活动；二是企业要做好对网络营销策划方案的执行、监督和控制工作，一旦发现偏离了既定的策划目标，需要立即采取纠偏措施。

（六）评估网络营销策划效果

网络营销策划方案的实施并不是整个活动的终结，企业还要对活动的最终效果进行评估。具体的做法是将实施效果与既定目标进行比较，如果存在问题，要分析问题产生的原因并找出解决的办法，以便今后加以改进。

课堂实训

网络营销策划书的撰写

1．训练目的

掌握网络营销策划书的撰写方法。

2．训练内容及步骤

（1）阅读相关文献，了解网络营销策划书的基本结构与写作要求。

（2）确定网络营销策划的主题和目标。

（3）在市场分析和构思创意的基础上完成网络营销策划书的撰写。

（4）提交网络营销策划书到班级的学习群，供同学们评阅。

3．训练总结

实训作业——《××企业（产品）网络营销策划书》。

本章小结

一个优秀的网络营销从业者，可以熟练掌握多种网络营销策略，以便企业在多个推广渠道多点开花，让所有的网络营销推广途径连接成一个有机整体，使每一个推广渠道都可以成为营销效果的爆发点。通过本章的学习，希望读者掌握网络营销的策略；认知网络营销策划的程序，提高信息处理的能力。

本章习题

1. 试分析网络营销产品的特性。
2. 简述网络营销的产品价格特征。
3. 简述网络促销的特点与方式。
4. 试分析网络营销策划的分类及程序。

第三章　网络营销活动策划与实施

第三章
网络营销活动策划与实施

 本 章 导 读

营销活动策划是一种隶属于市场策划范畴的活动方案，其目的是根据企业的营销目标，通过对企业的产品、服务、创意、价格、渠道、促销等内容进行设计和规划，从而生成一份可执行且创意突出的活动策划方案，以帮助企业梳理营销活动的环节，更好地开展营销活动。

活动应急预案；品牌营销策划；促销活动策划；节日活动策划；营销策划书。

具备敏锐的洞察力，能够灵活捕捉市场机遇，并能更快速的找到解决方案。
具备宽阔的视野和谦虚的态度，善于学习他人的长处，虚心听取别人的意见。

案例导入

对于中国消费者来说，因爱而生的德芙是甜蜜爱情的象征，更是巧克力的代名词。自 1989 年进入中国，到 1995 年成为中国板块巧克力领导品牌，德芙一直占据着中国巧克力市场领头羊的位置。从"牛奶香浓，丝般感受""下雨天和巧克力更配哦"，到"德芙，纵享新丝滑"，再到"没有到不了的远方，当德芙动你心"……德芙在一段段关于生活、关于爱情、关于梦想的故事中塑造了自己的品牌形象。

不过，近年来德芙逐渐意识到一个问题：长期以来，德芙的品牌故事一直以爱情为主线。丝滑甜蜜的德芙巧克力十分契合爱情主题，这种产品营销模式也适合当下的快消食品市场。但是，这也使产品销售形成了局限，很多消费者都认为巧克力是年轻

人的食品，这在无形中隔开了更多的消费人群。

在天猫超级品牌日活动期间，德芙携手天猫新品创新中心，基于大数据分析消费者需求，以"新年订下好'芙'气"为主题，将"得福之书"融入产品概念，推出了定制的"得福之书"新年礼盒，为德芙注入了新"能量"。"得福之书"新年礼盒是每一位消费者的专属定制产品，从产品包装到祝福都完美契合消费者的定制需求。

德芙"得福之书"新年礼盒多种包装风格，既有满足粉丝需求的"明星"同款，也有适合送家人、送同事、送朋友、送闺蜜、送自己的款式，极大地扩展了消费人群（图3-1）。对于德芙而言，与天猫超级品牌日和天猫新品创新中心的合作，不仅是一次完美的品牌升级，更是一次高效率的产品营销活动。

早在"得福之书"新年礼盒上市之前，天猫新品创新中心就基于大数据，为德芙提供了清晰、精准的消费者画像。从前期的市场洞察扫描、深入调研挖掘消费者的礼品需求；到产品概念测试、指导设计优化和精准库存实施；再到整合天猫超级品牌日资源、与各种媒体进行有效对接，德芙与天猫创造了一条完整、精准而又高效的产品营销之路，这也是人工智能时代产品营销的必然选择。

图 3-1 德芙新年礼盒

通过世贸天阶大屏强势曝光，在天猫直播为产品站台，德芙品牌更创新性地通过屏幕互动大屏"芙"气大挑战实现与消费者的互动。

第一节 营销活动策划的准备

在正式开始进行营销活动策划前，营销策划人员还需要熟悉相关准备工作，包括明确活动目的、构思活动策划方案、估算活动成本预算、制订活动工作安排表、确定活动具体流程、制订活动应急预案等内容。

一、明确活动目的

活动目的是指企业在本计划期内所要达到的目标，是营销策划的出发点和落脚点，对营销策略和行动方案的拟定具有指导作用。活动目的的确定是开展活动策划的第一步，营销策划人员必须明确目的才能开展后续的策划工作。一般来说，活动的目的主要分两种，一是赢利目的，二是宣传推广目的。

（一）赢利目的

赢利是企业开展营销活动的主要目的。营销策划人员在策划以赢利为目的的活动时，要选择合适的方法。只有吸引消费者的关注并引发消费者的购买欲望，才能实现产品的销售，提升销售额，实现赢利的目的。

（二）宣传推广目的

宣传推广的目的主要包括进行品牌口碑、知名度的宣传，以树立或强化品牌形象。它的最终目的是通过活动来累积品牌口碑，进而提升消费者对品牌的好感度。

以盈利为目的的营销活动，其营销策划的重点是产品，企业通过对产品的开发、改进，同时结合其他营销手段来促进产品的销售，最终目的都是获得更多的利润。以宣传推广为目的的营销活动，其营销策划的重点是品牌，企业通过营销方法和活动来建立品牌的形象和知名度，注重的是品牌形象的塑造与顾客忠诚度的提升。那么，营销策划人员在进行策划时，该如何判断自身适合什么样的营销目标呢？一般来说，营销策划人员可根据产品发展的不同阶段来进行定位，一般来说，产品有四个发展阶段——萌芽期、起步期、发展期和成熟期，如图3-2所示。

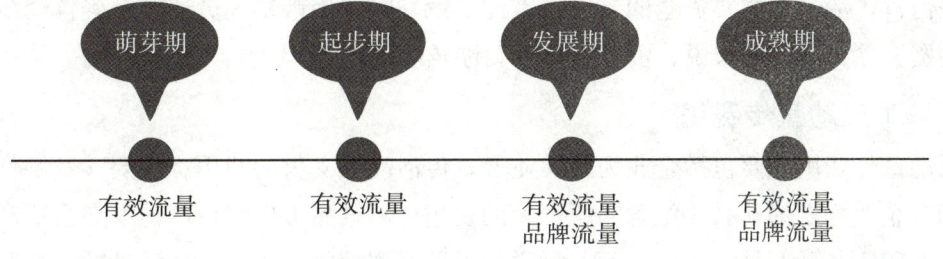

图 3-2　产品的四个发展阶段

从图3-2中可以看出产品在这四个阶段的需要不同。因此，建议营销策划人员在产品萌芽期和起步期开展以盈利为目的的营销活动，累积一定的业绩基础。当产品进入发展期后，营销策划人员则可以开始尝试进行品牌宣传推广，合理引导前期的有效流量，为品牌形象的树立奠定基础。到了成熟期后，营销策划人员则可进一步加大对品牌的宣传力度，以形成良好的品牌口碑。

二、构思活动策划方案

明确营销活动的策划目的后，营销策划人员就可以在活动目的的基础上构思营销策划方案，形成方案雏形，指导后续工作的展开。一般来说，这个前期策划方案不必太过详细，只需要列出主要事项即可，如活动目的、活动主题、活动时间、活动地点、活动对象、活动流程、活动成本预算等，如图3-3所示。营销策划人员可以以这些内容为参考，指导企业继续进行后续的营销策划工作，并根据市场变化、消费者行为、消费者需求等不可控因素对活动方案进行调整。因此，这个初期的策划方案只是作为整个营销策划过程的辅助工具，它的作用是帮助营销策划人员正常策划并开展有效的营销活动。

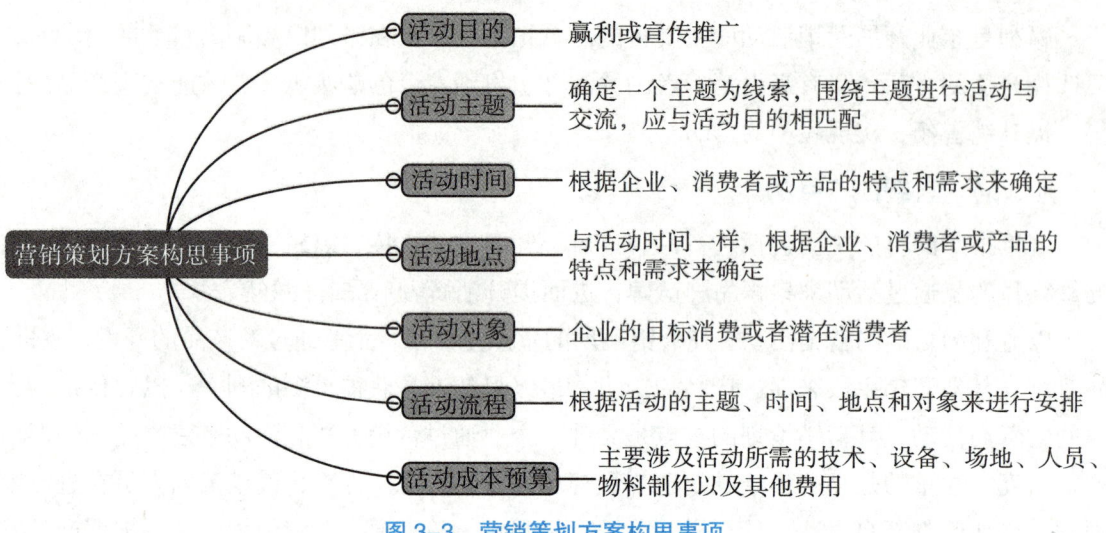

图 3-3 营销策划方案构思事项

三、估算活动成本预算

任何营销活动都需要资金的支持，因此，策划时营销策划人员还要明确营销活动可能涉及的资金项目。一般来说，资金项目主要涉及以下几点。

（一）活动宣传费用

活动宣传费用主要包括企业为开展业务宣传活动所支付的费用，主要涉及制作企业发放的印有企业标志的礼品、纪念品所产生的费用；新产品上市举行新闻发布会所产生的费用；企业印刷各种产品宣传册（不包括说明书）所产生的费用；一些活动的冠名费用；在一些内部刊物上刊登广告所产生的费用；为推广产品召开宣讲会而发放的会议用品所产生的费用；制作用于展览会的宣传资料、参展样品所产生的费用；为宣传公司产品而产生的网络推广费用等。

（二）活动场地费用

活动场地费用主要包括场地租赁费用、舞台搭建费用、活动现场桌椅使用费用等。

（三）活动物料费用

活动物料费用主要包括活动现场的指示牌、舞台装饰及地毯等相关活动现场所需要的物料的费用。

（四）活动设备费用

活动设备费用主要包括活动现场的灯光、音响、LED 屏等设备所产生的费用。

（五）活动人员费用

活动人员费用主要包括演艺人员、主持人、摄影人员和与活动相关的其他人员所产生的费用。

（六）酒水餐饮费用

酒水餐饮费用主要包括开展活动所产生的酒水、餐饮的费用。

（七）其他费用

其他费用主要包括活动相关人员的住宿、交通等费用。

了解活动涉及的主要资金项目后，营销策划人员就可以根据营销活动的实际情况，列出活动的整体成本预算表。最后再根据活动流程安排细化成本预算。

四、制订活动工作安排表

为保证营销活动策划每一个环节的顺利进行，营销策划人员一定要制订一份详细的工作安排表，将活动策划中涉及的内容分解成不同的小环节，为每个环节都制订一个目标，所有的目标分别完成后整合在一起才算完成了整个活动的目标。营销策划人员在进行活动策划的工作任务安排时，应该明确每一环节的时间和工作内容，确保策划方案顺利实施。如表3-1所示为某产品新品发布会的工作安排，营销策划人员可借鉴或参考。

表 3-1 某产品新品发布会的工作安排

活动主题	某产品新品发布会		
活动目的	介绍产品功能，向外推广产品		
活动时间	2022年8月31日 15：00～20：00		
活动环节	部门分配	时间	日期
场地确定	人事部门	2天	8月11日～12日
物料采购	采购部门	3天	8月13日～15日
活动环节	部门分配	时间	日期
发送邀请函	人事部门	3天	8月16日～18日
场地设计与布置	合作主办方	4天	8月19日～22日
场地安检	审检部门	1天	8月23日
活动宣传与广告设计	宣传部门	7天	8月24日～30日

五、确定活动具体流程

除了对整体工作计划进行安排外，营销策划人员还要对活动的具体流程进行安排和细化，让活动参与人员了解并熟悉活动的具体内容，以便于使活动更加严谨，也更利于活动的成功举办。仍旧以上文的新品发布会活动为例，其具体流程如表3-2所示。

表 3-2　某产品新品发布会活动流程

活动主题	某产品新品发布会	
活动目的	介绍产品功能，向外推广产品	
活动时间	2022 年 8 月 31 日　15：00 ~ 20：00	
活动安排	时间	说明
来宾签到	15：00 ~ 15：30	记录参会人员
主持开场	15：30 ~ 15：45	主持人介绍本次活动主题，介绍来宾
领导致辞	15：45 ~ 16：30	领导依次上台致辞
启动仪式	16：30 ~ 17：00	邀请嘉宾参与发布仪式
产品展示	17：00 ~ 17：30	展示产品设计理念、外观和性能
合影留念	17：30 ~ 17：45	嘉宾、领导与产品合影
答谢酒会	17：45 ~ 19：00	晚餐和答谢仪式
节目表演	19：00 ~ 19：30	歌舞表演
谢幕结束	19：30 ~ 20：00	发布会全部结束

六、制订活动应急预案

应急预案是为了妥善解决活动过程中发生的无法预测的意外事故而准备的备用方案。它主要是为了应对如开场时间延迟、活动嘉宾缺席、设备故障或电力中断、安保人数不够、节目出现意外等不可控问题，并根据这些问题给出具体的解决办法，如提前安排主持人通知参与人员、发放礼品以作安抚，更改节目流程，准备供电车以备不时之需，加强安保人员，增加备选节目等。

第二节　营销活动的策划实施

一、品牌营销策划

利用品牌来推广是极有效率的。企业的品牌形象具有极大的经济价值。根据国际商标协会的调查，有 1/3 的企业原有客户会因为网络上企业的品牌形象而改变其对品牌的印象；有 50% 的网上购物者会受网络品牌的影响，进而购买该品牌的产品；网络品牌形象差的企业，年销售量平均损失 22%。这说明，品牌是企业无形价值的保证形式，且在网络上更为重要。

案例

江小白的品牌策略

江小白于2011年成立于重庆，是江记酒庄推出的一种清淡型高粱酒，以红皮糯高粱为单一原料精酿而成，主要面向的群体是青年人群，主张简单、纯粹的生活态度。江小白之所以这么火，源于对传统高粱酒口感和品牌两方面的创新。在口感方面，江小白更加柔和、适口；在品牌方面，江小白着重开发年轻用户，时尚化的包装更贴近年轻人的审美标准。在竞争激烈的白酒行业，江小白做到了年销售额3亿元，京东官方旗舰店两周销售额达1 000万元（图3-4）。

图3-4 江小白

1. 定位准确，为消费场景提供解决方案

江小白获得成功的第一大战略非"定位"莫属。小聚会、小时刻、小心情，这就是江小白的产品定位。江小白提倡年轻人直面情绪，不回避，不惧怕，做自己。这种定位战略，帮助江小白在竞争激烈的白酒行业开辟了一片蓝海，是其取得成功的重要战略之一。

2. 品牌人格化，做用户的情感寄托

在有了明确的定位和物化的产品后要做什么？答案是做品牌！品牌人格化是江小白俘获广大"80后""90后"的另一重要战略。品牌是用户在特定场景下对产品明确的消费诉求及认知，最高级的品牌战略是人格化的。

首先，"江小白"品牌名就是人格化的，它不像茅台、五粮液那般"遥远"，很容易让人产生亲近感，也更容易被人记住。江小白的所有文案和视频，都是在用第一人称"我是江小白"诉说故事、表达情感，其实江小白就是每个人那段惶恐、奋斗的青春岁月。当老友相聚或一个人孤独寂寞想要喝点小酒时，用户就会想到江小白，因为它不是没有生命的产品，它是人格化的，它是可以诉说情感的。而这也是中国酒文化的精髓——情绪的需求。

其次，江小白靠着大量瓶身设计和走心的文案，红遍社交网络。它增进了用户和产品之间的情感连接，产品不再是冰冷的。独特的视觉设计，能够让用户在第一次看到它时就注意到并且记住它，即使不能说出名字，也能这样跟朋友传播："你喝过那个在酒瓶上画动漫人物还写着文艺诗句的白酒吗？"江小白的品牌战略依靠人格化的品牌俘获"80后""90后"用户的心，成为迷茫、奋斗的年轻人的情感寄托。

> 3. 用户倒逼渠道，改变行业价值链
>
> 江小白并没有将大部分精力放在攻破渠道商上，与五粮液、稻香村等品牌相比，客单价低的江小白是无法进入渠道商视线的。其实，所有的利润均来自用户，牢牢抓住用户才是硬道理。江小白的战略制高点是用户倒逼渠道！因此，江小白将大量的资源投入营销上，直接和消费者接触。于是，电影《从你的全世界路过》《火锅英雄》中，或者地铁上都能看见江小白的身影。

（一）品牌

品牌，简单地讲是指消费者对产品及产品系列的认知程度。品牌是人们对一个企业及其产品、售后服务、文化价值的一种评价和认知。品牌是商品综合品质的体现和代表。当人们想到某一品牌时，总会和其时尚感、文化、价值联想到一起。企业在打造品牌时，也在不断地创造时尚，培育文化。随着企业做强做大，品牌不断从低附加值向高附加值升级，向产品开发优势、产品质量优势、文化创新优势的高层次转变。当品牌文化被市场认可并接受后，品牌会产生核心的市场价值。

1. 品牌定义

品牌是用以识别某个或某类销售者的产品或服务，并使之与竞争对手的产品或服务区别开来的商业名称及其标志，通常由文字、标记、符号、图案和颜色等要素或这些要素的组合构成。品牌承载的更多是一部分人对其产品以及服务的认可，是品牌商与顾客购买行为间相互磨合衍生出的产物。

2. 网络品牌

网络品牌主要指企业注册的商标在互联网上的对应，是企业的无形资产。广义的网络品牌是指企业、个人或者组织在网络上建立的一切产品或者服务在人们心目中树立的形象。网络品牌有两个方面的含义：一是通过互联网建立起来的品牌；二是互联网对网下既有品牌的影响。两者在品牌建设和推广的方式与侧重点方面有所不同，但目标是一致的，都是企业整体形象的创建和提升。

（二）品牌营销

品牌营销是通过营销使客户形成对企业品牌和产品的认知的过程。企业要想不断获得和保持竞争优势，必须构建高品位的营销理念。最高级的营销不是建立庞大的营销网络，而是利用品牌符号，把无形的营销网络铺建到人们心里，使顾客在消费时"认"这个产品，投资商在选择合作时"认"这个企业。

品牌营销

品牌营销时代，消费者对品牌的满意度是企业发展的重要动力。当消费者满意时，其就会对品牌保持长时间的忠诚度，这种忠诚度一旦形成，消费者就很难接受其他品牌的产品了。但品牌的形成并非一朝一夕就能完成，只有日积月累才能走向成功。

(三)品牌营销策划

1. 品牌营销策划概念

品牌营销活动是现代商业活动的一种，将策划科学应用在品牌营销活动中，就是品牌营销策划。策划在现代商业活动中的运用相当普遍，各种商业策划的开展，为商业活动的进行带来了效率的革命。

2. 品牌营销策划过程

品牌营销策划过程可分解为收集信息资料、品牌形象策划、品牌传播策划、综合创意策划等具体的过程和内容。

（1）收集信息资料

企业品牌营销策划的第一步是收集与企业的品牌营销策划有关的各种信息资料，这些信息资料将成为分析与设计品牌营销的重要依据。它们包括宏观经济形势、政策与法律环境、目标市场特性、消费者需求特点、市场需求走向、市场竞争状况和企业自身的特点等。在这个过程中，最重要的是对各种信息资料进行加工处理。要充分利用现代化的媒体手段，以科学原理为指导，大量收集信息资料，并透过现象、去粗取精、去伪存真、由表及里地进行分析研究，最终得到需要的资料。信息资料收集完毕后，策划者要以报告书的形式进行总结，作为企业品牌营销策划活动的重要依据。

（2）品牌形象策划

塑造和传播品牌形象，是品牌营销的主要任务。形象是品牌的灵魂，塑造出一个理想的品牌目标形象将赋予品牌强大的生命力，而品牌的目标形象如果塑造得不合理，将会导致整个品牌营销计划的失败。

品牌的形象包括品牌的外观形象、品牌的功能形象，品牌的情感形象、品牌的文化形象、品牌的社会形象、品牌的心理形象。

（3）品牌传播策划

品牌是传播出来的。必须对品牌形象的传播进行科学的策划。在信息高度发达的现代社会里，信息传播呈现出多样的方式。传播方式的不同，所获得的传播效果也不同。传播方式通常有动态媒体方式、静态媒体方式、人员媒体方式、网络媒体方式、综合方式。

（4）综合创意策划

综合创意策划是对品牌传播过程中的每一个细节和每一个内容进行创意设计。创意要能够准确地表达出品牌形象策划的意图，并且要让大多数的目标消费者能够感知和认同。因此，综合创意策划其实是影响品牌形象传播效果的很重要的一项工作，是品牌营销策划的灵魂所在，所以要对其进行科学策划。

二、促销活动策划

促销活动是企业在进行网络营销时较为常用的一种营销方式,它可以通过促销手段来提高产品销量,增加企业的实际收益。按照促销活动的渠道划分,促销活动策划可以分为线上促销活动策划和线下促销活动策划。

(一)线上促销活动策划

顾名思义,线上促销活动就是通过网络进行的促销活动,其策划要点主要包括促销时间、促销方式和促销推广三点,下面分别进行介绍。

1. 促销时间

促销时间主要包括促销计划的开始时间、持续时间、频率三个方面。

(1)开始时间

开始时间即线上促销活动的开始时间,需要精确到具体的某天、某时、某分,如2022年7月20日11:00、2022年7月20日15:30、2022年7月20日19:00等。

(2)持续时间

持续时间即线上促销活动从开始到结束的时间,可用持续时间或结束时间两种方式来表示,如本活动开始于2022年7月20日11:00,持续2个小时;或本活动开始于2022年7月20日11:00,结束于2022年7月20日13:00。

(3)频率

频率即每次开展线上促销活动的间隔时间,它是针对每一次完整的线上促销活动而言的。促销活动的频率应该根据企业的发展和市场需求来确定,如一月一次、每逢节假日一次等。

2. 促销方式

线上促销的方式有很多,可以根据促销形式分为定价促销、附加值促销、回报促销、折扣促销、奖励促销、时令促销、限定促销、赠送促销、组合促销等不同类型。

(1)定价促销

定价促销是指通过降低产品价格来促进产品销售。这种促销方式一般在具有重大意义或特殊事件的日子使用,以降低某些产品的价格来吸引消费者购买,给消费者营造一种优惠感,刺激消费。

(2)附加值促销

附加值促销是指通过增加产品或服务的附加值来促使消费者认可产品的价格。这种促销方式要求产品具有较高的价值,在技术含量、文化价值、服务价值、口碑效应等方面比同类产品有明显优势,让消费者认为自己能够获得更多利益,继而产生购物欲望。

（3）回报促销

回报促销是指当消费者满足活动条件时，企业以让利或奖励的方式来回报消费者。回报促销主要包括以下两种常见形式。

①免费。免费为消费者提供产品或服务，以优质的产品质量和良好的服务体验来刺激消费者的购买欲，如免费试用、免单等。

②返利。返利指通过返还给消费者一定的利润来达到吸引消费者的目的的促销方法，常见的返利方式如满送、满减、下单立减等（图3-5）。

图 3-5　京东产品返利活动

（4）折扣促销

折扣促销又叫作打折促销，是指企业根据商品原价确定让利系数，进行减价销售的一种促销方式。使用该方式促销时应该在保证产品基本利润的基础上进行让利，以避免使企业利益受损。

（5）奖励促销

奖励促销是指以赠品或奖励优惠的形式为消费者提供产品或服务，以激励消费者，使其产生购物行为，进而提高销售额。奖励的形式有很多，常见的形式有购买抽奖、抽取幸运顾客、签到或收藏有奖、发放优惠券或抵用券等。

（6）时令促销

时令促销是指企业根据时间的变化而采取的一种促销方式，主要活动有清仓甩卖、季节性促销等，如"夏末清仓""年底清仓""夏装热卖""春季上新"等。

（7）限定促销

限定促销是指限定产品品种、数量和时间的一种促销方式（图3-6）。这种促销方式的原理与饥饿营销类似，是通过营造一种稀有感来使消费者产生唯恐错过良机而急于购买的心理，刺激他们快速做出购物决定，如"限量销售""独此一家""仅此一款""秒杀活动""今日半价"等。

图 3-6　产品限定促销

（8）赠送促销

赠送促销是指通过向消费者赠送小包装的新产品或其他便宜的商品，来介绍所赠产品的性能、特点、功效，以达到促进销售的目的。赠送促销的形式主要有礼品促销、回馈促销等。

（9）组合促销

组合促销是指将多个产品以组合优惠的形式进行打包销售，以刺激消费者购买。常见的组合促销方式有搭配促销（上衣和裤子搭配、墨镜和帽子搭配）、捆绑促销（买上衣送裤子、买帽子送墨镜）等。

3. 促销推广

不管选择什么促销方式，营销策划人员都需要通过合适的推广方式来保证促销活动的成功。在网络营销的环境下，根据推广渠道的不同，推广方式主要分为站内广告推广和站外广告推广两种，下面分别进行介绍。

（1）站内广告推广

站内是指企业自建网站的内部，一般为企业官网或企业网上商城等。站内推广是一种性价比较高的推广方式。

（2）站外广告推广

站外是指除企业自建网站外的其他渠道。站外推广需要注意两个方面，一是要选择一个合适的推广渠道；二是要制作有吸引力的广告。选择站外渠道时可从渠道的人气、类型、广告投放费用等角度考虑；制作广告时则要在保证展示促销活动信息的前提下，以消费者感兴趣的方式呈现。

（二）线下促销活动策划

虽然线上促销活动更符合网络营销环境，但线下促销作为一种传统的营销方式仍具有不可忽视的作用。线下促销活动的策划同样需要注意促销时间、促销方式和推广方式，其中促销时间、促销方式与线上促销活动类似，现重点介绍推广方式。

线下促销活动推广应该以自身产品定位为基础展开，主要有以下几种常见方式。

1. 发放广告宣传

在人流量较大的商场或餐厅等地方进行促销活动推广，如发放宣传单、播放广告等，让更多消费者知晓促销活动，吸引消费者参与，并与企业人员进行互动交流。

2. 口碑宣传

搭建展台或建立免费体验店进行推广，让更多的潜在目标消费者参与进来，通过参与者的口碑传播来进行推广，进而扩大产品或品牌影响力。

3. 投放广告

在公交、地铁等公共交通的路线上或区域中投放广告，借广告牌的超高曝光率来增加促销活动的曝光率，将活动信息传递给目标消费者（图3-7）。

图3-7　大众区域投放广告

在进行线下促销推广时，营销策划人员也可结合线上促销推广来全方位覆盖线下、线上的目标消费者，并发挥线上渠道更容易引流、造势的优势，为线下促销活动聚集人气，打造热度，吸引更多消费者参与活动。

知识拓展

网络促销的实施

网络促销的实施要求每一个将要从事网络促销的营销人员都必须从传统营销促销观念中跳出来，深入了解在网络上传播产品信息的特点，分析网络信息接收对象的特点，设定合理的网络促销目标，结合传统营销促销程序。网络促销的实施程序由以下六个方面组成。

1. 确定网络促销对象

网络促销对象是指在网络虚拟市场上可能产生购买行为的消费群体。随着互联网的普及，在虚拟市场上进行消费的网络群体也在不断壮大。这一群体主要包括三类人员：第一类，产品的使用者，即实际使用或消费产品的人；第二类，产品购买的决策者，即实际购买产品的人；第三类，产品购买的影响者。

2. 设计网络促销内容

网络促销的最终目标是引起需求，产生购买行为。促销内容应当根据产品所处的生命周期的不同阶段和购买者目前所处的购买决策过程的不同阶段来决定。

在新产品刚刚进入市场的开始阶段，消费者对该种产品比较生疏，促销活动的内容应侧重于宣传产品的特点，引起消费者的注意；当产品在市场上已有了一定的影响后，促销活动的内容则需要偏重于唤起消费者的购买欲望，同时，还需要创造品牌的知名度；产品进入成熟期后，市场竞争变得十分激烈，促销活动除了针对产品本身的宣传外，还需要对企业形象做大量的宣传工作，树立消费者对企业产品的信心；在产品的衰退阶段，促销活动的重点在于密切与消费者之间的感情沟通，通过各种让利促销，延长产品的生命周期。

3. 选择网络促销组合

企业的产品种类不同，销售对象不同，促销方法与产品种类和销售对象之间将会产生多种网络促销的组合方式。因此，同一行业内部，各个企业在选择什么样的促销组合，如何分配促销预算的做法上有很大不同。

4. 制订网络促销预算方案

在建立整体促销预算前必须清楚以下几个问题：选择哪些网上促销方法及组合的方法？网络促销的目标是什么？希望影响哪些群体？

5. 衡量网络促销效果

任何企业都必须对已经实施的网络促销活动进行评价，衡量一下促销的实际效果是否达到了预期的促销目标。对促销效果的评价主要依赖于两个方面的数据：一方面，要充分利用互联网的统计软件，及时对促销活动的好坏做出统计；另一方面，统计销量的增加情况、利润的变化情况、促销成本的降低情况，有助于判断促销决策是否正确。同时，还应注意促销对象、促销内容、促销组合等与促销目标的因果关系的分析，从而对整体促销工作做出正确的判断。

6. 网络促销过程的综合管理和协调

在衡量网络促销效果的基础上，对偏离预期促销目标的活动进行调整是保证促销取得最佳效果的必不可少的程序。同时，在促销实施过程中，不断地进行信息沟通的协调，也是保证企业促销连续性、统一性的需要。

三、节日活动策划

节日是消费者购物的高峰期，也是企业间争夺的关键消费时间点。这种依靠节日来带动企业产品销售的经济活动也叫作节日经济，具有消费者集中、消费集中、能带动市场和经济发展的特点，是目前非常流行的一种经济模式。因此，很多企业都会举办节日活动，借助节日的氛围来开展营销，提升产品销量。下面将对节日活动策划的相关知识进行介绍，主要包括了解节日活动的优势、明确策划的时间节点、节日活动的策划要点等。

（一）节日活动的优势

节日通常是人们为了纪念某种民俗文化或适应某种需要而共同创造的重要日子。节日也可以看作一种 IP，有非常大的热度和流量，企业开展节日活动的目的是借助节日的巨大热度来进行产品销售或品牌曝光。节目活动的优势主要有以下三点。

1. 仪式感强

节日期间消费者有一种仪式感，大多数人会通过一些具有仪式感的事情（逛街购物、吃美食、休息等）来放松身心，让自己暂时从繁忙的工作、生活中抽离出来，享受节日所带来的轻松、愉快的氛围。因此，节日活动可以凭借这种仪式感来快速吸引消费者，使消费者参与到节日活动中，从而产生消费行为。

2. 流量聚集

节日天然的热度和流量属性使其能够轻松获得消费者的注意，并能快速将注意力聚集到活动主题上。在短时间内形成流量高峰，营造出一种热闹非凡、供不应求的景象，给企业带来大量的人气；同时也能促使消费者更加快速地执行购买决策，提升产品的销量。

3. 情感共鸣

随着经济水平与物质生活水平的提高，人们的消费观念也发生了变化，精神需求越来越受到消费者重视。节日有着较为丰富的情感和文化内涵，而营销策划人员通过节日活动策划能够很好地将这种情感和文化内涵与产品结合起来并传递给消费者，引发消费者的共鸣，建立起消费者对品牌的归属感和信任感，有利于企业开展营销活动。

（二）明确策划的时间节点

开展节日活动前需要先明确节日的时间。目前，我国的节日大致可以分为传统节日和新兴节日两类。

1. 传统节日

传统节日是经过悠久的历史文化长期积淀下来的产物，其形式多样，内容丰富，蕴含丰富的文化内涵。

2. 新兴节日

在网络快速发展与年轻消费者引领网络潮流的社会背景下，衍生了越来越多的网络新兴节日。这些节日体现了年轻人的个性和兴趣，是非常具有代表性的由普通消费者所发展出来的新兴节日。除此之外，各大商家和企业为了营造节日氛围，增加促销感，也纷纷开始设立品牌节、活动节，如天猫"6·18网上购物节""拼多多双十一购物节"等。这些节日随着网络的发展和消费者群体需求的变化而发生变化，是目前各大企业开展商业促销的首选节日（图3-8）。

图3-8　天猫6·18网上购物节

(三)节日活动的策划要点

营销策划人员要想策划出具有吸引力的节日活动,需要掌握节日活动策划的要点,主要包括找到节日与产品的契合点、明确活动的输出形式等,下面分别进行介绍。

1. 找到节日与产品的契合点

活动营销的最终目的是产品销售,要借助节日来进行营销,首先要找到节日与产品之间的契合点。如,情人节或七夕节等象征爱情、美好的节日,鲜花、巧克力等能够表达这些含义的产品销量就非常高。要想寻找到节日与产品的契合点并将产品与节日关联起来,可以使用分解法,其步骤主要有三步,分别如下。

(1)节日分析

每一个节日都有其特殊的意义,营销策划人员在策划节日活动前应该深入了解节日的起源、内涵、目标群体等,将节日可能涉及的内容一一列举出来,方便开展思维风暴。

(2)产品特点分析

产品是节日营销的最终对象,要想让消费者对产品感兴趣,就要在开展营销活动前对产品进行分析,将产品的功能、卖点、需求、目标消费群体等信息一一列举出来,与节日信息进行匹配。

(3)节日与产品的关联

将前面两个步骤中整理出来的信息进行匹配,将具有关联性的内容挑选出来,通过内容包装与策划将节日与产品关联起来,引导消费者由节日联想到产品,强化消费者对产品的认知,最终引起消费者的购买兴趣,为产品带来实际转化。

2. 明确活动的输出形式

节日活动的输出形式主要有两种,一是内容,二是活动。

(1)内容

内容是指内容生产和分发,即通过内容创作与传播来进行节日活动信息的发布,其目的是告知消费者活动的存在,以更好地触达目标消费群体。

内容生产的平台很多,营销策划人员可以在微博、微信、社群、资讯平台、知识问答平台等进行节日活动的营销内容创作,但要注意选择与目标消费群体匹配度较高的、消费者流量较大的平台,并在平台定位的基础上开展节日活动营销内容的创作,这样才能取得预期效果。

(2)活动

根据举办方式的不同,节日活动可分为自有活动和联合活动两种类型。

①自有活动。自有活动是指活动的策划筹备、资源供给、执行落地等所有环节都由活动的主办方自行主导,主要依靠的是主办方自身的实力和资源。在开展节日活动时营销策划人员要根据企业的自身实力来进行策划,以方便掌控活动进度及活动安排。

②联合活动。联合活动是指主办方联合第三方开展活动。活动主办方主要提供物质(服

务）资源，活动合作方则主要负责提供流量资源。在开展节日活动时，营销策划人员可以将活动委托给有一定实力的第三方，减轻企业的负担。

自有活动注重老客户的促活和消费转化，联合活动则注重新客户的获取。营销策划人员在策划活动输出形式时，应综合考虑两者，或选择与当前营销目的更加匹配的方式。

第三节　营销策划书的写作

策划书也叫作策划案，是指对某个未来的活动或事件进行策划，并展现给读者的文本。在学习了网络营销的相关理论知识、营销方法、营销渠道与活动策划等知识后，营销策划人员还需要掌握策划书的具体写作方法，通过文字说明的方式，将网络营销策划的成本、目标效果、营销手段等撰写成书面文档，以呈报给决策者查看。

一、营销策划书的结构

不同的营销目标有不同的要求，因此营销策划书的内容和格式也会存在差异。但总的来说，营销策划书的结构有一定的规范，主要包括封面、前言、目录、摘要、正文、结束语和附录几个部分。

（一）封面

封面决定了阅读者对营销策划书的第一印象，良好的封面视觉效果呈现可以给阅读者留下深刻的印象，建立起营销策划书的整体形象。封面的内容主要包括策划书的名称、被策划的客户、策划者、策划日期、参与单位等，如图3-9所示为营销策划书的封面示例效果。

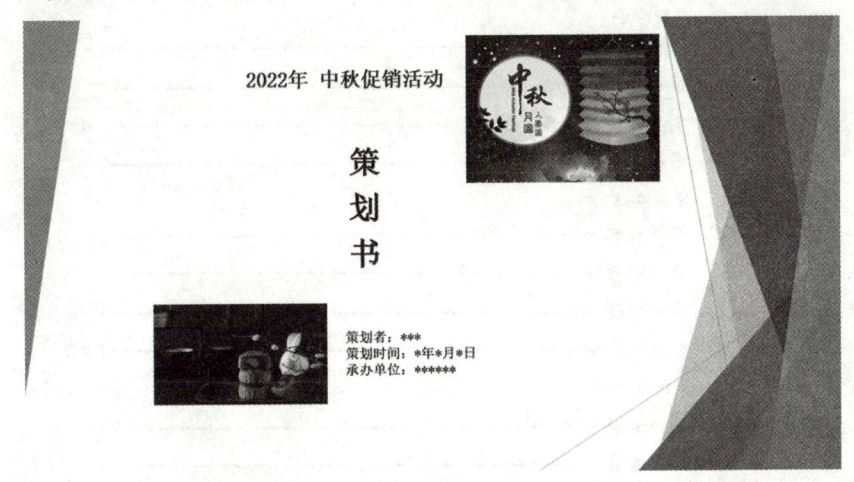

图3-9　营销策划书的封面示例效果

1. 策划书的名称

名称是对营销策划书主题的简要说明，应该遵循简洁、准确的原则，让人一目了然，快速获取信息。此外，为了更好地突出策划的主题或目的，还可以添加副标题或小标题。

2. 被策划的客户

若营销策划书委托给第三方机构策划，则应该在封面上写明委托策划方。

3. 策划者

封面上要明确写出该策划书的策划者，其位置一般位于封面的底部。策划者有多个时，应并列写出多个策划者；若为公司，则应直接写出公司全称。

4. 策划日期

营销策划由于时间段的不同可能导致市场情况、营销执行效果等的不同，因此营销策划书上要写明明确的日期，一般以正式提交日期为准。

5. 参与单位

参与单位主要包括主办单位和承办单位。主办单位（可省略）是指项目或事件的发起单位；承办单位是指项目、事件的具体实施单位。

（二）前言

前言是对营销策划书内容的高度概括与总结，起到吸引阅读者阅读兴趣的作用，其内容不宜过多，一般控制在一页以内，字数建议不超过1 000字。

（三）目录

目录用于展示策划书的结构，主要由策划书内容的各级标题和对应页码构成，以使阅读者快速了解整篇策划书的内容，并能快速查找对应的信息。如图3-10所示为营销策划书的目录示例。

目录

```
一、市场分析
（1）企业目标和任务……………………………………………1
（2）市场现状和策略……………………………………………1
（3）主要竞争对手及其优劣势…………………………………1
（4）营销外部环境分析…………………………………………2
二、营销策略
（1）营销目标……………………………………………………2
（2）目标市场描述………………………………………………2
（3）市场定位……………………………………………………2
（4）营销组合描述………………………………………………2
三、营销策划案
（1）制订活动步骤………………………………………………3
（2）评估流程……………………………………………………6
四、附录……………………………………………………………8
```

图3-10 营销策划书的目录示例

（四）摘要

摘要是对营销策划书内容的简单概况，用于说明以下内容。

（1）为什么要做该项策划？

（2）要解决什么问题？

（3）有什么样的结论？

（五）正文

正文是对营销策划书的具体描述，也是营销策划书的主要部分。正文主要包括以下几点内容。

1. 营销策划目标

营销策划目标是对营销策划书所要达到的目标的总述，以统一企业战略目标、协调企业员工行动。

2. 环境分析

环境分析主要包括当前市场状况及市场前景分析、竞争对手分析、产品市场的影响因素分析等内容，为营销策略、营销手段等提供正确的依据。

3. SWOT 分析

SWOT 分析即对企业的优势、劣势、机会和威胁进行分析，以发现市场机会和企业存在的问题。

4. 营销战略

营销战略主要包括市场细分、目标市场选择和市场定位等内容，以明确企业的营销目标和营销任务。

5. 营销组合策略

营销组合策略是指在环境分析与 SWOT 分析的基础上，对 4P 营销策略与 4C 营销策略中涉及的营销策略进行组合，形成有效的营销差异化组合策略，以顺利开拓市场，达到最佳的营销效果。

6. 具体行动方案

具体行动方案是指针对营销策划的各个时间段推出具体的行动方案。方案要在合理控制成本的基础上进行细致、周密的策划，同时制订出执行的时间表作为补充，以增加行动方案的可操作性。

7. 费用预算

费用预算是企业为费用支出成本而做的成本预算，主要包括营销过程的总费用、阶段费用、项目费用等。

8. 实施方案控制

实施方案控制是营销策划书的补充部分，主要用于对营销过程中可能出现的问题进行管理并提出解决措施。其内容主要包括人员配备、设施添置、资金调度、实施时机、任务分配、责任明确、操作要求、实施进度等。

（六）结束语

结束语用于对整个营销策划书进行归纳总结，以突出策划要点并与前文相呼应。在写结束语时，营销策划人员应考虑整个营销策划书内容的可行性，以及解决营销策划过程中出现的各种问题的能力，并以此判断整体的策划逻辑是否可行。

（七）附录

附录也叫作附件，是对营销策划书内容的补充说明，以方便策划决策者了解策划书中有关内容的来龙去脉。附录主要有两个作用，一是补充说明策划书中的调查与分析技术；二是为策划书中的必要内容提供客观的证明。技术性内容、分析模型、分析过程、图片资料、图表数据等都可作为附录提供给决策者查看。为了便于查找，营销策划人员应为附录标注顺序。

二、营销策划书的写作原则与技巧

为了提高营销策划书的科学性与准确性，营销策划人员在写作营销策划书前还需要掌握一定的写作原则与技巧。

（一）营销策划书的写作原则

在写作营销策划书时，营销策划人员应遵循以下几项原则。

1. 符合逻辑

营销策划书是企业根据市场变化和企业自身实力，对企业的产品、资源及产品所指向的市场进行整体规划的计划性书面材料，具有很强的逻辑思维特性。营销策划人员在写作时，应按照情况设定、策划背景阐述、产品市场现状分析、策划中心目的、策划内容阐述、问题解决策略的顺序进行写作，以使营销策划书条理清晰、结构完整。

2. 有可操作性

营销策划书是用于指导营销活动的书面材料，其可操作性的强弱直接影响着营销活动能否正常开展。特别是营销活动中所涉及的人、财、物等的管理，一定要确保其各个环节的关系与处理方式恰当。

3. 重点突出

营销策划书要明确策划所需解决的核心问题，并提出相对应的解决策略。

4. 创意新颖

网络营销环境下，消费者普遍缺乏专注力，因此营销策划书的创意在很大程度上决定了最终的营销效果。创意是营销策划书的核心内容，主要体现在内容、表现手法等方面。

（二）营销策划书的写作技巧

营销策划书是一种综合性较强的策划方案，营销策划人员需要掌握一定的技巧才能更好地进行写作,下面分别进行介绍。

1. 思路清晰,结构合理

营销策划书的作用是帮助企业开展营销决策,因此,其内容要完整、丰富,要能全面概括并展示企业的能力,以得到决策者的肯定。此外,营销策划书还是一份书面文档,涵盖了环境分析、战略制定、策略组合等诸多内容。营销策划人员一定要保证这些内容结构合理、逻辑清晰,确保营销策划书的可行性。

2. 中心明确,重点突出

写作文章时我们通常会围绕文章中心来展开思路,以更好地对文章进行布局。写作营销策划书也一样,营销策划人员应该先明确该营销策划书的中心(即策划目的),围绕中心来进行分析,让中心统领全文结构。例如某企业要开拓新品市场,营销策划书就应该以提升产品知名度为中心,并结合多种营销手段来达到该目的。例如,投放广告,增加新品的曝光量;开展促销活动,增加新品的销量;加大推广力度,进行新品信息的传递等。

3. 论据充分,令人信服

营销策划书的可行性是打动决策者的有力武器,因此营销策划人员在写作营销策划书的过程中,要提供能够证明其观点的理论依据,列举相关的成功案例来进行证明或以反面案例来反向证明等。这些证明内容不仅可以使营销策划书的内容更加丰富,还能增强营销策划书的说服力,帮助决策者更加快速地做出决策。

4. 应用图表,深入分析

图表与文字相比更加直观、精炼,具有更加强烈的视觉呈现效果,能够给人留下更加深刻的印象。图表在营销策划书中主要起辅助文字进行说明的作用,常以比较分析、概况归纳、辅助说明等形式出现,以帮助决策者理解营销策划书的内容。同时营销策划人员还要注意对图表进行必要的分析说明,以增加内容的可信度。

5. 注意细节,提升质量

营销策划书的质量直接影响着决策者对其的整体印象,因此营销策划人员一定要注意细节,文中不能出现错别字、漏字、语句不通顺、逻辑不连贯等问题。其次,企业名称、专业术语等也要注意不能出错。营销策划人员在写作营销策划书时要注意检查,如果营销策划书纰漏太多,就容易给决策者留下营销策划人员知识水平不高的负面印象。

第四节　营销活动的执行与评价

做好营销活动的所有准备工作后即可进入活动执行环节,活动结束后还需要对其进行分析与总结。

一、营销活动的执行

> **案 例**
>
> 回家——让幸福更进一步
>
> 1. 案例背景
>
> 在春运迁徙浪潮中，如何脱颖而出？
>
> 携程旅行网是目前国内领先的在线旅游旅行服务公司，向超过 1 400 万会员提供酒店、机票、度假、商旅等全方位旅行服务（图 3-11）。
>
>
>
> 图 3-11 携程旅行网
>
> 大型在线旅游企业占据在线旅游市场 79% 的市场份额，随着旅行社、酒店、航空公司网上直销业务的发展，以及创新型网站的崛起，使行业的竞争环境越发激烈；而且行业的同质化现象严重，使得竞争对手在产品方面的优势并不明显。携程旅行作为行业巨头，专注的是挖掘更多的服务亮点来与其他竞争对手形成明显的差异化，所以在春运大战中，携程旅行以最低廉的价格抢占市场份额，让更多的用户选择携程旅行。
>
> 2. 人群分析
>
> 营销目标人群分析：本次活动目标人群定位为在春运期间回家需要订票的用户。根据交通运输部发布的数据显示，2017 年春运期间，全国旅客发送量近 30 亿人次，而火车是春运主要交通工具。数据显示，春运出行选择火车的达 20 亿人次，占七成。随着互联网的普及和发展，旅客通过网络购票的数量超过总销售票量的七成，其中选择手机 APP 购票的又占到了互联网购票的近六成，达 8 亿人次。
>
> 通过搜狗大数据分析发现，春运迁徙人群具有在本地通过输入、搜索、浏览异地信息的特征。
>
> 3. 项目目标
>
> 商业目标：通过搜狗大数据帮助携程获得更多曝光和点击，转化新用户，收获认同感，提升携程品牌知名度和市场占有率。
>
> 消费者行为目标：帮助目标群体快速买到回家的车票。

消费者认知/态度目标:通过回家活动的信息渗透,让用户对携程旅行的认知提升。通过回家活动帮助携程带来6亿次的曝光量,对目标人群实现人均两次的目标洗礼,点击量超过100万次。

4. 策略创意

以快为主的策略旨在帮助网民更快获得回家的票。在碎片化时代,一个高端的媒体品牌必须具备化零为整的能力,能够将千千万万个分散的营销时刻和品牌沟通时刻连接成一条无缝的传播热链,从而获得影响力和可观的营销价值。

搜狗帮助携程旅行为有抢票需求的用户定制全时段营销策略。利用搜狗大数据分析,本次活动通过"引"(针对网民输入行为)、"曝"(针对网民搜索行为)、"点"(针对网民使用行为)三大传播工具,真正实现网民在网络场景下的全覆盖。

5. 创意实施

覆盖全产品线,从输入、浏览、搜索方面影响消费者行为。

搜狗为携程量身定制了一套完整的传播方案,从三大传播工具中挑出"拳头"产品,即搜索开放平台、输入法皮肤、搜狗地图。

(1)针对春运期间的热门问题进行问答营销,解决网民关注困惑,加强品牌与网民的互动。引导春运回家氛围的营造。

(2)专属输入法皮肤——搭车超级IP阿狸,发布阿狸春运抢票皮肤,开屏提醒,回家提醒,实时抢票,并可一键直达携程抢票页面。

(3)通过语音输入春运关键词会推送携程旅行抢票信息。人工智能触发互动,发布活动,引发网民关注。趣味抢票蔚然成风。

(4)搜狗地图点亮春节回家路,你查询的每一条路,都是通往回家的路。

6. 项目效果

活动资源总曝光量:16亿次。

点击总量(到携程):500万次。

日均点击量(到携程):超7万次。

本地生活(页面定制):PV(8.5亿次),点击(近280万次)。

搜索资源:PV(超750万次),点击(超30万次)。

地图资源:PV(超4 000万次,含开屏),点击(超5万次)。

在搜狗巨大的流量支撑下,原生广告覆盖不足的问题也得到了解决。在无界的互联网世界,任何一个细分需求都能被轻松汇聚成不可小觑的市场力量。

营销活动执行的工作主要有确认营销活动流程、与营销人员沟通、控制营销活动节奏等。

(一)确认营销活动流程

营销活动执行的首要工作就是确认营销流程,确保营销活动的相关工作人员都了解活动流程，并知晓各自的工作安排，以保证营销活动顺利开展。特别是直播活动，每一个环节的操作都会立即反馈给消费者，一旦出错将很难补救。因此，确认营销活动流程非常重要，它是保证营销活动效果的一道屏障。

（二）与营销人员沟通

任何工作的完成都需要工作人员之间的有效沟通与配合，因此营销策划人员要保持与工作人员之间的顺畅交流，以便于下达指令或统筹管理。沟通是双向的，除了营销策划人员单方面与工作人员沟通外，还应该鼓励相关工作人员主动向营销策划人员反馈营销活动执行的情况，以确保营销活动的正常开展。

（三）控制营销活动节奏

营销活动的节奏会直接影响营销活动的效果，因此，营销策划人员应该在营销活动执行的过程中时刻关注其进展情况，保证活动节奏的平稳，营造舒适的活动参与氛围。营销策划人员可以从两个方面来进行活动节奏控制，下面分别进行介绍。

1. 氛围节奏控制

氛围节奏控制在促销活动中较为常见，其原理与饥饿营销类似，是通过营造一种急迫感来激发消费者的购物欲望。氛围节奏控制要与消费者的情绪配合才能发挥最佳的效果，如在活动初期限制消费者购买，当消费者产生了急迫心理后再放宽条件，这种氛围会快速刺激消费者产生购买行为，使产品销量大增，甚至出现供不应求的情况。

2. 时间节奏控制

任何营销活动执行期间都会经历起始、渐强、高潮、减弱、落幕五个阶段，其中起始、高潮、落幕三个阶段对消费者的影响最大。营销策划人员应合理控制时间节奏，在合适的时间启动、推进及结束活动，以最大限度地引发消费者的购买行为。

二、营销活动的评价

营销活动的评价就是通过对营销活动的跟踪控制，对网络营销策划方案的正确性和网络营销人员的工作成效进行检验，其目的是为后续网络营销活动提供决策和优化依据。营销策划人员应当在营销活动的各个阶段，对网络营销活动的运行状况和效果进行全面的综合评价，其主要步骤如下。

（一）确定评价指标

根据网络营销活动效果的评价对象和评价内容来确定影响网络营销活动效果的因素，定义相应的评价指标，如经济指标、技术评价指标、综合效果评价指标等，如表3-3所示。

表 3-3　评价指标

指标类别	指标选项		
经济指标	销售收入	销售费用	销售利润率
技术评价指标	网站页面设计评价	网站推广评价	网站流量评价
综合效果评价指标	品牌价值提升	客户满意度	企业管理水平

（二）确定评价指标的重要程度

不同的评价指标类别，其重要性和评价效果不同，营销策划人员应按照其重要程度来构建指标体系。营销策划人员可在保证网络营销活动目的的基础上，利用专家评判及对比分析等方法，从数量上确定各指标的重要程度。例如，某网络营销活动的目的是提升新品知名度，其评价指标的重要程度从高到低排序应该是品牌价值提升、产品销量、产品浏览量。

（三）确定各指标的量化评价标准

根据指标的含义和评价内容，制定评判该指标优劣的标准。例如，单日产品销量小于 5 000 件为不合格，单日产品销量在 5 000～10 000 件为合格，单日产品销量大于 10 000 件为优秀。然后结合百分制进行指标优劣程度的量化，如确定产品销量在指标评价体系中所占的比重，然后分别为不合格、合格、优秀制定相应的评价分数，两者相乘即可得到该评价指标的最终得分。

（四）收集评价所需信息资料

评价信息资料可以通过三个途径获取，一是通过企业各部门（财务、管理、销售等部门）的统计信息和数据；二是评价实施者通过咨询、访问、经验推断得到的数据；三是通过专项调研、专家评判、网络调查等取得的数据。不管从哪种途径获得数据，营销策划人员都要在确保数据的正确性和合理性后再使用，否则评价将没有意义。

（五）对网络营销进行综合评价

根据收集到的评价信息资料，对各项指标进行评分，再根据评价指标的重要程度，对整个网络营销活动进行综合评价。

课堂实训

品牌形象策划与推广

酸奶是人们日常生活中常见的产品，其味道酸甜可口、价格适中，能被大多数消费者所接受。现要求为某高端定位的酸奶品牌进行品牌形象推广策划，将其高品质、高品位、高标准的形象传递给消费者。

1. 训练目的

（1）掌握品牌认知与品牌定位的相关方法。

（2）熟悉品牌形象与传播的策划。

2. 训练内容及步骤

（1）品牌认知

酸奶市场是一个比较饱和的市场，竞争对手和竞争产品都很多，要在这样的市场环境中取得竞争优势，就要有一个与竞争对手有明显差异的特征，以突出自身优势。酸奶的原材料是牛奶，任何产品在原材料上都是相同的，但原材料的来源不同。因此，营销策划人员首先可以从奶源上体现其高品质的品牌印象；其次，酸奶的生产工艺也是体现其高品质、高标准的重要因素，故从这两个方面来打造其产品品质。

（2）品牌定位

在品牌认知的基础上，对消费者、竞争对手、市场进行分析后，结合企业理念、产品功能、消费需求、情感联系等方法进行品牌定位。如，突出企业理念的"专心致志只做好酸奶"，突出消费者口味需求的"浓浓好滋味"等。

（3）品牌形象策划

在进行品牌形象策划时要融合该酸奶的品牌理念进行品牌名称、品牌 Logo 的设计等，如通过品牌故事来塑造品牌在消费者心中的形象，然后再设计品牌标志，并将其印制在产品包装、宣传单或线上海报中。

（4）品牌传播策划

要将品牌形象传达给消费者，需要采取一定的传播策略，如广告传播、公关传播、促销传播等。对于酸奶产品来说，可以通过免费试吃、免费赠送、抽奖赠送、新品发布等活动进行品牌传播，并联合微博、微信、社群等网络营销平台扩大传播效果。

3. 训练思考

品牌形象策划与推广的过程中应注意哪些问题？

本章小结

"兵马未动，粮草先行"。优质的策划将为网络营销的成功奠定良好的基础。网络营销的效果有多种，如网络营销对网站的推广、对产品在线销售、对公司品牌拓展的帮助等。网络营销策划是为了达成特定的网络营销目标而进行的策略思考和方案规划的过程。通过学习熟悉网络营销策划前的准备工作，希望读者能够针对企业目标，策划企业网络营销方案，并撰写网络营销策划书。能持续关注互联网热点，培养对新鲜事物、新闻、娱乐事件等的较高敏感度和较强洞察力，树立网络营销创新、创意意识。

本章习题

1. 简述营销活动策划的准备工作。
2. 什么是品牌？如何进行品牌营销？
3. 简述营销策划书的写作原则与技巧。

第四章

定位网络市场

本章导读

网络营销调研是企业开展网络营销活动的前提，也是制订网络营销策略的重要依据。企业开展网络营销活动必须要高度重视网络营销调研，熟悉营销环境，认真分析竞争对手。此外，网络营销的根本目的是满足网络消费者的需求，而要满足消费者的需求必须充分掌握网络消费者的需求特点和购买行为。因此，网络营销调研与网络消费者购买行为分析都是网络营销活动开展的基础。

本章重点

市场调研；微观环境；宏观环境；消费模式；消费群体。

素质目标

培养实干精神，积极调研市场以及消费者的情况，动态化地了解当前的市场。

案例导入

2019年第三季度，京东商城线上笔记本电脑市场份额占比达到了75%。也就是说，线上每售出4台笔记本电脑，就有3台来自京东商城。这既是京东商城计算机数码品类"行业第一"实力的证明，也是消费者对京东商城信任的体现。

这一切都离不开京东商城消费者直连制造商（Customer to Manufacturer，C2M）对消费者需求的探索。早在C2M的摸索阶段，京东商城就以"消费者深访"的形式对不同行业的消费者需求进行调研，发现了上班族和游戏玩家对笔记本电脑的不同需求。"820京东商城电脑数码超级品类日"当天，京东商城笔记本电脑的成交额1分钟破亿元，中高端游戏本的销量是去年同期的195%。目前，轻薄本和游戏本在京东商城的销量占比已经达到了95%。

对于京东商城来说，消费者才是最好的产品经理。除了开拓细分市场外，京东商城还从细节入手，不断为消费者打造"爆款"产品。在产品设计上，京东商城尽力挖掘消费者的每一个需求，反向推动品牌厂商创造研发。依托京东商城大数据，消费者选购、下单、收货、评价反馈的每一步都成了京东商城的评估参数，消费者浏览哪种规格的产品较多，消费者在页面停留时间的长短都关乎着"消费者喜好"。

京东商城还将消费者喜好传达给品牌厂商，助推"爆款"笔记本电脑的诞生。例如，联想"拯救者Y7000P"便是由京东商城C2M反向定制打造的一款"现象级""爆款"产品。"拯救者Y7000P"在京东商城"一发即红"，首发5分钟内5 000台存货便被抢购一空。在联想的全力调配下，其最终销售量达到了10 000台，这足以彰显消费者对其的喜爱。

除联想"拯救者Y7000P"外，京东商城C2M还打造了诸如惠普"战66"轻薄本、"雷神911"游戏本、戴尔"暗影精灵"系列游戏本等"爆款"产品。

第一节 调研与选择目标市场

一、网络市场调研的对象与内容

（一）网络市场调研的对象

网络市场不同，面对的消费群体不同，调研的对象也不同。网络市场调研对象主要包括企业产品与服务的消费者、企业的竞争者、企业的合作者及行业内的中立者等。

1. 企业产品与服务的消费者

部分消费者在购物前，总是倾向于先在网上了解自己所需产品的信息。他们会通过搜索引擎搜索产品信息、企业信息，了解产品的性价比、售后服务、支付方式及配送方式。企业应利用网络全程跟踪消费者的购买行为，调研消费者的购买意向，鼓励消费者对自身产品或服务提出意见和建议，并分类整理以备后期参考（图4-1）。

2. 企业的竞争者

在网络营销环境下，企业的竞争威胁主要来自上下游相关企业、竞争者、潜在进入者、替代商品和网上购买者五个方面，分析其带来的营销威胁对企业分析行业环境及调整网络营销策略有重要影响。企业应及时就行业内相关企业的新营销动向、产品生产及高层人员变动等信息，通过竞争者的网站、企业客户的对比反馈、竞争者的展会及其在公共部门发布的企业信息等各种渠道有甄别地收集数据及资料，分析其对自身的威胁与带来的机会，作为制订新网络营销策略的依据。

3. 企业的合作者及行业内的中立者

企业的合作伙伴或供应商、第三方代理及与企业利益无关的中立者提供的某些行业评估信息及与企业相关的信息，也能给企业制定网络营销策略带来极有价值的信息数据，因而值得企业关注。如，阿里巴巴发布的行业内有关产品的品种和销售额的统计报告，对企业制定网络营销策略具有参考价值。

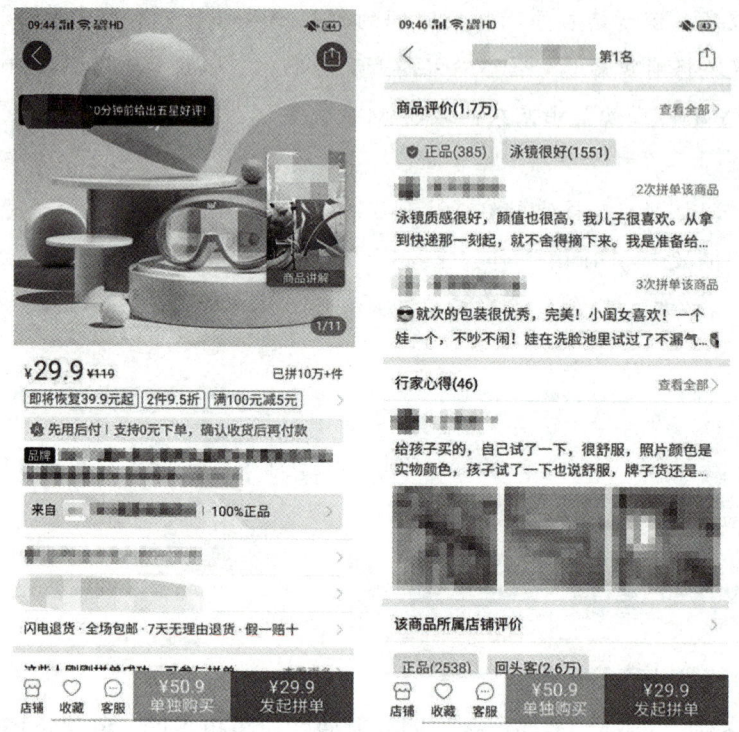

图4-1 消费者产品评价页面

（二）网络市场调研的内容

网络市场调研能使企业尽早掌握目标消费者的最新需求、目标市场的变动情况和行业竞争状况，为制订网络营销决策提供依据。网络市场调研的主要内容如下。

1. 把握企业外部环境

企业利用SWOT或PEST分析法对自身所处营销环境进行分析后，必须针对足以影响企业营销布局的主要因素展开调研。除了要对竞争者、消费信息及消费评价信息进行调研外，企业还要对宏观环境信息，特别是一些能够给企业带来商机的具有导向性的政策信息进行充分调研。

2. 分析消费需求及目标市场

消费者的需求特征，尤其是需求的变化趋势，是网络市场调研的重要内容。开展网络市场调研，可以了解消费者的需求状况，把握需求的变化趋势，同时也可以识别消费者的个人特征。消费者的个人特征信息为消费需求分析提供了控制变量，但在这一过程中应注意保护消费者的个人隐私。

目标市场分析主要是对市场容量、商品供求形势、市场占有率、市场增长潜力、开拓市场的障碍、竞争格局等内容进行分析，作为进入新的网络市场和深耕现有网络市场的决策依据。

3. 掌握企业产品和服务相关信息

企业在将新设计的产品和新推出的服务投放市场之前，必须了解其产品或服务对消费者需求的满足程度及存在的不足。同时也要了解消费者对企业已有产品或服务的消费体验和满意程度，进而找出产品或服务的不足及核心竞争力所在。

4. 了解竞争对手及行业竞争状况

企业在调研时，首先，必须明确谁是自己的主要竞争对手；其次，必须对竞争对手进行全方位分析，如搜集和分析竞争对手的市场占有率、实力、竞争策略、广告手段、网络营销战略定位、发展潜力等信息。企业可针对行业内的领军企业和成长迅速的企业，通过它们的自有媒体、相关第三方的自有媒体、社交媒体、在线评论等途径进行重点调研。

5. 分析企业形象

分析企业形象得因有：

一方面，企业可以全面了解企业网站、博客、微博、微信公众号、小程序等自有媒体的访问者的相关信息，重点调研访问者的个性化需求、爱好、文化层次、收入状况、婚育状况、年龄及性别等，为自身开展有针对性的网络营销活动积累资源；另一方面，企业可以了解自身在消费者心目中的形象，确定在一定时期内企业及其自有媒体的价值水平，为企业新形象的宣传及其自有媒体的优化提供意见。

二、网络市场调研的方法

网络市场调研的方法主要有两种，即直接调研法和间接调研法。

（一）网络市场直接调研法

网络市场直接调研法是指为了达到特定目的，企业在互联网上收集第一手资料或原始信息的市场调研方法。网络市场直接调研法主要有网上问卷调查法、网上观察法、网上实验法、专题讨论法，以及基于技术的数据抓取。

1. 网上问卷调查法

网上问卷调查法是指企业通过自有媒体或问卷调查平台发送调查问卷，或向社交媒体发送调查问卷链接，或向潜在客户或老客户发送电子邮件进行问卷调查的方法。

2. 网上观察法

网上观察法是指企业在一定的自然情境下，对消费者行为进行观察和监测，从而分析其消费需求、消费习惯、消费行为等的调研方法。网上观察法往往被认为是网络市场调研法中最客观的方法，但是短时间和小样本都将影响其研究结果的质量。企业可以利用软件对消费者行为进行全方位观察，通过分析抓取客观的消费者行为数据获取其消费相关信息。

3. 网上实验法

实验法的目的是探索诱因和反应之间的关系。网上实验法是指企业为预先选出的多个可比的主体组赋予不同的实验方案，并控制外部变量，然后观察出现的差异是否具有显著性。企业可以利用实验法有效地测试网页、展示型广告和促销活动的效果。

4. 专题讨论法

专题讨论法是指企业通过讨论组对目标市场的某些话题进行讨论，从中获取数据或资料的调研方法。可以使用社会化媒体的群组进行专题讨论，通常使用的讨论组有 QQ 群、QQ 讨论组、微信群、抖音群、豆瓣小组、百度贴吧等。

5. 数据抓取

网络营销数据抓取一般可以采用两种方法：一是利用现有爬虫软件，如八爪鱼数据采集器；二是利用编程语言自编爬虫程序，如编写 Python 爬虫程序。

八爪鱼数据采集器的简易采集模式内置了上百种主流网站的数据源，如京东商城、天猫、大众点评等；同时也提供自动生成爬虫的自定义模式，可用于精准批量识别各种网页元素，支持不同网页结构的复杂网站的数据采集，从而适用于多种采集应用场景。另外，还可进行云采集，实现 24 小时不间断运行，保障数据的时效性。

Python 是一种动态的、面向对象的脚本语言，也是一种非常适合开发网络爬虫的编程语言。相比于其他的静态编程语言，Python 抓取网页文档的接口更简洁；相比于其他的动态脚本语言，Python 的 urllib2 包提供了较为完整的访问网页文档的 API（application programming interface，应用程序接口）。此外，Python 中还有优秀的第三方包，可以高效实现网页抓取，并可以用极短的代码实现网页的标签过滤功能。

（二）网络市场间接调研法

网络市场间接调研法是指企业通过网络收集所需信息的二手资料，开展市场调研的方法。该方法简单方便，可以节省调研时间并降低调研成本。该方法的信息源主要有企业内部信息源和外部信息源，外部信息源包括本国或外国政府网站、有影响的国际组织网站、图书馆网站、市场调研机构网站、金融机构和相关企业网站等。

利用搜索引擎挖掘信息是进行网络市场间接调研的主要方法，包括主题分类检索和关键词检索两种。

1. 主题分类检索

主题分类检索即通过各搜索引擎的主题分类目录查找相关信息。由于搜索引擎中的主题分类目录是按一定的主题分门别类和通过层级间的概念包含关系逐级设置的，所以在检索时首先要确定调研目标所属的主题范围，然后逐层查找相关信息，直到满足自身需求为止。

2. 关键词检索

关键词检索即利用运算组合关键词或对关键词进行缩小或限制来达到对所需信息的准

确定位。具体可以用布尔运算、位置运算、截词符等组合关键词，或设定检索的范围、语言、地区、数据类型和时间等对关键词进行限制。

三、网络市场调研抽样方法

网络市场调研抽样方法可以分为概率抽样和非概率抽样两类。

（一）概率抽样

概率抽样是指按照随机原则对总体进行任意抽取，如网址、IP地址或其他个体特征。概率抽样中个体被抽到的机会相对均等，样本在抽样总体中的分布相对均匀，这样可以避免出现倾向性偏差。概率抽样法有简单概率抽样、等距抽样、分层抽样和整群抽样等具体方法。

（二）非概率抽样

非概率抽样是调研人员根据自己的主观判断抽取样本的方法。它不是严格按照随机抽样原则来抽取样本，没有大数定律的存在基础，也就无法确定抽样误差，从而无法正确地说明样本的统计值在多大程度上适用于总体。非概率抽样法主要有方便抽样、判断抽样、配额抽样和推荐抽样等具体方法。在实际的网络市场调研中，由于受到客观条件的限制，很多情况下并不能保证按照随机原则进行机会均等的抽样，所以调研人员往往会根据实际需要采取概率抽样、非概率抽样或者两者相结合的方式抽样。

知识拓展

网络市场调研常用的抽样方法

1. 电子邮件地址抽样

在拥有大量的电子邮件地址的情况下，可以在电子邮件地址中进行简单概率抽样或等距抽样，并通过电子邮件发放问卷。如果拥有每个电子邮件地址的相关背景信息，还可以通过信息对总体进行分层或分群，采用配额抽样或整群抽样的方式，按一定配额条件或分群情况进行随机抽样。这种方法的效果与按地址或电话号码随机抽样的传统方法所达到的效果一样。

2. 固定样本抽样

固定样本抽样是指把已经同意参加各类调研的受访者放入固定样本库，再在固定样本库中抽取样本，并给予参与调研的成员一定回报的抽样方法。每个成员在自愿的基础上同意接受调查邀请，并提供背景信息和电子邮件地址等联系方式，成员有选择加入固定样本库和退出固定样本库的权利。具体可以按一定的甄别条件，如性别、年龄、所在地区和收入等的要求，在成员中进行随机抽样。如果固定样本库样本的招募是随机的,如通过电话随机访问招募,则抽样就具备完全的随机性;如果固定样本库样本的招募是非随机的,则抽样就不具备完全的随机性。

3. 弹出窗口式抽样

弹出窗口式抽样是指通过软件技术,采用弹出窗口的方式对网站访问者进行抽样的方法。如果要对网站的访问者进行计数,可按预先设定好的间隔(每隔100个访问者)弹出一个窗口,邀请访问者参加调研。这种方法类似于传统的街头拦截,但由于是通过软件进行自动控制,因而比街头拦截更具随机性。

4. 预先电话抽样

预先电话抽样一般是预先使用电话进行随机抽样,然后通过电话直接邀请或通过电子邮件邀请受访者登录指定的网站参加调研。这种方式通过密码进行控制,只有获得邀请的受访者才能参加调研。这样既实现了完全的随机性,又充分发挥了网络调研的优势。

5. 完全公开式抽样

完全公开式抽样是在企业网站、问卷调查平台或其他网站公开调查问卷,并广泛发布链接,使受访者主动参加调研的方法。这种方法几乎无法控制受访者,因而随机性较差,且难以保障受访者身份的真实性及其填写问卷行为的恰当性,更无法对调研的内容进行保密。

每种抽样方法都各有优缺点。企业在制订抽样方案时,应根据市场调研的问题性质、调研目的、条件、调研对象的特征、统计要求及各种抽样方法的特点选择适当的抽样方法。

第二节 熟悉营销环境

网络营销环境是指影响企业营销部门制订和实施网络营销策略的各种不可控的虚拟市场因素,主要包括宏观环境和微观环境两个方面。在社交媒体时代,网络营销环境已经形成了由网络诸要素相互作用、相互影响并与现实世界密切相关的统一有机体系,并呈现出数据资源的丰富性、信息沟通的交互性、营销场景的虚拟性、交易关系的平等性等特征。网络营销环境可以分为宏观环境和微观环境。网络营销宏观环境是指影响企业网络营销微观环境的各种因素和力量的总和。网络营销微观环境是指企业开展的网络营销活动所涉及的与企业网络营销紧密相关,直接影响其网络营销效果的各种参与者。

案 例

儿童零食市场竞争激烈,新产品层出不穷。如何让品牌常青?宗庆后认为,质量和诚信是企业的立身之本。为此,娃哈哈构建了食品安全风险评估体系、质量追溯体系和分级质量监管体系,防范食品安全问题。

创新丰富产品线，打造"明星产品"，是国产零食品牌做大做强的一个法宝，但盼盼食品曾为此遇到过一场不小的挫折。

在盼盼白薯片小有名气后，蔡金垵想乘胜追击，将薯片做得既好吃又有营养，进一步占领薯片市场。经过研发团队的技术攻关，盼盼将鸡蛋和牛奶添加进薯片里，研制出"蛋奶薯片"。然而，投放大量广告、提前布局市场的这款产品并未获得消费者认可，产品大量滞销。"生产这款产品最终赔进去两三千万元，给刚成立不久的盼盼食品造成巨大困难。"蔡金垵说，受此影响，盼盼食品在此后数年间不敢再有太大的市场动作。

进入21世纪以来，由于人们生活水平不断提高，烘焙食品成为消费者的"新宠"。已经恢复元气的盼盼食品察觉到这一变化，聚焦烘焙食品赛道，研制出盼盼法式小面包，这款面包口感佳，是第一款可长时保鲜的国产面包。"我们选用优质乳粉和小麦粉，小小面包用料十足，每个小面包还要经过120分钟慢发酵和传统旋转烤炉烘焙，保证烤出来的面包色香味俱全。"蔡金垵说。这款小面包成为盼盼食品又一款"明星产品"，带动企业营收增长超300%，稳固了品牌形象。

为了及时响应市场变化，娃哈哈建立包含研发、生产、销售、运输等各环节的完整产业链，并拥有了自己的食品研究院、机电研究院，一旦消费者有新需求，娃哈哈可以在短时间内研发出新产品并投放市场。以营养快线为例，该产品首次把牛奶和果汁混合起来，同时添加15种营养素，最高年销售额达200亿元。

如今，低糖、低卡的健康食品成为新潮流，在无糖食品的蓝海中，国产零食品牌不甘落后。盼盼食品不再局限于休闲食品，研发出0脂肪、0防腐剂、0甜味剂的"豹发力"功能饮料和生榨椰子汁等。在饮料行业拥有技术优势的娃哈哈顺势推出了低糖营养快线、无糖版非常可乐、藜麦牛奶粥等，并成立了现代生物工程研究所，专注于益生菌研发及产业项目布局。目前，娃哈哈已拥有超过4 500株菌株的菌种资源库，并建设智能化菌种生产车间，成功打造目前国内一流的智能化菌种生产线。

"未来我们将把中医食疗传统理论和生物工程、现代提取等技术相结合，开发科技含量高、附加值高的大健康产品。"宗庆后说。

伴随年轻一代消费能力的提高和文化自信的增强，符合中国审美的"国潮"产品成了越来越多人的选择，老牌零食企业也在积极拥抱消费者的新需求。

除了满足消费者的味蕾，还要用颜值吸引年轻人的眼球。盼盼集团所在的泉州是古代海上丝绸之路的起点。以此为灵感，盼盼食品推出一款国潮生榨椰汁礼盒，包装设计整体呈藏蓝色，海浪、椰子、帆船、青花瓷等中国元素点缀其间，画面精致，设计优美。

娃哈哈在2021年中秋节推出国潮版包装的非常可乐，该包装以"百鹿迎福归"和"千鲤共婵娟"为主题，以中国传统文化中具有美好寓意的鹿和锦鲤为设计主体。根据网友

> 投票结果推出的人参、油柑、话梅三款无糖非常可乐,在包装和口味上都有浓浓的"中国风"。
>
> 只在包装上改良并不足以让年轻人买单,国产零食企业还积极与知名IP联名,推动产品"破圈",赢得更多消费者。盼盼食品推出包含蛋白饮料的敦煌·国潮纪念版礼盒,设计中包含莫高窟、九色鹿等敦煌文化符号,外观精美又富有文化内涵。"我们希望通过国潮礼盒的推出,让产品成为中国传统文化的载体,让消费者对中国传统文化有更深层次的理解。"蔡金垵说。
>
> 与中国动画《斗罗大陆》联名合作,推出营养快线风味酸奶,打进二次元圈层、收获更多年轻消费者,是娃哈哈的一步妙棋。营养快线根据动画剧情,设计了青提玄冰草和柔舞仙蜜梅两大口味,受到动漫迷的喜爱,在微博、抖音、小红书、B站等社交平台上有大量关于该产品的开箱视频、口味评测,相关文字和视频的阅读量和播放量达到2 600 万。

一、网络营销宏观环境

网络营销宏观环境包括给企业带来市场机会和环境威胁的各种外部力量,可采用PEST(Politics、Economy、Society、Technology)环境分析模型进行分析,如图4-2所示。

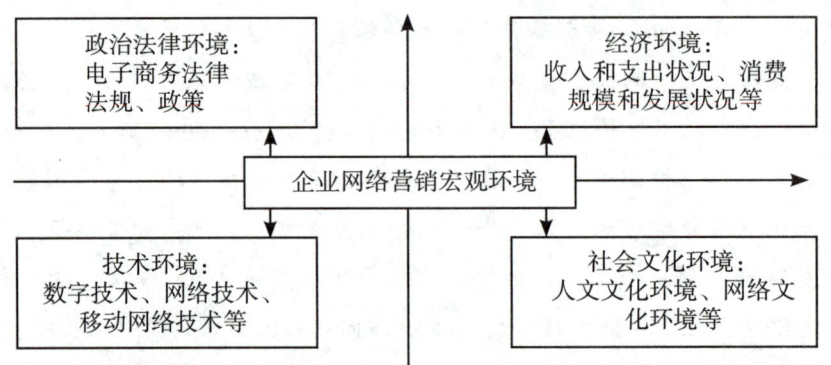

图4-2　PEST环境分析模型

(一)政治法律环境

企业在开展网络营销活动前,必须准确把握相关的法律法规和政策。国家制定电子商务相关法律政策的目的是明确企业和企业(B2B)、企业和客户(B2C)、客户和客户(C2C)、政府和企业(G2B)以及政府和政府(G2G)之间进行网上交易时应该承担的法律责任和义务,以保障网络营销环境健康、有序发展。

联合国国际贸易法委员会主持制定了一系列调整国际电子商务活动的法律文件,其中最重要的是《电子商务示范法》和《电子签名示范法》。《电子商务示范法》于1996年通过,对电子商务的形式、法律承认、书面形式要求、签字、原件、数据电文的可接受性和证据力等最重要的问题均做出了明确规定。虽然它在性质上既非国际公约,亦非各国公认的有约束力的国际惯例，但是它的颁布对各国的电子商务立法活动产生了重大的推动作用，各国的电子商务法不同程度的借鉴了它的内容。《电子签名示范法》在《电子商务示范法》第七条关于电子签名规定的基础上，进一步就电子签名涉及的定义、不同安全水平与程度的签名要求等做出了明确规定，更具可操作性。在《电子商务示范法》的推动下，一些国际组织纷纷制定了各种电子商务法律规范，如《全球基础电信协议》《信息技术协议》《全球电子商务宣言》等，使国际电子商务立法达到了高潮。

我国自1994年以来，发布了一系列规范网络建设、网络行为和维护网络安全的法规，包括《中华人民共和国电子签名法》《非金融机构支付服务管理办法》《网络商品交易及有关服务行为管理暂行办法》《网络交易管理办法》等，为电子商务交易环境的健康、有序发展提供了法律保障。其中，2019年1月1日起开始正式施行的《中华人民共和国电子商务法》（简称《电子商务法》）的立法和实施最具里程碑意义。《电子商务法》是我国电子商务领域的第一部综合性、基础性法律。该法的颁布，对充分发挥立法的引领和推动作用、保障电子商务行业内各方主体的合法权益、规范电子商务行为、促进电子商务持续健康发展等各个方面都具有重要且积极的意义。

（二）经济环境

经济环境是对市场具有广泛和直接影响的重要宏观因素。社会购买力受宏观经济的制约，其大小主要取决于收入水平、市场价格等因素。一个国家或地区的收入和支出状况对网络营销有重要影响，具体影响因素包括人均国民生产总值、个人可支配收入、个人收入和可任意支配收入四个。只有在人们收入水平不断提高的情况下，才能在更广的范围内普及网络终端，使更多的网民参与进来，形成规模效应，进而大幅降低网络消费成本并提高网络服务水平。同时，一个国家或地区的消费规模和发展状况也对网络营销有重要影响，具体影响因素包括一个国家或地区的经济规模和发展水平、网络市场的开放程度等。

（三）社会文化环境

社会文化环境包括网络人口环境、社会环境和文化环境，对网络营销也有着重要的影响。

社会文化环境

1. 网络人口环境

从营销的角度来看，市场是指有现实或潜在需求且有支付能力的消费者群体。中国互联网络信息中心（CNNIC）对网民的定义为：半年内使用过互联网的6周岁及以上中国公民。因此，对网民的了解与分析尤为重要。

（1）网民的结构特征

第一，网民年龄分析。一般来说，网民可分为低龄儿童用户、青少年用户、中青年用户及老年用户。根据不同年龄阶段的用户在不同时间和不同地区的集中分布情况及发展趋势，可以对不同的网络市场需求进行预测，从而为企业制订网络营销策略提供依据。例如，在某个地区，如果网民向青少年或中青年用户发展，则对线上娱乐、体育、游戏及婚恋和房地产等产品和服务的需求会旺盛；如果网民向低龄儿童用户发展，那么对线上玩具、儿童教育资料及培训等产品和服务的需求会旺盛。不同年龄阶段网络用户的变化为企业做好网络广告和宣传提供了依据。

第二，网民教育程度分析。近年来，网民明显从高学历群体向中低学历群体转变，说明网络越来越趋于大众化，也说明网络已经成为普通人的娱乐、消费工具。

第三，网民性别分析。根据近年来的调查数据，网民性别结构趋向均衡，且与人口性别比例基本一致。在我国，女性网民数量的持续增长，给提供女性用品和服务的企业带来了更多机会。

（2）网民对网络的态度

在不同的社会环境下，网民会对网络包括网购表现出不同的态度。如果态度是积极的，企业就可以加大促销力度；如果态度是消极的，企业就应努力维护自身形象，增强网民对网购的信心。企业应根据网民态度的变化情况，把握网民对网络销售的接受程度，灵活制定营销策略。另外，网民对隐私保护的态度也值得关注。网民担心购物时自己的隐私被泄露，这会影响其对网购的信心。电商平台基于用户购物终端里存储的信息，可以全面了解网民的上网行为，进而开展精准营销。电商平台的这种行为存在越权之嫌，会使网民面临隐私被泄露的风险。分析网民对隐私保护的态度有利于企业制订相应的营销策略。

（3）网民的增长趋势

随着新技术的不断涌现，上网设备的多元化和上网方式的多样化大大提高了网民随时使用网络的可能性。目前，全球网民尤其是使用移动互联网的网民数量快速增加，加上先进的移动互联技术、便捷的登录方式，使无线上网变得越来越流行。网民规模的扩大为网络营销提供了较强的规模优势和较大的市场潜力。

2. 社会环境

社会环境是指不同国家、地区或民族长期的文化传统所积淀的各种风俗习惯、消费观念、伦理道德及家庭观念与国际化环境相结合后形成的独特的市场消费环境。企业开展网络营销活动，必须重视各种社会因素，认真研究不同销售区域中消费观念和购买行为的差别，努力改善自身同客户的关系，使网络营销向个性化的价值取向发展。

3. 文化环境

文化环境对网络营销的影响主要包括两个方面：一是人文文化环境的影响；二是网络文化环境的影响。人文文化环境的影响是指不同国家或地区的历史文化背景不同导致网民使用网络的倾向有差异，如欧美国家的网民更关注足球或棒球等体育节目，而我国网民对社会新闻、娱乐类信息则比较感兴趣。

网络拥有自身的特色文化，包括匿名性的开放型文化，让人们可以在网上自由地交流和消费；也包括实名制的社交网络文化，让人们可以在网上充分享受人际交往的乐趣，同时也让消费群体变得更集中，有利于企业开展精准营销。网络文化也是一种创新文化，它创造了注意力经济、眼球经济、网络经济、虚拟社群文化等。其中最重要的是带来了企业管理理念的创新，使企业的组织结构由垂直型的等级制管理结构向扁平化的学习型组织结构转变；同时也弱化了大型企业的规模化生产优势，使企业的组织生产向满足消费者个性化需求的方向发展。

（四）技术环境

技术环境是互联网生成和发展的内生力。数字技术的迅速发展推动着网络营销环境的快速改变，可以使企业在网上用视频、直播、AR、VR等对产品功能进行立体的展示和说明，同时也可以使企业与消费者在线进行实时交流，以便第一时间把握消费需求的变化。移动网络技术的发展，吸引了更多的人使用网络。移动购物、智能电子商务、移动办公和移动支付等技术增强了网络市场的潜力，使网络交易的规模迅速扩大。网络供应链系统的革新，使消费者在网上交易平台进行支付的风险降低。竞价系统的革新，使网民参与网购的热情增加。数据挖掘技术的进步，实现了科学营销和精准营销。技术环境的发展和变化推动了有技术基因的网络营销模式的变革和发展，每一次数字技术、网络技术的飞跃都给网络营销带来了新的机会。

二、网络营销微观环境

网络营销微观环境的相关方主要包括企业（非网络营销部门）、供应商、竞争对手、顾客、营销中介等。

（一）企业（非网络营销部门）

企业内部非网络营销部门对网络营销的支持作用十分重要。要使网络营销策略有效运作，创造网络营销内部资源并保障各营销职能的协调发挥，需要依靠企业内部其他部门的支持与合作。一般来说，对网络营销具有显著影响的企业内部环境因素主要包括企业领导对网络营销的态度、财务运作状况、产品或服务质量，以及企业网络营销自有媒体建设等。

（二）供应商

供应商是指为企业生产而提供特定的原材料、辅助材料、设备、能源、劳务、资金等资源的单位。供应商在企业的网络营销中起着至关重要的作用，它提供产品和服务的水平，以及供应的及时性和稳定性、价格的稳定性、供货质量保证等，直接决定着企业网络营销的运营水平。供应商的服务水平与网络消费的安全性和便捷性密切相关。

（三）竞争对手

网络营销竞争对手分析包括识别和确认竞争对手，以及分析竞争对手的网络营销目标、现行策略和未来策略、资源占有能力、团队管理及创新能力、反应模式等内容。

具体介绍如下。

竞争对手是指和企业争夺同一个消费者购买力的其他企业，包括一般竞争者、形式竞争者、产业竞争者和品牌竞争者等类型。识别竞争对手可从以下角度考虑：观察其他企业和本企业网络营销的模式是否相似，以考虑双方是否存在模式竞争；如果双方的价格和产品类型一样，就应考虑双方是否存在品牌竞争；如果双方在网上的宣传和运作方式也相同，就应考虑双方是否存在促销竞争。开展网络营销的企业还应充分关注和自己提供产品及服务相似但尚未开展网络营销的企业、试图开展网络营销的企业，以及可能存在的新的具有竞争力的网络联盟企业，这些企业极有可能成为自身潜在的竞争对手。

在网络环境下，竞争对手的反应模式或竞争方式主要有以下几种。

①凶狠型竞争。这类企业对市场竞争因素的变化十分敏感，会对任何攻击自己的对手做出迅速而强烈的反应，并毫不犹豫地采取竞争反制。

②选择型竞争。由于不同企业进行网络营销分析的角度不同，所以对竞争方向的把握也不同，那么体现的反应模式自然会不同。如有的竞争对手关注对方价格的变动、有的竞争对手关注对方宣传投入的增加等。

③随机型竞争。一些竞争实力相对较弱的企业，往往会根据实际需要进行网络竞争。当其有能力参与或竞争成本相对较低时，就会积极采取竞争措施；当其成本压力较大或竞争对手实力过于强大时，就会采取回避措施。

④从容型竞争。竞争者对竞争环境改变的反应不强烈或不灵敏，可能是因为竞争者受到自身在资金、规模、技术等方面能力的限制，无法做出适当的反应；也可能是因为竞争者对自己的竞争力过于自信，不屑于采取反应行为；还可能是因为竞争者对市场竞争的重视不够，未能及时捕捉到市场竞争变化的信息，自然也就无法做出反应。

分析竞争对手的反应模式有利于企业制订有针对性的竞争策略，或积极对抗，或紧紧跟随，或迂回规避。

（四）顾客

顾客是企业开展网络营销活动的目标对象。企业网络营销活动成败的关键在于是否以满足顾客需要为中心。随着上网成本的降低和消费水平的提升，网民规模和网络企业规模不断扩大；同时网络技术的发展使顾客的个性化需求得到满足成为可能，也使顾客由原来的被动接收转变为主动参与，且参与水平空前提高。企业在开展网络营销活动的过程中，应更多地从拥有不同文化风俗、宗教信仰等的顾客群体的需求出发，建立起顾客导向型营销模式。

（五）营销中介

营销中介是指协调企业促销和分销其产品给最终顾客的企业，包括中间商、服务商。中间商包括经销商、经纪人、代理商；服务商包括运输、仓储、保险、金融、财务、广告公司以及市场研究和网络服务机构等。网络分销渠道可以分为直接渠道和间接渠道，直接渠道利用网络的便捷性和互动性进行直销，间接渠道则通过电子中间商实现分销。

企业开展网络营销的各种环境因素之间相互影响、相互作用，宏观环境因素是微观环境因素变化的基础和前提，微观环境因素应充分利用和适应宏观环境因素并不断加以创新调整。企业应根据各种环境因素的变化，正确认识和协调它们之间的关系，制定完善有效的网络营销策略。

课堂实训

分析当前的网络营销环境

为了进一步了解并熟悉当前网络营销的环境，需要对当前网络营销环境展开具体分析。

1. 训练目的

（1）从宏观的角度分析网络营销的市场环境。

（2）从微观的角度分析网络营销的市场环境。

2. 训练内容及步骤

（1）从政治法律、经济、社会文化、科学技术、人口五个方面来分析企业的宏观营销环境，填写表 4-1 的内容。

表 4-1　企业的宏观营销环境分析

分析对象	维度	说明
政治法律	政策	
	法规	
经济	GDP（国内生产总值）	
	消费价格指数	
	进出口总额及增长率	
社会文化	价值观念	
	消费观念	
	网民受教育程度	
科学技术	云计算	
	大数据	
	物联网	
	人工智能	
	5G	
人口	网民规模	
	网民地域	
	网民年龄	

（2）通过对企业情况进行分析，评估企业的营销能力，填写表 4-2 所示的内容。

表4-2 企业营销能力分析

企业分析	说明
品牌影响力	
产品市场占有率	
销售范围	
网络分销渠道	

（3）选择2~3个竞争对手进行分析，并填写表4-3所示的内容。

表4-3 竞争对手分析

竞争对手分析	维度	说明
产品分析	产品品牌	
	产品数量	
	产品质量	
	产品功能	
资金分析	筹资能力	
	现金流量	
价格分析	定价策略	
	价格稳定性	
	议价能力	
消费者服务分析	服务效率	
	投诉分析	

（4）从消费者的角度进行分析，并填写表4-4所示的内容。

表4-4 消费者分析

消费者分析	说明
消费者年龄分布	
消费者性别分布	
消费者收入水平分布	
消费者消费金额分布	

3．训练思考

如何从宏观的角度分析网络营销的市场环境？

第三节 分析竞争对手

利用网络对竞争对手进行调查，可以采用间接或直接两种方式，发现并了解竞争对手。间接方式主要是指通过搜索引擎、电子商务平台、行业网站，搜索相关资讯来发现主要的竞争对手。直接方式就是直接访问竞争对手网站，并对网站流量变化及运营情况进行分析。

一、发现竞争对手

要发现谁是企业的主要竞争对手,一般还要从搜索引擎入手。以"冲锋衣"为例,在搜索引擎上进行搜索时,会发现数以千万计的返回结果,如图4-3所示。图4-3的方框内显示了"冲锋衣"的热门搜索品牌。一般来说,这就是以"冲锋衣"为代表的户外服饰领域的热门品牌,也是户外服饰网店的主要竞争对手。在这些返回的结果中,一般人们只关注前几页,特别是第一页,因为主要的竞争对手大都集中在这里。将产品关键词和排名靠前的主要竞争对手公司名称合在一起搜索,可以了解这些竞争对手有哪些新闻报道和社交平台在谈论他们、用户有什么评价。

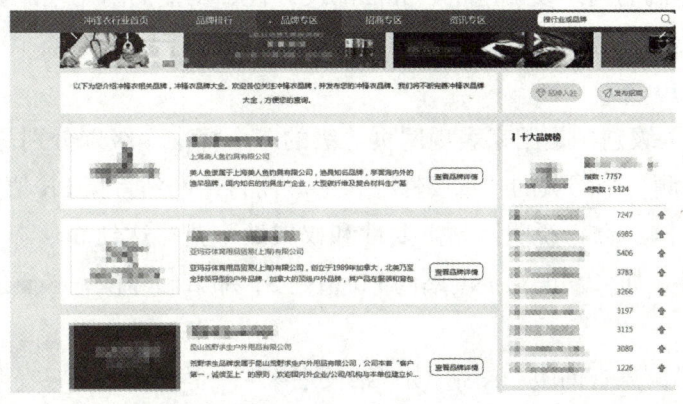

图4-3 "冲锋衣"的热门搜索品牌界面

如果发现竞争对手有大量报道来自新闻网站和门户网站,则对方可能是一个强劲的对手。要与之抗衡,只靠网络营销也许还不够,还必须开展整体的宣传攻势。如果发现竞争对手发表了大量软文,则意味着对手有专业的网络营销人员在运营。当然,有些竞争对手通过网络搜索也无法被发现,这时就需要依靠自己的人脉关系了解竞争对手。

同时,可以登录以京东商城为代表的电商平台,输入"冲锋衣",也可以从返回的结果中了解电商平台热销的户外服饰品牌,如图4-4所示。

图4-4 输入"冲锋衣"后的品牌界面

二、研究竞争对手

明确主要的竞争对手之后，就可以直接访问竞争对手的企业网站、官方旗舰店等，搜集第一手材料。另外，还可以利用常见的数据分析工具，分析竞争对手网站和网店的主要指标，并做出判断。

（一）访问并分析竞争对手官网

要开展电子商务，企业往往会构建自己品牌的网络平台，作为网上营销推广的大本营。直接访问竞争对手的网站，不仅可以了解他们的业务模式、经营特点，还可以站在网络营销的角度，了解他们的网站设计水平、界面的友好性、功能的易用性。观察他们进行网络营销推广的操作痕迹，也能直观地看出对手的竞争实力。

1. 网站首页 PR 值

PR 值——网页级别，是用来表现网页等级的一个标准，级别分别是 0~10。网站首页 PR 值可用于评测一个网页的"重要性"，一般而言，网站首页 PR 值为 2~3，说明网站实力一般；达到 4~5，说明网站重要性和权威性不错；达到 6~7，说明这是一个非常强劲的竞争对手。如果发现对手网站的 PR 值是 8，那么已经没有必要进入这个市场了。

2. 网站年龄

登录域名注册信息查询服务网站，如"站长之家"，利用其"Whois 查询"工具，如图 4-5 所示，就可以查询竞争对手网站的注册信息，查看域名注册日期及相关信息，了解竞争对手网站的发展演变过程。一般情况下，网站域名的注册时间越长，累积的信任、流量、用户也越多，搜索引擎的排名、外部链接的数量等指标会越好，要超越它的难度也就越大，企业需要付出更多的努力才有可能胜出。

图 4-5 查询企业信息界面

3. 网站 Alexa 排名

网站 Alexa 排名是指网站的世界排名，主要分为综合排名和分类排名。目前，行业人士大多把它当作比较权威的网站访问量评价指标。竞争对手网站的流量是非常重要的信息，可以利用 Alexa 排名工具对其进行大体估算。

4. 百度百科

查询百度百科，了解这些百科类网站是否有竞争对手的链接。由于百科的权威性和影响力，这些链接既可以带来直接的点击量，也会在一定程度上影响人们的判断和评价。很多人把这些百科链接当作重要的参考资料，通过竞争对手的这些资料列表，可以大致判断竞争对手的实力和网络营销的成效。登录百度百科，搜索"冲锋衣"，就可以找到这个品牌的百度百科词条解释，如图 4-6 所示。

图 4-6　"冲锋衣"百度百科词条解释

（二）访问并分析竞争对手官方旗舰店

登录天猫、京东商城、唯品会等电商平台，搜索"冲锋衣"，就可以访问该品牌的旗舰店，可以通过分析该品牌在第三方电商平台上官方旗舰店的运营情况，了解竞争对手。由图 4-7 可知，某品牌的冲锋衣店铺动态评分，包括宝贝描述、卖家服务、物流服务分别是 4.8 分、4.9 分、4.9 分，均高于行业水平。

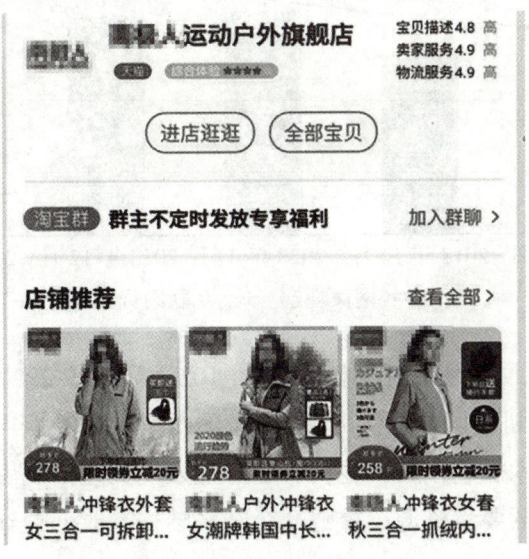

图 4-7　某品牌运动户外旗舰店界面

第四节　研究消费模式与消费群体

一、消费模式分析

了解网络目标市场的基本情况后,找到竞争对手并熟悉其优缺点,还必须研究网民消费模式。网民消费模式是指网络消费群体所采用的购物方法和购物形式。例如,某一特定结构的网民群体,由于具有共同的消费心理和行为特点,会表现出相对一致的网络购物行为和方式。显然,对网民消费模式的研究,是制定行之有效的网络推广策略的重要前提和基础。在互联网时代,网民消费模式更为丰富多彩,只有掌握了网络用户的特点和规律,才能为企业在产品策划、网站购物渠道的优化、网络营销推广手段的选择等方面提供必要的决策支持。

（一）网民特征分析

中国互联网络信息中心（CNNIC）每隔半年发布一次中国互联网络发展状况统计报告,根据我国网民的基本情况提供了一系列比较准确的数据。下面以 2022 年 2 月发布的第 49 次中国互联网络发展状况统计报告为例,介绍我国网民的一些基本特征。

1. 网民规模

截至 2021 年 12 月,我国网民规模为 10.32 亿,较 2020 年 12 月新增网民 4 296 万,互联网普及率达 73.0%,较 2020 年 12 月提升 2.6 个百分点（图 4-8）。

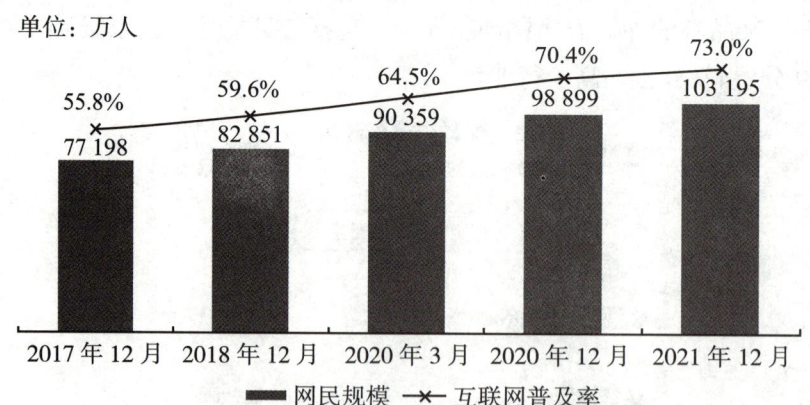

图 4-8　网民规模与互联网普及率

截至 2021 年 12 月,我国手机网民规模为 10.29 亿,较 2020 年 12 月新增手机网民 4 298 万,网民中使用手机上网的比例为 99.7%（图 4-9）。2021 年,互联网相关的大数据、云计算、人工智能等技术加速创新,更快、更好融入网民生活发展全领域全过程,数字经济正在成为重组生产生活要素资源、重塑社会经济结构、改变全球竞争格局的关键力量,进一步推进网民增长。

图 4-9 手机网民规模及其占网民比例

截至 2021 年 12 月，我国农村网民规模为 2.84 亿，占网民整体的 27.6%；城镇网民规模为 7.48 亿，较 2020 年 12 月增长 6 804 万，占网民整体的 72.4%（图 4-10）。截至 2021 年 12 月，我国城镇地区互联网普及率为 81.3%，较 2020 年 12 月提升 1.5 个百分点；农村地区互联网普及率为 57.6%，较 2020 年 12 月提升 1.7 个百分点。城乡地区互联网普及率差异较 2020 年 12 月缩小 0.2 个百分点。

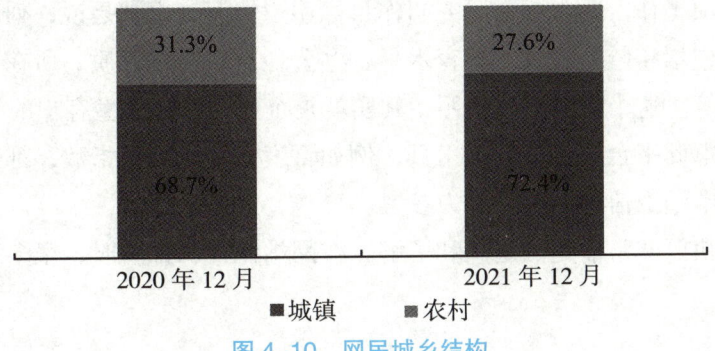

图 4-10 网民城乡结构

2. 网民结构

（1）性别结构

截至 2021 年 12 月，我国网民男女比例为 51.5 ：48.5，与整体人口中男女比例基本一致（图 4-11）。

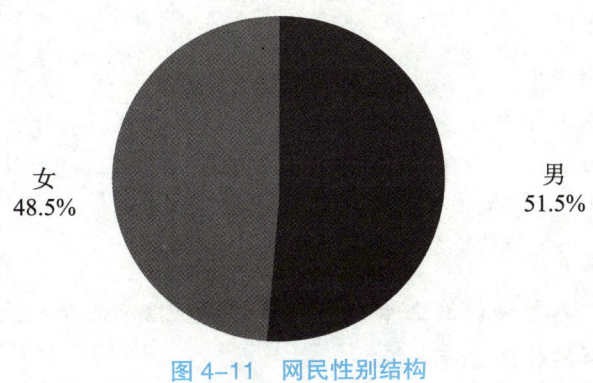

图 4-11 网民性别结构

（2）年龄结构

截至 2021 年 12 月，20～29 岁、30～39 岁、40～49 岁网民占比分别为 17.3%、19.9% 和 18.4%，高于其他年龄段群体；50 岁及以上网民群体占比由 2020 年 12 月的 26.3% 提升至 26.8%，如图 4-12 所示，互联网进一步向中老年渗透。

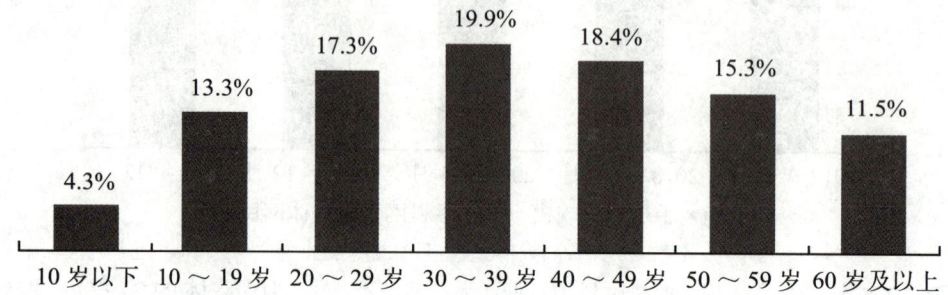

图 4-12　年龄结构

（二）目标用户快照

网民整体的行为特征研究，是从宏观角度对网民群体进行的扫描，有助于对网民的整体性、规律性、方向性问题的把握。研究目标用户的消费模式和特征是必不可少的，同时也是最重要的一项工作。通常这个研究叫作目标用户快照，也就是说，列出企业的产品的目标用户特点，包括年龄、收入、教育水平、办公地点、工作性质、所在地理位置、家庭人口、消费类型等。这个目标用户快照，其实就是企业网站最典型客户的简单描述。

搜索引擎和电商平台提供的数据工具，例如百度指数和阿里指数，都提供了通过大数据获得的用户基本画像信息，可以作为参考。

只有对用户快照非常清楚的定义和了解，在网站设计和推广时，很多需要做选择的问题才能迎刃而解。

案 例

> 年龄：28～38 岁
> 收入：月 5 000～12 000 元人民币
> 学历：大专以上
> 办公地点：写字楼
> 地理位置：一线城市
> 消费类型：理性消费为主，混合时尚消费
> 家庭：一家三口
> 性别：女
> 职位：公司中层管理
>
> 企业的网络营销人员通过网上市场调研确立快照信息以及相应的购物特征，以及自身对这个特定人群的观察进行分析。

具体分析如下。

一位典型的初为人母的妈妈，30岁左右，收入中等，目前专职家庭主妇，消费类型以理性消费为主。这样的目标人群有以下特点。

● 事先规划详情

详情到出门购物或者开始网上购物前，把想买的东西记在一张小纸片上。而且规划过程相当民主，不仅询问家人的意见，也会询问多个亲朋好友的意见。虽然最后决定还是自己做，但是口碑传播有着相当重要的作用。

● 店家的选择

注重看网站的人气如何（从评论和购买用户的数量看），线上和线下都是如此。

● 挑选商品

这类人群挑选商品的时间长得让人惊讶，她需要对所选产品的每项参数及价格进行比较。所以，还是建议那些电商网站针对这类人群尽快地提供详细的信息；也不要怕产品多、文字多，因为她们愿意花时间去研究。

● 产品咨询

在浏览挑选产品的过程中，这类人群很喜欢点击网站客户咨询问题，经常会问同一个问题："这件产品好不好"，但作为商家能说不好吗？当然，一般都不会说不好的。

● 冲动购买

虽然事先规划好的相当完备，但还是避免不了最后的冲动购买。

● 传播

购物规划时，有些人喜欢听取别人的意见或建议。其实这就是口碑的宣传，客户免费宣传产品，也是不错的选择。

二、消费群体分析

互联网的快速发展推动了网络消费升级，与传统市场的消费者相比，网络市场的消费者在购物过程中占据了更主动的地位，拥有更多的权利。因此企业必须分析消费者在网络消费的特点和消费规律，充分了解影响消费者购物行为的因素，只有这样才能做到有的放矢，获得更多的消费者，从而扩大市场。下面将对网络市场中消费者的心理特点、消费者行为分析和消费者决策过程等内容进行介绍。

（一）消费者心理特点

不同年龄、性别、经济状况和生活环境下的消费者通常会产生不同的消费需求，一个消费者也可能同时存在多个消费需求。要对消费者的消费需求进行分析，营销策划人员就需要深入了解消费者的消费心理。从消费心理的角度对消费者进行更加准确的消费行为定位，最终制订更加符合消费者需求的营销策略。网络营销环境下，消费者的消费心理主要有以下六种。

1. 好奇心理

几乎每个人都会有一定程度的好奇心，但不同的人好奇心的强烈程度不同，因此也会产生不同的购买行为。好奇心旺盛的消费者一般比较喜欢追求新奇的事物，有强烈的求知欲，通常希望企业能够提供更多知识性、趣味性、娱乐性强的信息和产品。

2. 实惠心理

具有实惠心理的消费者追求产品的物美价廉，功能实用且价格便宜的产品更容易赢得他们的青睐。要想吸引拥有这种心理的消费者，企业应该注重产品的功能性和实用性，并通过不断提高产品的性价比、效用和功能，或适当举办优惠活动来吸引他们。

3. 个性和品牌心理

具有个性和品牌心理的消费者更注重产品的个性化或品牌价值，针对这类消费者，企业可以为其提供更多个性化服务，或者提升品牌吸引力。

4. 从众心理

从众心理是指个体在社会群体的无形压力下，不知不觉或不由自主地与多数人保持一致的社会心理现象。有这种心理的消费者通常喜欢选择热度更高、购买的消费者更多的服务和产品，企业可以通过增加产品或服务热度的方法来促使这类消费者产生购买行为。

5. 习惯心理

很多消费者在购物的过程中都会养成一定的习惯，比如偏向于购买某种品牌的产品、只购买价格不超过某个范围的产品等。这一类型的消费者一般会在自己心中设定一个"心理预期"，当产品的实际价格或功能不能满足或超过预期时，就会选择其他产品。

6. 方便和享受心理

网络消费是一种非常方便的消费形式，可以帮助消费者节约很多时间和劳动成本，同时还能带给消费者购物乐趣。针对具有这种心理的消费者，企业可以从消费者的角度出发，投其所好。例如，设计更简洁的购物流程、更丰富的购物类型等，从而达到吸引消费者的目的。

针对以上六种消费心理，企业应该做好消费者需求心理的定位，以制订出符合消费者心理预期的营销策略，引发消费者的关注和参与。

（二）消费者行为分析

消费者行为由消费者意向左右，消费者意向就是消费者选择某种内容的主观倾向，表示消费者愿意接受某种事物的可能性，是消费者行为的一种潜在心理表现。一般来说，影响消费者行为的主要因素有以下三个。

1. 环境因素

环境因素会影响消费者意向和行为，如冬季雾霾或空气污染严重，防霾口罩在该时段就会比其他时段的人气高很多。又如某热播剧引起人们对某个产品的关注，受该热播剧的影响，关注该产品的消费者也会急剧增多。

2. 产品因素

产品因素主要是出于对产品的价格、质量、性能、款式、服务、广告和购买便捷性等因素的考虑。如，在淘宝直播平台中消费者可以在观看直播的同时直接购买产品，这比传统视频营销结束后告知消费者通过何种渠道进行购买便利得多。

3. 消费者个人及心理因素

消费者由于自身经济能力（购买能力、接受程度）、兴趣习惯（颜色偏好、品牌偏好）等不同，购买意向也不同；并且由于消费者的心理、感情和实际的需求各不相同，因而也会产生不同的行为动机。

综合以上因素可知，消费者行为是不断变化的。企业要想了解消费者行为，就要重视消费者信息的收集、分析，从中发现消费者的行为规律，研究消费者产生购买行为的原因。

知识拓展

我国网络消费者的购买行为特征

1. 消费者多而分散

消费者的购买行为涉及每一个人和每一个家庭，消费者多而分散。消费者市场是一个人数众多、涉及面广的市场，而消费者所处的地理位置各不相同和消费者的休闲时间不一致造成了购买地点和购买时间的分散性。

2. 少量、多次购买

消费者的购买行为是以个人和家庭为单位的，由于受到消费人数、需求量、购买力、储藏地点、商品保质期等诸多因素的影响，消费者为了满足自身的消费需要，往往购买量少、购买次数多。

3. 购买行为差异大

消费者因受年龄、性别、职业、收入、文化程度等的影响，其需求有很大的差异。而且随着社会经济的发展，消费者的消费习惯、消费观念、消费心理不断发生变化，从而导致消费者的购买行为差异大。

4. 大多属于非专家购买

绝大多数消费者在购买商品时，缺乏相应的专业知识、价格知识和市场知识，尤其是在购买某些技术性较强、操作比较复杂的商品时，更显得缺乏相关知识。在多数情况下，消费者的购买行为受感情的影响较大。因此，消费者很容易受广告宣传、商品包装以及其他促销方式的影响，产生购买冲动。

5. 购买行为的流动性强

多数消费者购物时会慎重选择，加之在市场经济比较发达的今天，人口在地区间的流动性较强，导致购买行为的流动性很强；消费者的购买行为经常在不同商品、不同企业及不同地区之间流动。

6．购买行为的周期性

有些商品需要消费者常年购买、均衡消费，如食品、副食品等；有些商品需要消费者在特定季节或节日购买，如一些时令服装、节日消费品；有些商品，消费者则会在其使用价值基本消失后才重新购买，如手机和家用电器。这说明消费者的购买行为有一定的周期性。

7．购买行为的时代特征

消费者的购买行为常常受到时代精神、社会风尚的影响，并且消费者会因此产生一些新的需要。例如，在APEC会议召开以后，唐装流行起来。又如，社会对知识的重视、对人才需求的增加，使人们对书籍、文化用品的需求也明显增加。这些都显示了消费者购买行为的时代特征。

8．购买行为的发展性

随着社会的发展和人民消费水平、生活质量的提高，消费需求也在不断升级。过去人们只要能买到商品就行了，现在则追求质优价廉的商品；过去多数人不敢问津高档商品，如汽车等；过去自己承担的劳务现在由劳务从业人员承担。新的需求不断产生，而且是永无止境的，使消费者的购买行为具有发展性特征。

（三）消费者决策过程

消费者的决策过程是消费者购买行为形成和实现的过程。从产生购买需求到有购买意向，再到形成购物行为，这期间主要会经历诱发需求、收集信息、比较选择、购买、评价五个阶段。

1．诱发需求

消费者的需求往往是在内外因素的共同刺激下产生的。内部因素指消费者自身对某产品或服务的需要，如体重变化引发对服装的需求。外部因素指因消费者所处环境、所接受的信息而导致消费者产生的需求，如消费者周围的人群频繁提及某品牌，从而使消费者对该品牌产品产生需求。对于企业网络营销而言，该阶段的主要目标是设计需求诱因，刺激和唤醒消费者的需求。

2．收集信息

消费者有了需求之后，为了满足这个需求，就会通过各种渠道来收集和了解该产品或服务的相关信息。此时企业就需要了解不同信息来源对消费者购买行为的影响和差异，有针对性地设计合理恰当的信息传播策略。

3. 比较选择

消费者在了解了产品或服务的信息后，通常还会对产品或服务进行选择比较，一是比较产品或服务的基本属性、品牌文化、功能效用等，二是比较产品价值与自身的购买能力。在比较选择环节，消费者参考的信息多源于网络，所以企业在该阶段应该正确详细地描述自己的产品或服务，丰富相关信息，以打动和吸引消费者。

4. 购买

消费者在完成产品或服务的对比后，会对备选对象产生偏爱，形成购买意向，并进入购买决策阶段。在该阶段，企业形象、产品质量、支付手段都是非常重要的影响因素，因此企业应该提升消费者对企业和品牌的信任度，提供更安全、快捷的支付方式。

5. 评价

评价是消费者购买产品或服务之后的一种行为，主要是对产品或服务的使用感受进行评价，包括产品是否理想、服务是否周到等。评价影响着消费者的重复购买行为，企业应该在该阶段广泛、开放地收集消费者的评价，及时了解消费者的意见和建议；同时，积极减少消费者购物后的心理失调感，处理好消费者的不满情绪，提高消费者满意度；甚至可以与消费者建立长期沟通机制，主动联系消费者并与之展开良好的沟通。

课堂实训

设计调研问卷分析消费者

为了进一步了解消费者，下面将设计针对护肤品消费者的调研问卷，用来收集使用护肤品的消费者的信息，最后再通过收集到的信息进行消费者统计分析。

1. 训练目的

（1）掌握设计调研问卷的方法。

（2）掌握消费者信息的收集方法。

（3）掌握消费者信息的分析方法。

2. 实训内容及步骤

（1）在搜索引擎中搜索制作在线调研问卷的网站，如图4-13所示为制作调研问卷的网站信息。打开其中某一网站，注册账号并登

图4-13 制作调研问卷的网站信息

录即可使用。

（2）在网络调研问卷制作网站中设计针对护肤品消费者的调研问卷。可以单选题、多选题或简答题的形式来设计消费者调研问卷的内容，内容要以消费者的基本信息和消费信息为主，如消费者的性别、学历、收入、消费额度、购物心理、品牌偏好等，如图4-14所示为调研问卷参考示例。

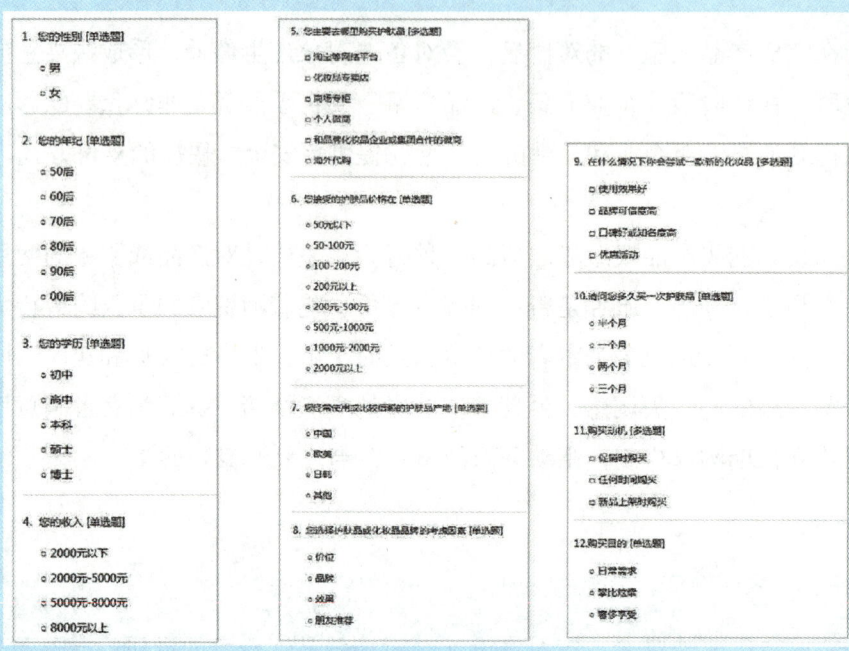

图4-14　调研问卷参考示例

（3）设计好调研问卷后，选择目标人群投放并进行样本收集。这一步骤需要花费一定的资金、时间，企业需要合理规划预算。

（4）回收投放的样本，对样本数据进行统计分析，得到目标消费者整体数据，据此对营销策略进行制订和调整。

3．训练总结

撰写消费者调研问卷。

本章小结

电子商务、社交应用和数字内容相互融合的模式拓展了电子商务业务，互联网已经影响和渗透了许多行业。未来许多未被互联网渗透的行业也将逐渐被互联网影响，互联网化进程是市场发展的必然趋势。通过本章的学习，希望读者熟悉网络市场调研方法；能够分析竞争对手；掌握不同消费群体的差异，能够根据企业需求设计网络调研的方法，建立网络营销战略思维。

本章习题

1. 简述网络市场调研的对象与内容。
2. 如何进行网络市场直接调研法?
3. 试分析网络营销的宏观环境。
4. 可以从哪些方面对消费群体进行分析?

第五章 "微"营销

微博、微信营销是网络经济时代企业或个人营销模式的一种,是伴随着互联网技术而兴起的一种网络营销方式。微博、微信营销不存在距离的限制,用户注册后,可与周围同样注册的"朋友"形成一种联系,订阅自己所需的信息,商家通过提供用户需要的信息,推广自己的产品,从而实现点对点的营销。

本章重点

微博营销;企业官方微博;微信公众号;微信小程序。

素质目标

提高安全防范意识,对未知事物提高警惕,不抱有侥幸心理,提升明辨是非的能力。
提高对新鲜事物的感知性、接受性,能够快速适应不断变化的新型网络营销模式。

古语云"民以食为天",作为典型的零售业代表,餐饮业一直以来都是占据着人们消费的大头。当很多餐饮"守旧派"还在坚持传统的餐饮经营方式,有的先知先觉的餐饮老板,已经开始利用移动互联网技术开启餐饮经营模式的变革。推出点餐外卖小程序,把用户引到线上"圈养"起来,那么微信小程序与线下餐饮消费有哪些优点?小程序如何为餐饮变革赋能?微信用户庞大,小程序使用简单,无须下载,便于传播。小程序的置顶搜索、五公里自动推介等功能,让餐饮行业一直困扰的推广难问题找到了答案。另外,餐饮小程序可以与公众号关联,通过公众号的内容营销与微信小程序的工具属性相互结合,将内容营销发挥到极致。不只是单纯地从百度上复制,而是根据自己的店铺特色与用户的需求角度出发，推广高质量的文章。再加上小程序的工具属性，提高用户的体验感，从而实现更多的品牌曝光与传播（图5-1）。

商家利用餐饮小程序的卡券功能，比如会员卡、优惠卡、打折卡等与微信小程序相对接，从而使得顾客能够更好地实现购物和消费，还可以利用餐饮小程序"附近的店"功能，将自己的小程序直接放到移动互联网上，实现线上和线下的对接。从而更好地进行品牌推广和宣传，为实体店带来更多的客户（图5-2）。

图5-1 微信点餐小程序

图5-2 小程序卡券功能界面

用小程序点餐，"预约拼团"功能不但可以节省用户的时间成本，还可以帮助实体店更好的实现运营和引流，使粉丝直接的裂变式营销。在朋友圈的转发，在微信群的转发，从而吸引到更多的用户参与。

餐饮行业，特别是对有外卖业务需求的商家来说，小程序可以说是目前最好的O2O经营模式，商家将小程序的二维码贴在门口、餐桌、收银台这些客流量比较大的位置，让用户一眼就能看到。用户再打开手机"扫一扫"即可查看商家实时供应的菜品，自主点餐在线下单，减少等待时间，提高点餐效率。用户在扫码点餐的同时，还会自动跳转到公众号关注页面，随时获取最新的优惠信息。用户还可以将小程序添加到桌面，方便查看，使商家借助小程序实现了线下引流到线上的目标。

第一节　微博营销

一、微博营销概述

（一）微博的定义

微博是一种微型博客（micro-blog），短小精悍，无须考虑文章标题、构思或格式，通过手机即可随时发布信息，满足了人们互相交流的愿望。微博平台内提供的工具非常丰富，其营销价值具体体现在品牌传播、客户服务、产品调研、产品销售、危机公关、广告宣传等方面，是企业重要的网络营销工具。国内目前最有影响力和最受关注的微博是新浪微博。作为重要的网络媒体，微博影响深远。

案 例

"故宫淘宝"的微博营销

"故宫淘宝"的主要营销方式是基于微型博客进行营销，即运用人与人之间的关系信息分享及信息传播获取的微博营销。在"故宫淘宝"的微博上，可以看到该账号经常与粉丝互动，同时也会参与一些话题，包括品牌之间的交流。一个愿意且及时与粉丝互动的品牌，用户黏性才会越来越好，品牌价值也就越来越高。在微博上，"故宫淘宝"常常通过自称"本宫"等人格化的方式发送给网友，打破了以往给人庄重、威严的感觉。通过一些时令节日，与用户互动交流，通过微博强大的时效性和互动性，迎合"萌"的气质，显得亲切、可爱、接地气（图5-3）。

图 5-3 "故宫淘宝"的微博界面

（二）微博账号的类别

微博账号包括以下三类。

1. 政务官方微博账号

政务官方微博账号（以下简称"政务微博"）是汇聚民声、表达民意的平台。政务微博有庞大的用户群，是民声汇聚之地。民众可以通过政务微博更方便地表达诉求、参与公共事务、发表观点和看法；政府可以通过政务微博平台对社会新事物保持敏感度，收集舆情、汇聚民意、征集看法，使民众意见得到有效关注，及时发现问题、解决问题。政务微博是政府应对突发事件时引导舆论的利器。在突发事件中，作为信息汇聚中心，政务微博能够利用微博传播速度快、范围广的优势，在第一时间发布权威信息，澄清事实，为解决问题创造良好的舆论环境。

政务微博开辟了群众监督的通道。微博的开放性和互动性使开通微博的政府机构和官员都要接受更广泛的关注和监督。

2. 企业官方微博账号

企业官方微博账号（以下简称"企业微博"）是企业重要的传播工具，代表着企业的官方形象和官方话语权,甚至比官网更具用户黏性。企业微博的迅猛发展带给企业海量的宝贵数据,企业不仅能准确地了解消费者的性别、年龄、城市等社会属性,还能了解消费者的兴趣爱好、社交活动,甚至消费信息。

3. 个人微博账号

个人微博可以帮助个人塑造形象、传播品牌、开展营销。个人微博账号(以下简称"个人微博")的运营优势主要有三点。第一,以现实人际关系为基础,个人微博的人际网络有现实人际关系做依托,比网络关系更牢固,传播效果更好。第二,个人微博的延伸性更强,无须专注于某一领域,个人是具有真情实感的个体,从情感角度来看不容易与粉丝产生距离感,粉丝会更加愿意倾听或与之交流。第三,个人微博的真实性更强,因为个人微博比企业微博少了很多运营痕迹,让人觉得更加真实。个人微博与企业微博可以相得益彰,很多用户正是因为喜欢某个企业家才喜欢其企业,很多时候个人微博在取得成功的同时也成就了企业微博。

(三)微博营销的 SICAS 模型

SICAS 模型是全景模型,即品牌与用户互相感知(sense),产生兴趣并形成互动(interest & interactive),用户与品牌、商家建立连接并交互沟通(connect & communication),行动(产生购买)(action),体验与分享(share)。用户行为、轨迹分析在这样一个生态里是多维互动的过程,而非单向递进过程。

SICAS 模型的核心驱动力是基于连接对话的非广播式的广告营销。对话、微众、耦合、关系、感知网络等是微博营销的关键词。在快速移动的碎片化环境中如何动态实时感知、发现、跟随、响应一个个"人",能够理解他们,并且与他们对话,成为提高企业营销效率的关键。进行微博营销的企业应具备基于位置的服务随时随地感知响应的能力、基于社交网络的沟通能力、基于实时数据流的需求实时响应能力等核心能力。

(四)微博的特色功能

微博的特色功能包括微博超话、微博直播和头条(文章)。

1. 微博超话

"微博超话社区"简称"微博超话",是基于某个可持续讨论主题的兴趣社区。在微博超话可以为偶像打榜,找到拥有共同兴趣的伙伴,还可以通过关注、发帖等行为参与多样、有趣的讨论。打开微博客户端进入"发现"页,选择"超话社区",如图 5-4 所示,可在搜索框查找喜欢或感兴趣的超话。

2. 微博直播

直播行业发展迅速,微博也不例外加入了直播功能,让明星、网红达人能近距离与微博用户互动。想要在微博直播,点击主页右侧按钮,选择"直播",进入如图 5-5 所示页面进行直播。初次开启直播的用户需要进行身份认证,通过人像识别认证后即可进行直播。直播前,用户可以对直播封面、直播标题、直播话题等进行设置。直播间支持美颜功能、转换前置和后置摄像头，以及镜像转换，可以根据需求对画面进行调整。

图 5-4　微博超话社区界面　　　　图 5-5　"直播"界面

3. 头条（文章）

头条（文章）是微博的长文产品，它以信息流卡片显示，可极速打开，用户体验非常好。同时，头条（文章）是微博碎片化内容的弥补与增强，满足了用户深度阅读的需求。头条（文章）可以上传文字、图片、视频、音频等，支持 Word 文档导入和定时发布。

二、企业官方微博营销

（一）企业官方微博的策划与创建

1. 新环境下企业官方微博营销侧重点的变化

"双微一抖"（微信、微博和抖音）正成为当下企业进行新媒体营销的标配。企业官方微博的作用随着新环境的变化而不断调整。2017 年之前，微信和微博是新媒体营销的重点。所以，企业把微博作为重点营销平台，它肩负着产品发布、消费者互动、短期活动引爆、长期品牌运营等众多营销使命。2017 年之后，随着抖音、快手短视频营销和直播营销的崛起，企业官方微博营销的侧重点更多地放在了短期活动引爆上，如通过话题营销、事件营销等方式，助推品牌营销活动。

2. 企业官方微博的策划

（1）分析目标用户画像，确定微博形象、人设、功能定位

新媒体账号策划成功的前提是对目标用户的深入分析。以"故宫淘宝"官方微博为例，

根据故宫淘宝的目标用户调查数据，其用户集中在 24～35 岁，用户特点为"颜控""活力""激情""动漫二次元"。因此，故宫淘宝确定官方微博形象为年轻、爱卖萌、接地气而又颇通历史的形象，功能主要是互动、品牌塑造和新品推荐。

（2）根据目标用户喜好，设计微博主页面

根据目标用户喜好，设计微博头像、微博背景、微博焦点轮播图、开通企业"蓝 V"认证、添加淘宝及官网链接，达到强化品牌形象、促进商品转化的目的。

3. 企业官方微博的创建步骤

企业官方微博的创建包括注册、认证、装修三大步骤，如图 5-6 所示。其注册界面如图 5-7 所示。

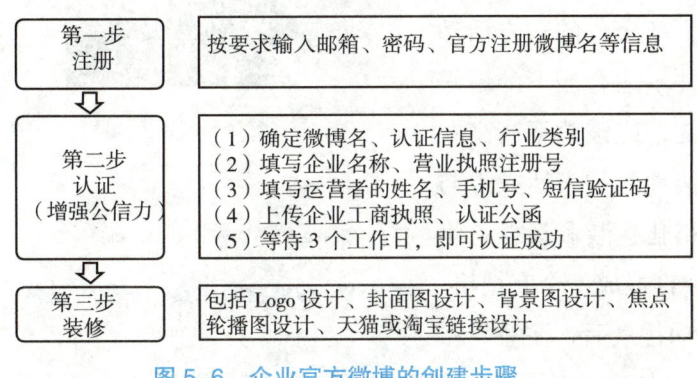

图 5-6　企业官方微博的创建步骤　　图 5-7　企业官方微博注册界面

（二）企业官方微博的运营技巧

由于不同类型的企业在微博营销中的布局和预算不同，因此其具体运营重点也会有不同的侧重。

1. 大型企业官方微博的运营技巧

大型企业官方微博运营的主要目的是传播品牌价值、塑造品牌形象、拉近用户距离、促进销售转化。因此，常常使用话题营销、联合网红推广（KOL 营销）等形式，且常会利用微博的多种营销工具进行整合式营销。

（1）开机报头

开机报头，又称开屏广告，指用户打开微博时显示的静态广告图、动态广告图或视频等，展示时间为 3 秒或 5 秒。品牌主可以选择无互动的展示型开机报头，或有互动的跳转型开机报头。通过开机报头配合营销，可以有效增强品牌曝光度。

（2）品牌速递

品牌速递相当于微博的信息流广告，主要作用是优先出现在用户的"关注"信息流中，对目标用户进行强曝光。品牌速递的主要展示形式有图片、视频、全景图、焦点图等，并可根据品牌的目标用户（性别、年龄、地域、兴趣）进行精准投放，如图

5-8所示。

2. 中小型企业官方微博的运营技巧

中小型企业由于营销预算有限，在微博营销中较少使用各类微博营销工具的整合式营销，而是往往集中在一点发力。如，依靠人格化运营、借势营销、活动抽奖、与"蓝V"互动等方式，达到吸引关注、推广品牌和销售转化的目的。

（1）人格化运营

许多中小企业开通官方微博时存在一个误区，即把它当作官网的补充，每天动态更新企业的官方活动或产品上新，这样枯燥式的运营并不适合当下的新媒体环境。在官方微博运营中，首先，应该放下高高在上的姿态和官方话语的口气，用接地气的表达拉近与用户的距离；其次，最好进行人格化包装和运营，将官方微博结合企业形象和品牌精神打造成一个有性格、有思想的IP形象，与用户沟通互动；最后，注意发布

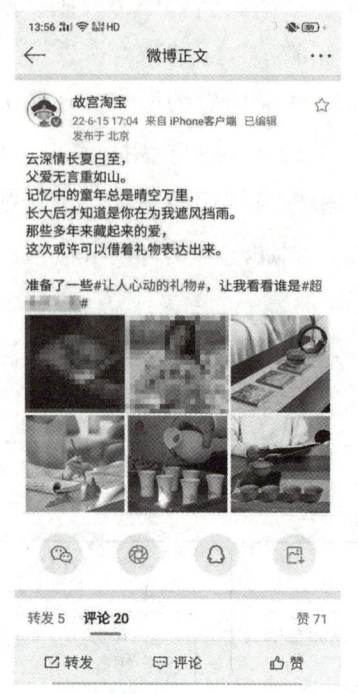

图5-8 微博营销工具——品牌速递

信息的多样性，除了产品上新信息之外，也应结合目标用户的需求，开展话题营销等活动。

（2）借势营销

借势营销由于成本低、效果好，常受到中小企业官方微博运营者的青睐。借势营销需要运营者不断提升捕捉互联网热点的敏锐度，能够第一时间抢抓热点，并将自身产品巧妙融入，借热点引发关注。例如，"故宫淘宝"官方微博借势"淘宝1212"，推出"某商品大狂欢"——万元游戏动漫周边全部只要12.12元活动，受到消费者的欢迎，如图5-9所示。

（3）活动抽奖

活动抽奖的形式是当下企业官方微博最常用的营销方式之一。通过有趣的话题和利益诱导，引发用户关注、转发或@好友等。一方面能达到"引流"的效果，另一方面也给微博增加关注度和曝光度。例如，"故宫淘宝"的官方微博举办的活动抽奖，只需转发和关注微博即可参与，最终有10人可以获得"故宫猫海底世界某商品"，如图5-10所示。

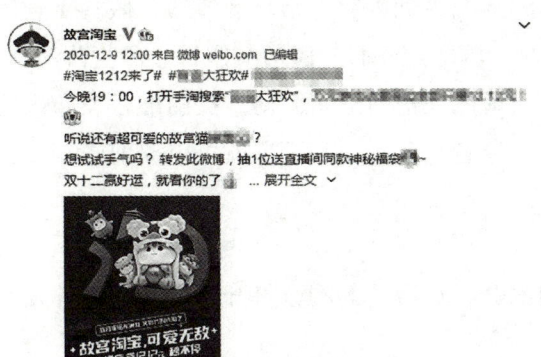

图 5-9 "故宫淘宝"借势营销　　图 5-10 "故宫淘宝"官方微博进行活动抽奖界面

（4）与"蓝 V"互动

在当下碎片化的环境中，企业官方微博如果只靠自己的力量，活动声量和效果较难得到保证。这就要求运营者平时积极保持与其他"蓝 V"账号互动，在进行话题活动的关键时刻，更要提前告知其他"蓝 V"账号，邀请参与活动，帮助企业扩大活动传播声量。

三、微博文案的创作技巧

微博具有强大的传播力，如何提高微博账号的活跃度使微博互动量最大化呢？微博的活跃度与粉丝增长的速度及与粉丝的黏性、微博的内容有非常紧密的联系。

（一）微博内容策划

1. 建立微博问题素材库

运营者要想做好微博营销，平常要注意观察身边的各种事件、网上的热点事件，阅读和收集各种资料和图片，方便在需要的时候查找。毕竟只凭关键词搜索，有可能在网上无法找到自己以前看过的内容。

微博内容素材库可通过以下三步来建立。

第一步：选择优秀的信息源。

阅读优秀作品时要随手保存，统一存放。建议先阅读再保存，可以先存放在一个统一的临时笔记本中，阅读完再分类。

第二步：对收藏夹进行整理。

整理收藏夹时，可以进行合理归类，并为收藏的作品加上标签，便于搜索。

第三步：进行应用并不断更新。

进行应用时，可以按照分类找到相应的资料，也可以直接使用搜索，对于有些已经没有保存价值的资料，建议及时清理掉。

2. 建立微博时间地图

除了常见的话题地图外，运营者可以按时间地图策划内容（节日、节气、假日），因为节假日是较好的话题。节假日包括法定节假日、国际纪念日、民俗节假日、行业营销季、本地文化节等。运营者每年都可以提前整理时间地图，这对运营微博，提前准备发布内容会非常有帮助。网上有各类节假日明细清单，运营者只要耐心整理，就可以提前规划出微博节假日话题表。

3. 合理设计微博发布时间

除了话题内容和时间策划，微博发布时间也会影响微博的阅读打开率。所谓最佳发布时间，是指期望的人最先看到微博的时间。

（1）对于想和高质量用户互动的人，最佳发布时间也许是凌晨一点以后。

（2）对于不同地方的朋友，假如运营者希望是国外用户看到，要考虑时差的影响。

（3）对于有地铁的城市，也许很多用户喜欢在地铁高峰期时"刷微博"。

（4）对于不同的人群，如大学生，大多习惯晚上"刷微博"。

（5）对于和节假日相关的微博内容，运营者选择在节假日即将开始的时候发布也许效果更好。

（6）对于突发性新闻事件，运营者第一时间抢发，连续跟进更好。

（7）对于现场的活动，运营者实时同步播报更好。

（8）假如微博内容不是特别有趣，运营者什么时间发都行，但不要5分钟发一条，避免造成"刷屏"。

微博最佳发布时间其实需要运营者对微博发布效果进行动态观察，不断依据效果进行反馈调整。

4. 注意转发和原创比例

运营者进行内容策划时，要考虑自己微博原创和转发的比例。一般而言，微博都是原创，运营者的运营难度大，也不利于建设微博矩阵。但转发太多，缺乏原创也会让用户不想关注。所以适度的原创是必需的。转发微博时要特别注意，微博平台上有一些来源不明、耸人听闻的消息，这些消息比一般消息更吸引人眼球，运营者转发后虽然可能得到更多用户的关注和转发，但是传播谣言的后果很严重。转发时，对以下消息要谨慎。

（1）越是惊人消息，越需要证据。

（2）越是貌似为真的消息，越要确认发布者身份。

（3）营销"号"发布的消息，建议转发前搜索下消息源。

（4）貌似专业，其实无科学依据的新闻。

（5）煽动各种对立情绪的消息。

（二）撰写优质微博

微博的内容设计非常重要。运营者首先要了解微博平台哪些内容是有引流特质的，然后再从中选择适合输出的形式。下面介绍比较受欢迎的四类微博。

1. 干货类

干货类的内容受欢迎的原因主要有两点：

一是实用性。它能够解决用户某一方面的问题，让用户有获得感，从而觉得账号有价值。

二是便利性。大多数用户希望节约自己的时间，干货的内容能让用户有及时的获得感。

目前微博平台上的干货内容主要分为三类：

（1）专业内容普及

专业内容普及拥有一定的专业门槛，只有拥有专业背景的人才能写。例如，医学病理、心理咨询这一类的知识由有专业的背景人去写，才更具有权威性（图5-11）。

（2）实践经验分享

实践经验分享要求分享人拥有一定的实践经验，这样分享人才能写得既实用又可以让用户产生共鸣，一定程度上可以不受专业门槛限制。例如，摄影教程、游戏教程、美食教程、穿搭技巧、美妆教程等一些日常生活类的内容（图5-12）。

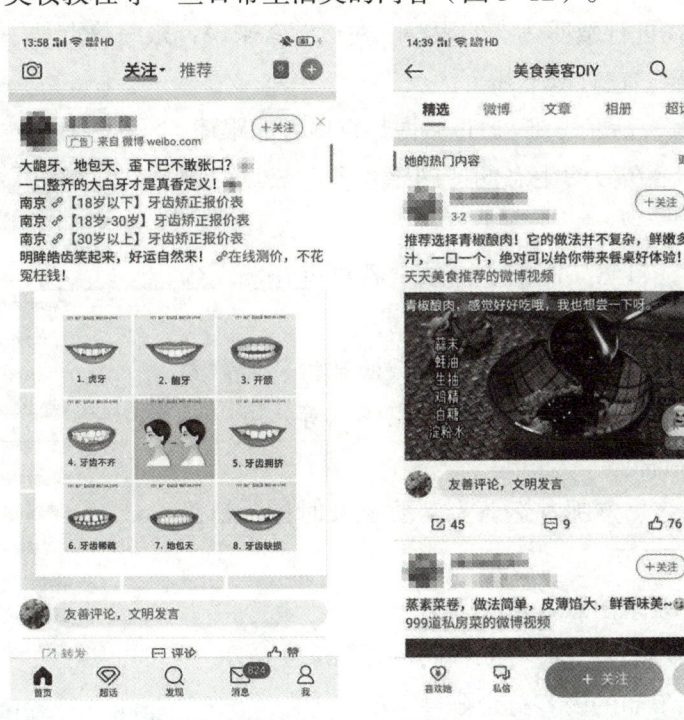

图5-11　内容普及类微博　　图5-12　美食教程分享微博

（3）合集分享

合集分享要求分享人拥有一定的用户基础，以合集内容干货为主，覆盖范围较广，如一些办公软件快捷键合集、英语四六级必备短句、职场人必看书籍等（图5-13）。

图 5-13　资料合集分享微博

2. 热点类

很多人每天都在进行微博热点的跟踪，对运营者来说，跟踪热点是一个非常重要的提升阅读量曝光的途径。它有以下几个优点。

一是培养"网感"，活跃思维。通过微博热点内容的跟踪，运营者可以培养自己在微博生态的"网感"，对热点的敏感度。

二是提升阅读，自然"涨粉"。运营者可以在热点公域流量中，用好的方式和内容获取精准流量。

三是提升账号质量，提升权重。在微博平台，运营者要获得一些称号，如"知名""签约自媒体"等，可以通过追热点快速达到目标。

如何更好地借势热点呢？运营者需要从及时性、精确性、高热度三个方面入手。

（1）及时性：发现热点并及时跟上

微博热搜的热度顺序：沸＞热＞新，如图 5-14 所示。

（2）精确性：发布的内容符合账号定位

运营者在"蹭热点"之前一定要考虑当前的热点是否和自己的账号定位能够很好地结合。如果"乱蹭"一些和自己账号定位无关的热点话题，将不利于可持续地获得关注。

（3）高热度：输出的内容要引起粉丝的关注

运营者在"蹭热点"的过程中，要设计引起用户的关注、转发、互动、点赞动作的内

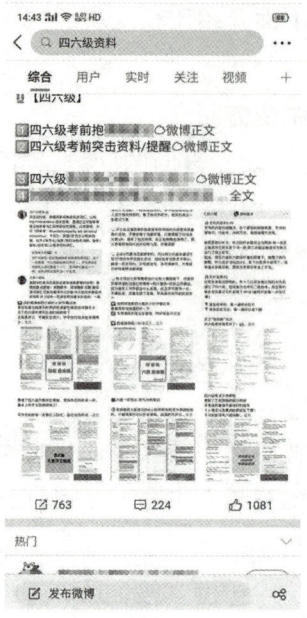

图 5-14　微博热搜热度顺序界面

容。好的"蹭热点"内容，会带给用户参与和互动的空间。如，开通多趟高铁驶往新疆、西藏等地区设置"大美敦煌""我国新疆好地方"等热点话题……。进行投票，粉丝参与度较高（图 5–15）。

3. 美图类

美的图片总容易让人们产生对美好事物的喜爱，对美好生活的向往。如，练字、画画、手工制作类的博主，都在用美图来吸引用户（图 5–16）。

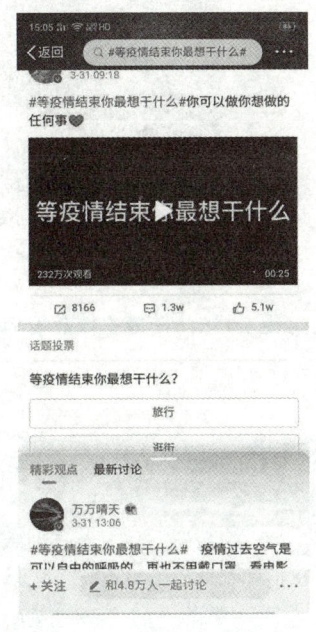

图 5–15　高热度话题

图 5–16　某博主的微博界面

4. 推荐类

最后一类是好物推荐类，也是目前微博平台"带货力"非常强的一种形式。目前微博平台上比较常见的有三种推荐方式。

（1）测评推荐

目前非常流行的推荐方式之一就是真人测评。博主通过真人的实测，向用户推荐。这种方式提升了内容的可信度，同时会让用户觉得，有人帮自己选好，不用太费脑。久而久之，用户就喜欢跟着测评博主买东西。如，某博主测评 10 块和 100 块的牛奶差距在哪里？通过测评 16 款牛奶后得出 10 款不错的牛奶推荐给用户（图 5–17）。

（2）教程推荐

教程推荐一方面为用户提供了教学，另一方面也让用户产生一种和博主买了同款的工具或者产品之后，就能够做出和博主一样的效果的感觉，所以用户更愿意去买单。

（3）晒图推荐

晒图推荐与美图类的内容非常接近，只是在内容的选择上会更具有"带货"的性质。推荐类的内容在一定程度帮助用户节省时间。同时，因为向往博主的生活，用户也越来越愿意买单，越来越多的用户需要体验官帮自己筛选好物，如，博主关于美食螺蛳粉的相关图片十分精美，吸引了大量的用户关注与购买（图 5-18）。

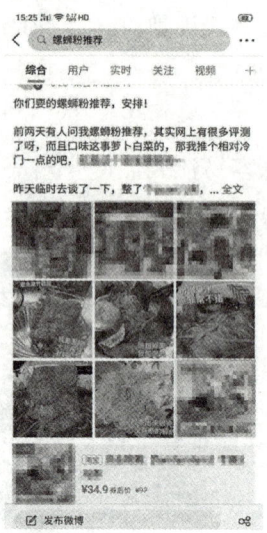

图 5-17　测评推荐界面　　　图 5-18　某博主螺蛳粉晒图推荐

课堂实训

微博营销实施的流程与技巧

1. 训练目的

通过实训，掌握微博营销实施的流程与技巧。

2. 训练内容及步骤

（1）以小组为单位，组建任务团队。

（2）注册微博账号，制订微博营销方案，制订微博营销进度计划书。

（3）编辑、发布微博营销内容，采取措施促进与微博粉丝的互动。

（4）撰写"微博营销实训心得"。

3. 训练总结

实训作业——《微博营销实训心得》。

第二节　微信营销

一、微信营销概述

（一）认识微信

微信是腾讯公司开发运营的一款基于手机、平板电脑等智能终端上的 APP，于 2011 年面世。从本质上来说，微信是一款即时通信（instant message，IM）软件，该产品为用户之间通过互联网实时传递文字、图片、语言、视频、文件等信息提供服务。因为是即时通信软件，满足了人们对于社会交往中信息传递的多种需求，所以微信一出现就受到了欢迎。

根据腾讯公司所公布的业绩报告显示，截至2021年3月底，微信的月活账户数为12.025亿，同比增长8.2%，QQ智能终端月活跃账户数为6.935亿，同比减少1%，环比增加7.2%，是目前国内用户数量最多的APP。

（二）微信的核心功能

案 例

> "故宫淘宝"的微信营销用户可以通过自己手机里的微信APP在"朋友圈"浏览自己的好友最近动态、"摇一摇"摇出附近的音乐等、"附近的人"查找自己百米以内都有哪些人、支付账款、添加公众平台，是当前很火热的社交工具。故宫博物院对"故宫淘宝"开设了"微故宫"的微信公众号，在微信公众号里面可以查询故宫博物院的信息（开馆、闭馆、实践、门票领取方式等），既节省了时间，还能多看看其他自己喜欢的东西。

微信的功能比较多，其中较为核心的有以下四个。

1. 即时通信功能

作为一个即时通信APP，微信最核心的功能是用户与用户之间的信息交流，这种信息交流可以是一对一进行，也可以是多对多群聊。这是微信最为基础和重要的功能，也是微信具有如此强大的用户黏性、让用户对微信青睐有加的根本原因。

2. 朋友圈功能

微信好友之间通常是相互认识的"熟人"，"熟人"之间除了普通的社交沟通外，还有了解对方最新动态的需要。通过朋友圈功能，借助智能手机上的照相机，微信用户可以用文字、图片、视频等多种形式，以及转发有分享价值的文章或链接，把日常见闻、所思所想发布出去，供微信好友浏览。好友看到他人朋友圈内容之后，可以进行点赞、评论等互动操作，增进相互之间的了解与感情。微信的朋友圈功能是对即时通信功能的有力补充，更好地满足了用户对于社交的需求（图5-19）。

微信朋友圈的分享是一种私密性质的分享，通常非好友关系仅可以看到他人朋友圈的有限内容，这一点与微博的公开性特点有所不同。

3. 公众号功能

微信公众号目前拥有四个类型，分别是服务号、订阅号、小程序和企业微信。与普通微信账号之间的社交沟通不同，微信公众号能够承担"一对多"传播的媒体功能，其为新闻媒体、政府机构、企事业单位和个人对外界大众的信息传播提供了一个平台。

4. 支付功能

2014年春节，微信抢红包功能爆红，微信支付也迅速得到了普及，成为我国线下支付工具。目前，很多人外出购物习惯了基于智能手机的移动支付，大多时候不再携带现金和银行卡，我国也成为世界上移动支付最为发达的国家（图5-20）。

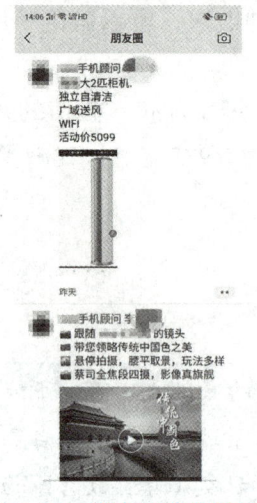

图5-19 朋友圈功能展示

图5-20 微信"扫一扫"支付

（三）微信营销概述

微信营销，即利用微信APP开展的各种营销行为。常见的微信营销手段包括企业官方微信公众号、微商城、自媒体公众号、微信广告、个人朋友圈、微信群等。

1. 企业官方微信公众号

以华为手机为例（图5-21），了解企业官方微信公众号。

企业的官方微信公众号几乎可以实现官网的全部功能，如公司介绍、商品介绍、在线销售、售后服务、公司动态等。由于微信用户数量庞大，因此在移动互联网时代，企业必须建设一个功能完备的公众号，甚至要根据不同的功能定位建设多个微信公众号，以利用微信平台对消费者开展更好的营销传播。

2. 微商城

微信依靠社交和公众平台提供的内容，聚集了数量庞大的用户，微商城的出现则可以实现微信生态的闭环。微商城通常有小程序和第三方服务商商城这两种形式。华为公司推出的小程序微商城"华为商城+"如图5-22所示。

在微商城中，微信用户可以直接进行商品浏览、下单、付款等一系列操作，所以基于微信的微商城，和企业在天猫、京东开设的官方旗舰店一样，是企业开展网络零售的另一个重要途径。

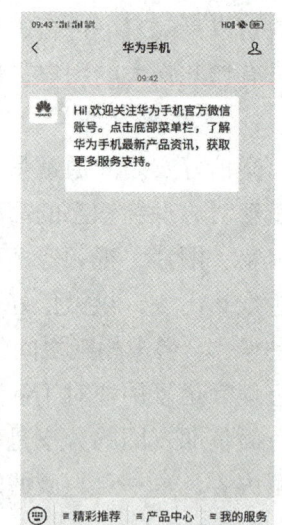

图5-21 "华为手机"微信公众号界面

3. 微信广告

微信平台目前在三个地方设置了广告位，分别是朋友圈、公众号文章和小程序，企业可以根据需要选择投放。朋友圈广告位显示在微信用户朋友圈的好友信息列表之中，如图5-23所示。

图5-22 华为公司的微商城"华为商城+"

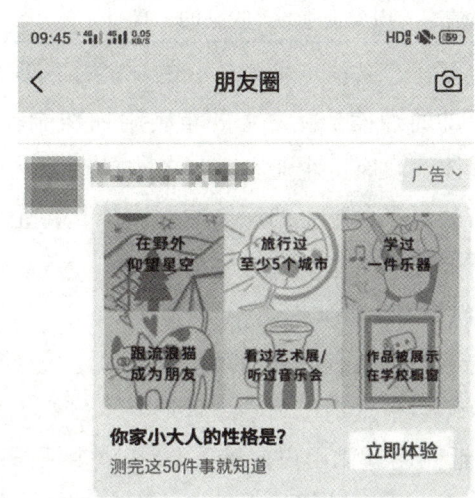

图5-23 朋友圈广告位

4. 个人朋友圈

朋友圈是微信用户发布个人生活与工作中的照片、视频和感悟的地方，也可以用来发布一些营销信息。

5. 微信群

微信群是线上社群的一种形式，每个群都有不同的主题定位和功能，聚集了相关的微信用户。很多微信用户都会根据自身需求加入一些微信群，利用微信群可以精准地开展营销，如图5-24所示。

二、微信公众号营销技巧

（一）微信公众号营销概述

公众号是微信提供的信息发布平台，可以向关注该公众号的微信用户推送图文信息。微信公众平台诞生于2012年。微信公众号是微信公众平台下的账号，目前拥有四个类型，分别是服务号、订阅号、小程序和企业微信。这四类公众号在功能上有明显区别，如表5-1所示。

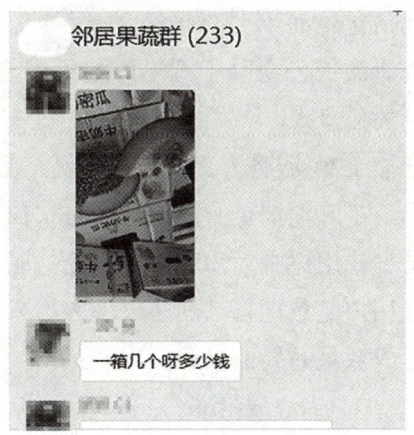

图5-24 微信群中的营销信息

表 5-1　微信公众号的类型及其功能

公众号类型	功能特点	备注
服务号	给企业和其他组织提供强大的业务服务与用户管理功能，可直接显示在消息列表中	每个月可推送4次图文消息
订阅号	为媒体和个人提供一种新的信息传播方式，显示位置在"订阅号消息"中	每天可推送1次图文消息（政府、媒体不限次数）
小程序	基于微信平台运行的各种应用程序	
企业微信	用于企业办公管理的工具	

一般而言，微信本身最核心的功能是实现社交沟通的即时通信功能，而微信公众平台则是基于即时通信功能之上的重要附加功能。由于微信拥有超过11亿的庞大用户群体，因此，媒体、政府、企业和其他各类社会机构也希望利用微信平台实现各自的传播目的，这是微信公众平台产生的深层原因。那么，企业是如何利用微信公众号来营销的呢？具体介绍如下。

1. 微信公众号定位

首先运营者要有清晰的微信公众号定位。定位清晰是一个企业微信公众号建设和发展的核心。然后根据定位确立品牌形象、目标人群。有了清晰的定位，就不用去担心用户数量。用户活跃度远比用户数量重要，100个活跃用户要比1 000个没有交流的用户有效得多。以小米为例，小米微信公众号定位就很清晰，就是了解小米手机最新的产品和服务。

（1）确立定位

确立定位就是确立目标市场和战略取向。而企业的微信公众号如何定位呢？最主要的就是解决一个核心问题：要利用微信公众号做什么。假如你是做包的，你的定位目标就是包，而不要跨越到金融行业。因为你更擅长这个领域，能给用户提供正确的信息。企业微信公众号千万不可整天围绕着当前的热门事件去发表意见，而是要多关注企业自身的信息。

（2）服务客户，不是营销工具

千万别把企业微信公众号仅仅当成营销工具，更重要的是把它作为一个服务用户的工具，让用户主动体验方便快捷的服务。结合企业服务，营造良好的沟通氛围，这样就可以让用户愿意把自己的建议发表出来，而企业通过这些建议可以及时调整方案，这样才能够形成双赢的局面。

（3）地域精准

只有激活了精准的用户，才会获得潜伏已久的金矿。如果说产品或服务只是针对某个城市而言的，如果将产品定位到全国，那么其他城市的用户对产品也许就不感兴趣，或者感兴趣也提供不了服务。这时需要做的就是缩小范围，准确定位区域。

（4）用户归类

微信公众平台有明确的分组，可以将感兴趣的用户归类，向这些用户及时推送消息。

了解用户合适的诉求,准确找到切入点是关键。高质量的用户不易流失,还能对企业起到一定的宣传作用。

2. 微信公众号名字的起法

一个好的微信公众号需要优质的内容或者创新的策划或服务,一个好的微信公众号名字能体现出微信公众号的价值、服务、内容、范围、行业等信息,让感兴趣的人快速关注。微信公众号取名的常见方法如下。

(1)直呼其名法

直呼其名法就是直接以企业名称或者服务、产品名称作为微信公众号的名称,比如广发银行、雅戈尔、七匹狼。因此,想要关注微信公众号的客户通常会直接搜索微信公众号的名字。如果这些企业的微信公众号名字不是自己的"本名",反而会让自己损失一大批潜在客户。

(2)功能实用法

功能实用法就是将微信公众号的用途和服务展现出来,大部分用户通常都会根据自己的需求进行搜索,因此寻找商家可能是奔着商家产品功能这一点出发的。比如,美食工坊,用途就是提供美食的;网络营销助手,用途就是提供网络营销资讯的。

(3)形象取名法

形象取名法就是将企业形象化或者将服务产品形象化的一种取名法,把具体的事物或者抽象的事物形象化,可以采用拟人、比喻等手法,比如篮球公园就是提供篮球体育资讯的。

(4)垂直行业领域取名法

垂直行业领域取名法就是用行业名加用途。比如,微法律、豆瓣同城、百度电影等。

(5)提问式取名法

提问式取名法就是以提问的方式取名,让用户获得兴趣,比如今晚看啥公众,帮助用户发现你喜欢的片子,帮你推荐理财产品和省钱方式。

(6)另类取名法

另类取名法一般都是新奇、好玩、有趣,比如冷笑话精选。

(7)百科取名法

百科的范围比较广,也为人所熟悉,所以不少微信公众号取名时总会跟它有着千丝万缕的联系。比如,时尚生活小百科等。

(8)其他取名法

其他取名法一般从生活、地域等一些比较熟悉的事物着手,也可以参考百度指数,看看人们对某些事件或者问题的关注度等。

3. 做好微信公众号的内容

微信公众号营销的运营者最关心的是如何大量增加微信用户,其实微信公众号的内容也是非常重要的。要想做好微信公众号营销，就应该多重视微信公众号的内容。要真正从用户的角度去思考问题，真正关心用户各方面需求，以此为出发点写出来的内容才有感染力，才能真正在用户心中建立起信任。

（1）首先需要确立主题

个人账号可以选择感兴趣或者擅长的主题，只有自己感兴趣了，写出来的内容才会精彩。对于企业来说，如果是汽车企业，可以做汽车之家的微信公众号；如果是旅游企业，可以做旅游类的微信公众号；如果是酒店，可以做酒店类的微信公众号。

（2）精选内容

微信公众号内容的定位应该结合企业自身的特点，同时又要从用户的角度去思考，而不是一味地只推送企业自己的内容。微信公众号不只是为企业自己服务的，更重要的是为用户服务的，只有从微信公众号中获得用户想要的东西，用户才会持续关注，接下来的销售活动才会进行得理所当然。如图5-25所示为某微信公众号的内容界面。

（3）用什么发送方式

微信公众号支持以文字、图片、语音、视频和图文的方式发送消息。推送的形式不一定都是图文专题式的，也可以是一些短文本，文本字数一般一二百字。推送的关键在于推送的内容能引发用户思考，与用户碰撞出思想的火花，形成良好的互动效果。例如，某企业每日发送促销商品的图文信息，如图5-26所示为促销商品的图文信息界面。发送文字会让人感觉更亲切，更有对话的氛围；发送图文体验好，给人以视觉冲击。目前主流的发送方式是图文模式。

图5-25　某微信公众号的内容界面

图5-26　促销商品的图文信息界面

（4）发布时间

至于微信内容的发布时间，则根据不同的用户群和不同的内容来定。原则是尽量选择在用户空闲的时候发布，即不要打扰用户的日常生活。

4. 文章标题的设立

好的标题是微信公众号传播的重要前提。一个好的标题具有超强的吸引力，可以充分引起读者的注意。只有先引起读者的注意，读者才会进行深入阅读。所以说，一篇文章能否成功，80%取决于标题设立的好坏。那么，如何才能写好微信公众号文章的标题呢？

（1）直接说出好处

标题应该包括读者最想得到、最为关心的利益。标题直接告诉读者好处，不要开玩笑、不要拐弯抹角，这样可以达到简单、易懂、有说服力的目的。例如，"全场优惠价7折。""母亲节，转发微信免费赠送礼品。"

（2）最大的利益

产品可以带给潜在用户很多好处和利益，选出最能打动潜在用户的最大的利益做标题。"10天让您学会做菜""20天让您掌握绘画技巧"

（3）标题必须可信

标题要让用户看起来很可信，不能为了吸引用户的注意力，写一些不符合实际的、不可信的标题。因为这会让用户对产品产生误解，认为是在欺骗，从而对产品产生不信任的感觉。例如，下面的这些标题就会引起用户的不信任感。"老板今天过生日，全场所有商品5折。""新店开张前100位，免费送手机。"

（4）使用"怎样"或"如何"设立标题

使用"怎样"或"如何"设立标题，直接承诺带给用户的利益，暗示已经知道了答案，并且教给用户怎么做。例如，"怎样做才能真正抓住买家的心理？""网店经营怎样实现品牌时尚化？""中小企业怎样让微信流量爆起来？""如何做好员工内部培训？"

（5）为用户讲故事

讲故事最能打动读者的心，人们喜欢听故事，故事已经成为人们从小到大的一种生活调味剂。所以，以讲故事的形式来拟定标题，无形中拉近了与用户的距离。例如，"一位贫穷的单亲妈妈，如何把自己的女儿培养成北京大学的高才生？"

（6）让用户在标题中找到他期待的内容

标题最好的写作方式就是分享秘密的方式，即把用户所期待的结果、希望告诉他们。秘密代表独一无二，人们无法抗拒秘密。"悄悄告诉你，如何解决失眠的小妙招"。

（7）标题必须和内容相符

不能为了吸引用户的注意力、好奇心，提高点击率，而恶意欺骗用户做标题党。标题一定要跟文章内容一样，一旦用户感觉到标题和内容不相符，就会有被恶意欺骗的感觉。真心对待每一位用户，就会让更多的用户关注。

（8）数字型标题

用具体或特定数字来突出内容，以达到意想不到的效果。例如，"奥运冠军值得我们学习的6大品质"。

（9）提问式标题

提问式标题如果具有相关性和吸引力，恰好用户也想知道答案，用户就会点击阅读。此外，提问式标题还会让用户对文章进行评论，因为问题会引起用户的思考。例如，"中国人在偷偷搜什么""如果有闲置资金，你会拿来做什么？"。

（10）秘籍攻略型标题

对人们有用的方法、秘籍、攻略可以吸引用户的注意力。例如，"说服别人的最好办法""避免祸从口出的秘籍"。

5. 微信公众号运营的秘诀

下面介绍微信公众号运营的秘诀。

（1）以用户的需求为出发点

要结合企业的实际情况，研究用户的喜好，做到关心用户。例如，做化妆品的企业，可以准备一些护肤技巧、化妆技巧等类型的文章，这样不仅能够让粉丝有兴趣，还能够很巧妙地把企业信息嵌入进去。

（2）用二维码做好线下推广

未来二维码会和企业Logo一样，成为一个企业的身份标签。所以，如何在线下利用二维码做好微信公众号的推广，是必须重视的。例如，在产品包装、户外广告、报刊、小礼品等能够看得见的地方都有企业二维码，这样才算是比较成功的线下推广。

（3）内容为王的微信时代

对于平时推送的内容，要进行深度策划，一词一句地推敲，无论是文案还是美工都要进行修饰。注意，千万不要发一些粗制滥造的内容给用户。

（4）"阅读原文"巧利用

"阅读原文"是给企业网站引流量的非常重要的工具，通过这个链接可以让用户了解到企业网站更多的资讯和信息。可以说，微信在这个时候就成为企业网站的一个重要的流量入口。当然，前提是内容确实让用户有阅读的兴趣。如图5-27所示为文章底部的"阅读原文"链接。

（5）二次开发很重要

对于微信公众号本身来说，所能做的功能局限性很大。不过腾讯开放了微信的API接口，可以实现二次开发。这样就能够避免微信账号因过于格式化，不能展现自己企业的特色了。如果没有微信二次开发的能力，可以外包给相关的服务商，现在有很多专业做微信开发的服务商。

（6）善用微信中的"数据统计"

很多运营问题都可以通过数据分析了解到。微信公众平台带有数据分析工具，可以通过工具看信息送达率、阅读状况、分享状况等。当然，仅靠这些数据是不够的，还要根据实际运营中的销售情况分析转化率、成交率等，进行全盘考虑，这样才是比较翔实的数据分析。

图5-27　文章底部的"阅读原文"链接

知识拓展

微信公众号营销内容设计原则

1. 美观的封面

微信公众号文章要想获得更多的阅读量，就要有美观的封面，这样能给用户留下第一印象，对阅读量有着直接作用。

2. 吸引用户的文章标题

每一篇文章都要有醒目的标题，标题是对整篇文章的总结，是文章重要信息所在。其中，文章的标题对文章还起着推广作用。所以，对于每一篇文章的标题，都应该进行合理谨慎的设计。

3. 突出重点内容

微信公众号应将自身的功能和服务的核心特点展现出来，用简单通俗的语言概括最有价值的内容，突出独有的特点。

4. 巧妙的推广方式

除了发布个人信息外，还可以添加一些推广信息。此处的推广有两方面的内涵：第一，可以在文章开头或者结尾添加一些二维码或者相关文字提示，提醒用户关注想让他们关注的内容；第二，可以在文章内容中添加原文链接，对于用户来说可起到引导作用。相对于其他平台来说，微信公众号内容的编辑规范要求可能较高，但是这样可以让用户关注核心内容，不受其他无用信息的干扰。

（二）微信公众号策划与创建

目前，创建和运营微信公众号的主体主要有传统媒体、政府机构、企事业单位，以及自媒体机构或个人。本节以企业官方微信公众号和自媒体微信公众号为例，讲解微信公众号的策划过程与方法。

1. 企业官方微信公众号的策划

以"华为手机"微信公众号为例，分析企业官方微信公众号策划时应重点确定的内容。策划企业的官方微信公众号，需要依照以下流程逐次展开，如图5-28所示。

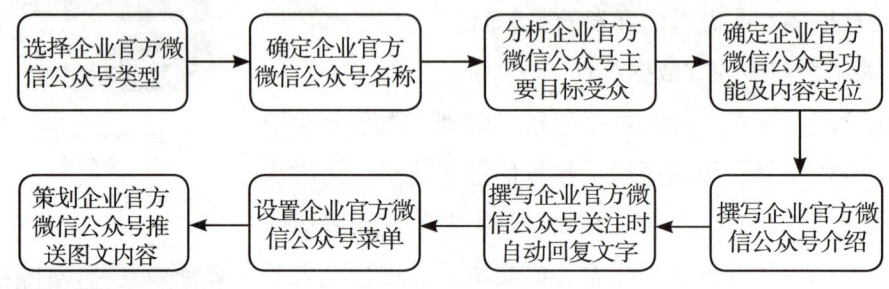

图5-28 策划企业官方微信公众号流程

（1）选择企业官方微信公众号类型

微信公众号有四个类型。"华为手机"选择的是服务号，这也是企业创建官方微信公众号的首选。一方面，服务号可以给企业提供强大的业务服务与用户管理功能；另一方面，服务号可以直接显示在消息列表中，方便企业与订阅用户之间的信息传播。

（2）确定企业官方微信公众号名称

企业的官方微信公众号，一般与企业名称、品牌名称和产品紧密相关。华为手机的公众号名称就是"华为手机"，简单、直接、明白，便于识别和记忆，如图5-29所示。

（3）分析企业官方微信公众号主要目标受众

企业官方微信公众号的目标受众，主要是该企业的客户或意向客户。此外，还有一些对该企业感兴趣的社会公众。"华为手机"公众号主要目标受众，是购买了华为手机的消费者，以及那些对华为手机有一定购买意向的准客户。

（4）确定企业官方微信公众号功能及内容定位

企业官方微信公众号的功能，与企业的官方网站比较相似，主要包括企业介绍、企业动态、产品介绍、产品购买、售后服务、商务合作等内容。由于华为创建了多个微信公众号，因此每个公众号都有各自不同的定位和分工。从"华为手机"公众号的菜单项和推送图文信息的统计内容可以看出，其主要功能定位是产品介绍、产品购买、售后服务和营销活动发布。

图5-29　华为手机的公众号名称

（5）撰写企业官方微信公众号介绍

企业官方微信公众号介绍一栏需要用简短的话语把公众号介绍清楚，通常需要讲清楚创建者是谁，创建目的是什么，能够为微信用户带来什么价值。"华为手机"的公众号介绍简洁易懂。

（6）撰写企业官方微信公众号关注时自动回复文字

当新用户第一次关注企业官方微信公众号时，通常会收到公众号发送的一段欢迎文字，这段话就是公众号管理员设置的"被关注回复"。这个自动回复所发挥的作用，通常是表示欢迎、感谢等，也会把公众号将会带给用户的利益和价值强调一遍，有时也会把企业特别想传达给目标受众的促销信息附在其中。首次关注"华为手机"公众号，收到的自动回复文字如图5-30所示。

（7）设置企业官方微信公众号菜单

企业官方微信公众号的菜单显示位置在公众号界面的下方，最多可以设置3个一级菜单，每个一级菜单最多可设置5个二级菜单。每个菜单既可以指向某个图片、音频、视频或图文信息，也可以跳转到某个指定的网页或微信小程序。

公众号菜单通常是围绕目标用户的重要需求设置的。"华为手机"公众号"产品中心"的一级菜单和二级菜单对应的内容如图5-31所示。

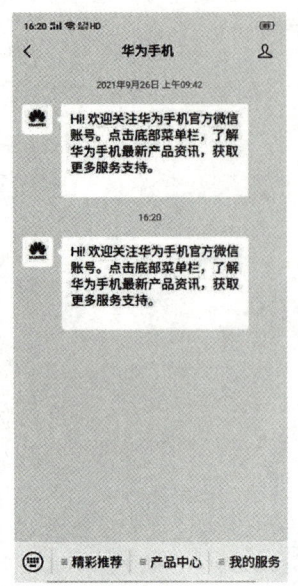
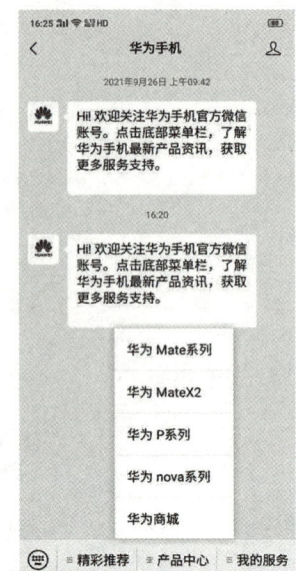

图 5-30　"华为手机"公众号的关注时自动回复文字　　图 5-31　"华为手机"公众号菜单设置

（8）策划企业官方微信公众号推送图文内容

根据对"华为手机"公众号的历史推送图文进行统计归纳发现，其文章主要围绕产品推介、互动活动、官方消息和产品使用技巧四个方面撰写，这些内容符合目标受众的需求，能够很好地实现企业的营销目的。

2. 自媒体微信公众号的策划

企业官方微信公众号事实上也是一种自媒体，不过与通常所说的自媒体差别较大，两者的主要区别在于运营目标不同。企业官方微信公众号带有明显的企业烙印，代表某个特定的企业对外传播信息，而普通的自媒体是由个人或机构创建的、以服务某类网民群体为宗旨的公民媒体。

策划自媒体微信公众号的流程与策划企业官方微信公众号的流程类似，具体如下：

（1）选择自媒体微信公众号类型

自媒体微信公众号也有订阅号与服务号两种类型，大部分自媒体微信公众号都会选择注册订阅号，这是因为订阅号每天都可以推送 1 次图文信息，而服务号每个月只能推送 4 次。

（2）确定自媒体微信公众号名称

自媒体微信公众号的命名没有固定的逻辑，通常要求简单好记，与公众号的用户定位或内容定位有一定关联，有些则追求个性新奇，如"视觉志""国家人文历史""美食工坊"等。

（3）分析自媒体微信公众号目标受众

策划一个自媒体微信公众号，其创始人在开始阶段通常会有一个领域方向，这个领域是创始人比较擅长或熟知的领域。在公众号的具体策划阶段，就需要深入思考目标受众究竟是哪类人群，目标受众越具体，将来公众号的运营就越精确，内容创作和推广也会更加具有针对性。这里的受众概念来自传播学，指的是自媒体的订阅用户和目标读者。有些自媒体的目标受众涵盖较广，如"视觉志"等。有些自媒体的目标受众简单明确，指向性很强，如"美食工坊"的受众主要是热爱美食的人群。

（4）确定自媒体微信公众号功能与内容定位

与企业官方微信公众号的定位不同，自媒体微信公众号通常不以企业营销宣传为核心，而是以传播知识、价值为核心，所以其功能与内容定位往往聚焦于围绕目标受众的核心需求，向其提供有价值的信息。

（5）撰写自媒体微信公众号介绍

与企业官方微信公众号类似，自媒体微信公众号介绍一栏也需要用简短的话语把公众号介绍清楚。这句话类似于广告语，能够简明扼要地筑起自媒体的品牌形象。"美食工坊"公众号的介绍如图 5-32 所示，"跟着我，有你好吃的！"

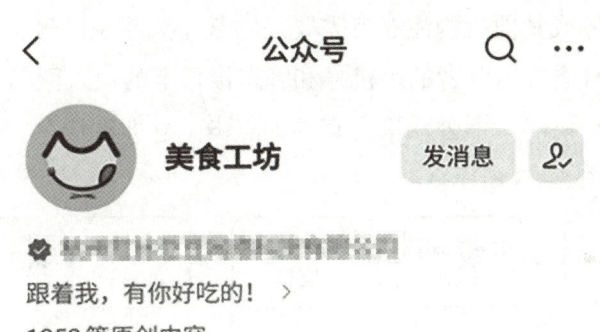

图 5-32　"美食工坊"公众号的介绍

（6）撰写自媒体微信公众号关注时自动回复文字

当新用户第一次关注自媒体微信公众号时，通常会收到公众号发送的一段欢迎文字，这段话就是公众号管理员设置的"被关注回复"。这个自动回复所发挥的作用与企业官方微信公众号基本相同，有时也会发送一些推荐内容的链接或互动调研链接。

（7）设置自媒体微信公众号菜单

自媒体微信公众号的菜单显示位置与企业官方微信公众号相同。其菜单设置一般有两个原则：一是迎合目标受众的需要，把最想看的内容放入一级菜单或二级菜单中，为其带来阅读上的方便，常见的有历史消息、重要专辑等；二是把自媒体运营者特别想传播的内容放到菜单里，使受众能一目了然，常见的有联系方式、商城入口等。

（8）策划自媒体微信公众号推送图文内容

自媒体微信公众号的运营核心，就是围绕公众号的定位和目标受众的需求，持续创作并推送高质量的图文信息。为目标受众带来价值和服务，使公众号订阅用户保持持续关注，并不断获取新用户的关注。

3. 微信公众号创建指南

（1）创建流程

完成微信公众号的策划工作之后，就需要准备申请创建公众号的资料，并按照平台流程注册。

①申请资料准备。个人申请需要准备创建人身份证（年满18周岁），一个可正常使用的、由创建人本人身份证办理的手机号，以及绑定银行卡的创建人个人微信。

企业、政府、媒体或其他机构注册者需要提供营业执照注册号、组织机构代码和统一信用代码等信息，并且需要运营者的手机号和绑定银行卡的个人微信。

②按照流程注册。访问微信公众平台官网，点击"立即注册"，按照流程提示进行注册操作。主要流程如图5-33所示。

图5-33 微信公众号注册流程

（2）基本设置

访问微信公众平台，输入正确的账号和密码，用管理员的微信扫描二维码之后授权登录。

登录微信公众号后台之后，会发现其功能非常多，但是作为刚刚接触公众号运营的人，有很多功能以后才用得到，一开始进行如下一些基础设置即可。

①进入账号后台之后，首先把鼠标移到右上角的"账号名称"上，在弹出菜单中单击"账号详情"。然后，可以为公众号设置头像，下载二维码并扫码关注公众号，设置微信号（英文、数字字符串）。需要注意的是，个人账号不需要认证。

②浏览公众号后台界面左侧的菜单栏，逐项了解各菜单内容，重点设置被关注时自动回复的内容。

③在"设置"→"人员设置"中，可以把微信运营团队中的其他人设置成运营者，运营者的微信也可以授权登录公众号后台。

④点击"管理"→"用户管理",查看本公众号的订阅用户列表。

⑤点击"管理"→"素材管理",了解如何创建一篇图文信息。

三、微信小程序营销技巧

(一)微信小程序接入流程

1. 注册

在微信公众平台注册小程序,完成注册后可以同步进行信息完善和开发。

2. 小程序信息完善

填写小程序基本信息,包括名称、头像、介绍及服务范围等。

3. 开发小程序

完成小程序开发者绑定、开发信息配置后,开发者可下载开发者工具、参考开发文档进行小程序的开发和调试。

4. 提交审核和发布

完成小程序开发后,提交代码至微信团队审核,审核通过后即可发布(公测期间不能发布)。

(二)微信小程序营销推广

如果说微信公众平台是内容生态的代表,那么小程序则是服务生态的代表,不仅要把人连接起来,而且还要将内容、服务和用户连接起来。

1. 关键词推广及搜索广告

微信早在2017年6月3日就上线了小程序自定义关键词搜索。该功能有效地降低了小程序触达用户的门槛,同时也提升了小程序推广效果。然而,如何设置关键词呢?

小程序自定义关键词的功能和搜索权重以及比例有很大的关系,对于已经正式发布的小程序而言,可以使用自定义关键词功能。

关键词的设置需要与小程序本身的业务相关,必须是小程序所提供的服务,或者是小程序提供服务的品牌。审核通过后,小程序的自定义关键词可以与小程序服务的质量、用户体验、用户使用情况、关键词等相关性的因素联合在一起,就构成了搜索排名规则。小程序的搜索排名规则是如何展现出来的呢?一般来说,搜索排名规则有以下四个原则。

(1)小程序的上线时间越早,优势越大,曝光率越多,占比为5%。

(2)描述中完成的匹配度和关键词次数越多,排名越靠前,匹配度越精准。因此一个流量很大,转化率可能不高;一个是流量不高,但是转化率可能很高,它的占比为

10%。

（3）标题中的关键词出现一次，且整体标题次数越短，排名越靠前，它的占比为35%。

（4）微信小程序的用户使用越多，排名越靠前，它的占比为50%。

2. 分享小程序，提高打开机率（实现用户裂变）

"简书"等APP产品将分享到微信的页面做成了小程序落地页，用户打开分享页面就可以进入小程序，起到了新用户推广的作用。这是基于APP本身流量池的微信裂变，也是微信提供了APP与小程序的交互功能属性（图5-34）。

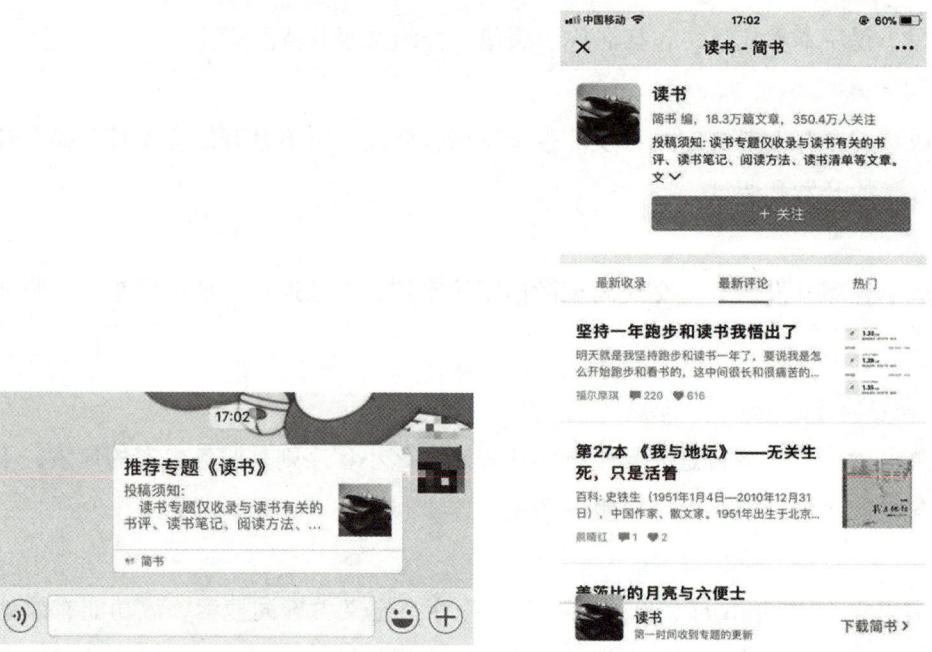

图5-34 "简书"APP推广

3. 拼团

用小程序来承载拼团、秒杀、砍价等优惠活动，激发消费者低价消费的积极性，实现快速裂变。可在较短时间内，积累出庞大的精准用户，后期商家可借此进行精准营销。目前，电商类小程序TOP1和Top 2就是蘑菇街和拼多多。

4. 通过附近的小程序推广

微信小程序自带的地理位置，包括附近小程序列表以及分类、附近小程序列表广告。例如一家餐厅具有附近的小程序功能。周围微信用户在没看到这家餐厅店铺的情况下，想就餐，就打开微信查看附近。用户点击之后即可进入该餐厅，帮助商户快速、低门槛地在指定地点展示小程序并获取用户（图5-35）。

第五章 "微"营销

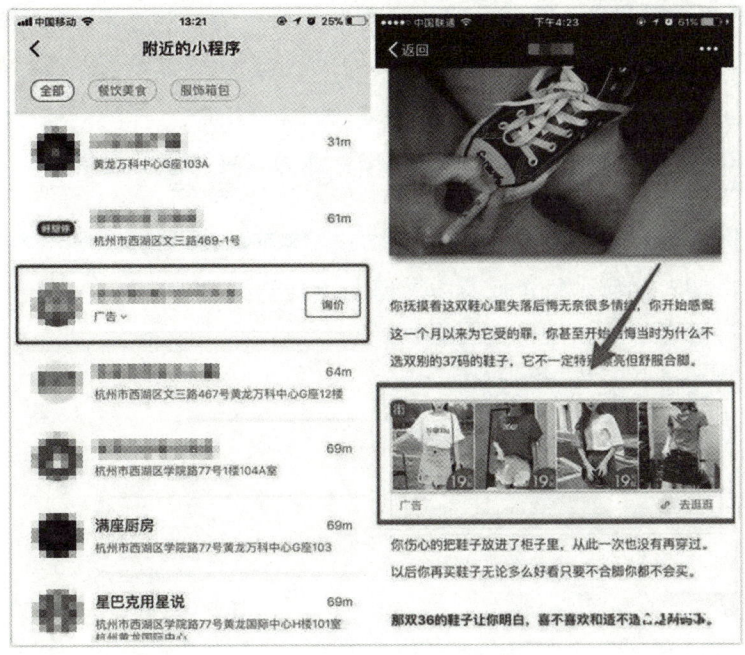

图 5-35 通过附近小程序推广

课堂实训

微信群营销的方法与技巧

1. 训练目的

通过实训掌握微信群营销的方法与技巧。

2. 训练内容及步骤

（1）以小组为单位，组建任务团队。

（2）每个团队各自创建一个微信群，要求有群名、群图标，做好群成员分工。

（3）确定微信群运营规则，如信息发布规则、微信群管理规则等。

（4）确定微信群营销的产品和营销策略。

（5）确定方案，邀请目标用户人群，同时在群内开展营销活动。

（6）总结微信群营销活动，提交实训作业。

3. 训练总结

实训作业——《微信群营销实训总结》。

本章小结

社会化媒体的传播影响力显著提升，已成为互联网媒体中最为流行的媒体类型之一，其凭借用户基数大、信息传播快、互动功能强等特点，成为信息传播的重要途径。一方面，传统媒体积极拥抱社交网络，开通官方微博、微信公众号来发布权威信息，扩大传播范围，强调舆论声势；另一方面，自媒体的影响力逐渐放大，微博实名认证用户。通过本章的学习，希望读者掌握微博营销、微信营销的运营方法与技巧，熟悉当前主流的社会化媒体应用。能够结合企业现状申请社会化媒体账号，开展社会化媒体账号认证、内容营销和粉丝营销，能设计适合企业经营现状的社会化媒体整合营销方案。形成通过社会化媒体传播品牌和信息的意识与能力，提升网络文案的写作台能力，并积累相应的网络资源。

本章习题

1. 什么是微博？如何进行企业官方微博的策划与创建？
2. 试分析微博文案的创作技巧有哪些？
3. 如何进行微信公众号的策划与创建？
4. 试分析微信小程序营销技巧有哪些？

第六章

多媒体营销

本章导读

多媒体（Multimedia）是包括文字、图片、照片、声音、动画和影片，以及程序所提供的互动功能。它给传统的电脑系统、声音和影片设备带来了方向性的变革，将对大众传媒产生深远的影响。相对于传统的海报以及灯箱等，多媒体展示更加易于被顾客感官接受，具有很多优势。

本章重点

网络图片；营销方案；收藏率；转载率；短视频营销；网络直播营销。

素质目标

时刻保持对媒介信息的警惕性和敏锐性，提高媒介素养，以科学理性的态度对待海量的媒介信息，以警惕睿智的眼光去辨识不良的媒介信息。

案例导入

新西兰旅游局——小小的"新"愿

受疫情影响，部分中国游客暂时搁置新西兰旅游计划，而热情好客的新西兰也受到了疫情的重创，中国游客和新西兰人民都盼望着再次相遇的一天。基于这份"双向"的期待，新西兰旅游局开启了一场不能旅游的旅游推广：小小的"新"愿。如图6-1所示为新西兰旅游局小小的"新"

图6-1 小小的"新"愿活动的视频封面

愿活动的视频封面。

纯净的自然，纯朴而友善的国民，是新西兰留给游客的最深印象。如何让一次不能旅游的旅游推广，加深和强化这一印象呢？正值中国新年，新西兰旅游局征集了来自中国游客对于新西兰的小小"新"愿，关于一片风景，关于一道美食，关于羊驼、海豚和企鹅，关于徒步、冲浪或沙滩足球，关于《指环王》《霍比特人》等。虽然大家都知道，兑现这些充满美好期盼的心愿还有待时日，但新西兰旅游局将这些心愿漂洋过海送到了南半球，新西兰的小朋友听到了中国游客的心愿后，给出纯真的回音，用他们童言无忌的方式在镜头里分享着目的地的美好，同时把他们对远方客人的小小思念一并回复。虽然此时无法相见，但如果能和远方的朋友分享当下，相约未来，一句Kia Ora（毛利语"你好"）让期待也变得如新西兰般纯净而美好。如图6-2和图6-3所示为新西兰旅游局小小的"新"愿活动的视频截图。

图6-2 小小的"新"愿活动视频截图1　　图6-3 小小的"新"愿活动视频截图2

2021年新年，新西兰旅游局通过公众号向中国游客公开征集心愿，公众号后台收到众多粉丝发来的小小心愿。如想带上家人再次踏上新西兰的土地；去皇后镇来一次户外探险；想看一次振奋人心的毛利战舞；想重新看看怀托摩萤火虫洞；想和最爱的人去凯库拉邂逅海豚和鲸鱼……这些美好的愿望承载着中国游客对新西兰的向往和热爱，以及对未来的期许与祝愿。而此次活动让这些"新"愿穿越南北半球，成功抵达了彼岸（图6-4）。

"新"愿抵达新西兰后，得到了最真诚的回应。此次活动找到了12个新西兰孩子，组成了史上最年轻的"代言团"，并让他们通过自己的方式传递回应。来自凯库拉的女孩Samantha想带观众在晨曦中和友好的暗色斑纹海豚游泳；来自霍比屯的女孩Liana邀请观众一起游览传说中的"中土世界"；来自基督城的冲浪少年Ryder在镜头前诉说如何乘风破浪，迎接海浪……

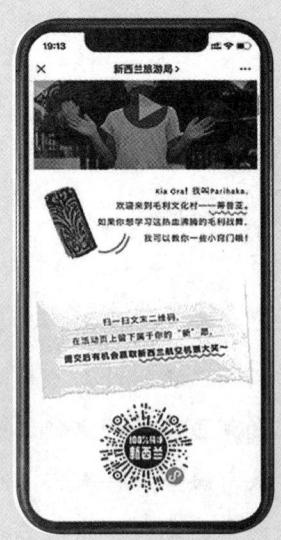

图6-4 "小小的新愿"宣传页面

这些推广视频既展现了新西兰丰富多样的户外活动和旅游资源，又借助孩童稚嫩的视角和表达与游客完成了一次深层次的情感沟通。这种推广方式在后疫情时代让新西兰依然保持着目的地品牌的活力，也促使中国游客将新西兰加入旅游愿望清单，期待国际旅行复苏后第一时间去参观和探索。新西兰旅游局为幸运粉丝准备了"还愿机票"，邀请他们成为边境开放后的首批中国游客。届时，这些游客将亲自踏上这片美妙的土地，并实现自己当初许下的心愿。

新西兰旅游局小小的"新"愿系列推广活动赢得了消费者的积极反馈和媒体的关注热议，共征集到 6 000 多条粉丝心愿，并获得众多媒体争相报道。

此外，该推广活动通过整合线上线下渠道形成精准曝光（包括线上平台抖音、微博，微信朋友圈广告等），曝光量超过 8 854 万，并在线上渠道收获接近 50 万人次的互动点击。其中，微信朋友圈广告为活动视频带来了超过 1 073 万的播放量，并带动近 29 万次互动。

精准集中的曝光和创意的形式，激发用户分享的欲望，产生大量优质 UGC，也使新西兰作为旅游目的地在中国游客的心目中好感度大幅提升，成为旅游爱好者热议的话题。

第一节　网络图片营销

一、网络图片营销概述

（一）网络图片营销的含义

随着互联网的发展和社交软件的普及，如今人们习惯使用微信、微博、QQ 等社交工具分享图片，促进网络图片营销成为网络营销的潮流，也使图片成为品牌传播的重要途径之一。

图片是网络中的常用元素之一。网络图片营销是指以网络为平台，以图片为载体，将营销产品、服务的特点及品牌的相关信息浓缩在营销图片中，通过合适的网络平台将信息传递到用户面前，并以图片内容促使用户产生相关需求的营销过程。

图片根据表现形式分为静态图片和动态图片两种，静态图片主要使用 JPG 格式，动态图片主要使用 GIF 格式。

（二）网络图片营销的优势

案　例

专业的品牌都会有自己的营销日历，每年固定会进行若干个营销活动，为配合活动，需要在全国门店统一播放相关宣传片，放大宣传效果的同时，加强顾客对品牌的印象，并进一步扩大新的消费群体。

蜜雪冰城的"福袋节"就是一个成功的案例，"年年来蜜雪，年年领福袋"，将季节与中国传统文化结合，融入了消费者的生活（图6-5）。

除了营销活动之外，品牌还会有定期会员活动。例如周三会员日，那么每周三就需要在门店屏幕上进行特别宣传。

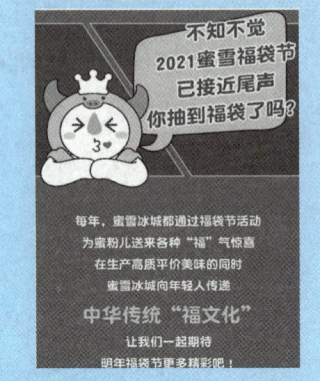

图6-5　蜜雪冰城福袋节宣传图片

网络图片营销的主要载体是图片。相比于其他营销方式，网络图片营销具有以下五大优势。

1. 强烈的直观效果

与文字相比，用户对图片具有更强的感性认知。利用图片传递信息更加直接，内容表达一目了然；同时，用户可以迅速从图片中读取核心内容，并对此留下深刻的印象。

2. 较强的共享性

在互联网上，大部分平台都可以通过图片进行互动，如腾讯QQ和微信、新浪微博以及各种博客和论坛网站等。通过图片营销的方式形成品牌与用户之间的互动，既能够活跃气氛，又能够树立品牌和产品形象，从而提高营销效果。

3. 传播速度快

传统媒体使用图片进行营销时，印刷、制作、运输和发行等中间环节，不仅会增加运营成本，还可能会因为运作时间长而错过最佳营销时机。网络传播则省略了这些中间环节，而且图片能够迅速地在社交平台上广泛传播。

4. 制作成本低

相对于其他营销方式而言，网络营销的图片通过计算机软件即可制作和生成，在一定程度上节省了许多方面的制作成本。

5. 传播范围广

随着互联网的发展和普及，图片可以借助网络将相关的营销信息不间断地传播到世界的每一个角落。相对于传统媒体而言，网络营销的传播范围更广。

二、网络图片营销的实施

（一）网络图片营销的步骤

网络图片营销一般需要经过制订营销方案、制作营销图片、推广营销图片和营销效果追踪与评估四大基本步骤。

1. 制订营销方案

首先，营销方要根据自身的需要确定网络图片营销的目的。网络图片营销的目的是企业进行网络图片营销的原因和期望。一般来说，企业进行网络图片营销主要有以下四大目的。

（1）提升企业产品的知名度和美誉度。

（2）提升企业品牌的知名度和美誉度。

（3）增加产品的在线销售量和线下的间接销售量。

（4）通过网络对企业产品空白区域进行招商。

然后，企业要根据其进行网络图片营销的目的对图片类型、内容等方面进行计划和安排。

最后，企业要对此次网络图片营销的方案进行整体规划，确定营销图片传播的信息和服务对于用户而言是有价值的，并有利于提高用户自行传播的可能性。

2. 制作营销图片

首先，企业根据此次网络图片营销的目的，并结合常用题材设计和制作图片，可将图片分为生活图片和商机图片两种类型。

（1）生活图片主要应用于提升企业产品和企业品牌的知名度方面。

（2）商机图片主要应用于产品的线上销售、线下的间接销售以及快商品招商方面。

然后，企业要对此次网络营销的图片进行命名和简述。当前，各种搜索引擎均提供图片搜索功能。图片的搜索是根据图片的名称或图片所在页面的文字进行收录的。因此，在发布图片时，一定要为图片配上文字，或将图片命名为与产品相关的名称。

3. 推广营销图片

推广营销图片时，企业应将图片广泛地发布于各大社交平台。可借助事件在网络上推广图片，以进一步提高推广的速度。

4. 营销效果追踪与评估

网络图片营销的最终实施效果是难以控制的，但企业还是需要对实施效果进行追踪与评估，从而发现营销活动的成功或不足之处，为下一次的图片营销策划提供参考和经验。

收藏率和转载率是评估网络图片营销效果的两个重要指标。对于效果的评估，企业可以利用各大社交平台的客流量优势，通过监测网络图片营销内容的收藏率和转载率，对营销活动进行实时检测和评估。

（二）网络营销图片的设计要点

要想通过图片吸引用户，营销人员需要将创意贯穿整个营销过程。因为人们的话题焦点始终集中在图片上，在谈论产品时必将受到图片创意的影响。因此，开展网络图片营销前，营销人员要对产品的内容和形式有一定的了解，同时要具有极强的创意能力，为设计创意图片提供思路。

1. 紧扣主题

网络图片营销的最终目的是推广企业品牌和产品，图片营销的核心切入点是品牌和产品服务。开展网络图片营销时，企业首先需要通过切入点构思一个明确、简洁的主题，然后围绕这个主题进行营销图片的设计，展示品牌形象或产品特点。

2. 形象化

营销图片的形象化和场景化表达能够增强视觉冲击力，用户能够通过营销图片的内容和形象联想到相关的品牌和产品，在一定程度上对目标用户形成较好的传播效果。

（三）网络图片营销的技巧

从视觉上讲，图片信息往往是用户首先注意的内容。优质的图片比文字更加具有说服力，可以带给用户直观感受，加强与用户间的互动，使用户参与到图片的传播过程中。

网络图片营销从传统的纸质海报宣传发展到网络图片宣传，图片营销的用途不断地拓宽。随着各类商家、企业对图片营销的重视程度不断加强，网络图片营销的作用也越来越突出。要想使网络图片营销取得良好的效果，利用图片实现高效营销，营销人员需要掌握图片的运用和传播技巧。

1. 注重图片的原创性

随着网络传播速度的加快，网络中时时刻刻传播着成千上万张图片，其中原创图片更能够吸引用户进行自主关注和传播。所以，专业设计人员在设计图片时，要注重原创图片内容的表达，并要符合品牌形象和产品特征。盗用他人的图片，不仅会对企业的形象造成损害，还要支付经济赔偿。因此，企业最好采用原创图片进行网络图片营销，这有利于传递企业的精神内涵和企业形象。

2. 图文结合

网络图片营销中的图片应生动有趣，同时可配备有说服力的、精简的文本内容，对图片进行精准的说明，以加强宣传效果。另外，可在图片上加盖企业的水印，或在图片的某个位置添加品牌标识、网址、广告语、联系方式等文字信息，加强用户对企业和产品的印象。

3. 广泛传播

在自媒体和社交平台发展迅速的今天，分享有趣的、有创意的图片成为人们的日常习惯。无论是包含广告信息的图片，还是普通的图片，都有着快速在网络中传播的可能性。因此，企业应该最大化地利用媒体平台传播图片，使图片得到迅速传播，扩大网络图片营销的影响力。优质图片的群体传播会带来巨大的流量。

4. 资源整合

企业在开展网络图片营销的过程中，不仅要突出图片的创意和图片本身的营销效果，还要通过各种各样的营销活动，以及借助热点事件吸引其他媒体和网络平台的关注；或在社交平台上与用户加强互动，以及在各种媒体终端同时进行全方位推广等。以网络图片营销为契机，通过销售渠道、手段和策略等方面的创新，最大限度地扩大企业和产品的知名度和影响力，进而提高产品的市场占有率。

第二节　网络广告营销

一、认知网络广告

（一）网络广告定义

广告是商品经济发展的产物，是一种以推销商品、获得盈利为最终目标的商业行为。广告向目标消费者展示商品的性质、质量、功用、优点，进而打动和说服消费者，影响和改变消费者的观念和行为，最后实现商品被推销出去的目的。

网络广告是指以数字代码为载体，采用多媒体技术设计制作，通过互联网传播，具有交互功能的广告形式。2001年4月，北京市工商局颁布的《北京市网络广告管理暂行办法》中的第二条规定"本办法所称网络广告，是指互联网信息服务提供者通过互联网在网站或网页上以旗帜、按钮、文字链接、电子邮件等形式发布的广告"。

（二）网络广告形式

网络广告采用先进的多媒体技术，拥有灵活多样的广告投放形式。可以将网络广告分为传统网络广告和移动端网络广告。

1. 传统网络广告形式

（1）横幅广告

横幅广告又称"旗帜广告"，是最常用的广告形式。它通常以Flash、GIF、JPG等格式定位在网页中，同时还可使用Java等语言使其产生交互性，通过Shockwave等插件工具增强其表现力。横幅广告开始是静态的广告，用户可以点击进入广告主的网站，后来逐渐发展为互动广告。如图6-6所示为横幅广告。

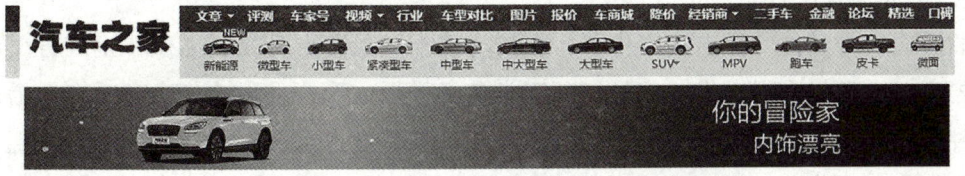

图6-6　横幅广告

（2）按钮广告

按钮广告又称"图标广告"，其制作方法、付费方式、自身属性与横幅广告没有区别，仅在形状和大小上有所不同。按钮广告由于尺寸偏小，表现手法较简单，一般只由一个标志性的图案构成，通常是商标或厂徽等，它的信息量非常有限，吸引力也相对差一些，只能起到一定的提示作用。

（3）文本链接广告

文本链接广告是以一排文字作为一个广告，点击之后可以进入相应的广告页面。这是一种对浏览者干扰最少，却较为有效的网络广告形式。有时候，最简单的广告形式效果却最好。

（4）电子邮件广告

电子邮件广告具有针对性强、费用低廉的特点，而且广告内容不受限制。它可以针对目标消费者发送特定的广告，是其他网络广告形式比不上的，如图6-7所示。

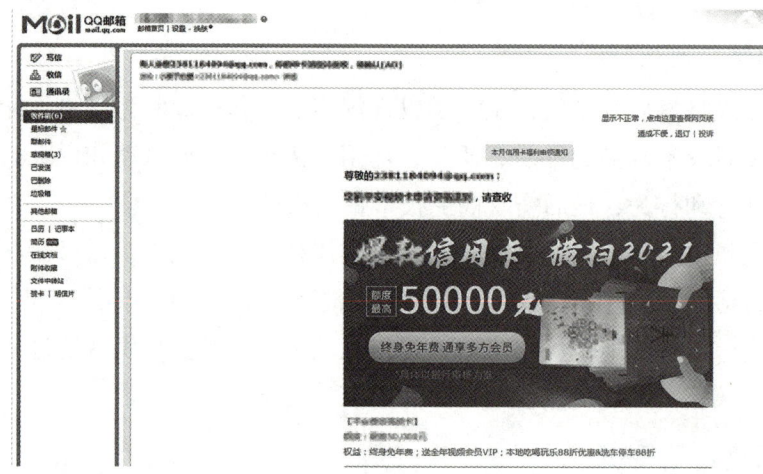

图6-7 电子邮件广告

（5）竞赛和推广式广告

竞赛和推广式广告又称"赞助式广告"，广告主可以与网站一起合办用户感兴趣的网上竞赛或网上推广活动。赞助式广告的形式多样，给予广告主更多的选择空间。

（6）软性广告

广告与内容的结合可以说是软性广告的显著特征，从表面上看更像网页上的内容而并非广告。在传统的印刷媒体上，这类广告一般都会有明显的标示，而在网页上通常没有清楚的界限。

（7）插播式广告

插播式广告又称"弹出式广告"，在访客请求登录网页时强制插入一则广告页面或弹出广告窗口，类似电视广告，都是打断正常节目的播放形式，强迫公众观看。插播式广告有各种尺寸，有全屏的也有小窗口的，而且互动的程度也有所不同，从静态广告到全部动态广告都有。浏览者可以通过关闭窗口关闭广告（当然电视广告是无法做到的），但是它们的出现没有任何征兆，肯定会被浏览者看到。

（8）富媒体广告

富媒体广告是一种不需要受众安装任何插件就可以播放的整合视频、音频、动画图像，具有双向信息通信和用户交互功能的新一代网络广告形式。它具有容量大、交互性强的特性，拥有更大的创意空间，可以更好地展现品牌形象，其带来的高浏览率、高点击率、高转化率，更使其成为网络营销不可错过的广告形式。

（9）其他类型广告

其他类型广告主要包括分类广告、视频广告、巨幅连播广告（图6-8）、对联广告、撕页广告等。

2. 移动端广告形式

（1）移动端横幅广告

移动端横幅广告类似于PC端，如图6-9所示，常出现的位置为顶部和底部。产品展示更直观，能快速吸引用户注意。但影响用户体验，在用户观看内容时造成一定的遮挡，易造成用户反感。

图6-8　运幅连播广告

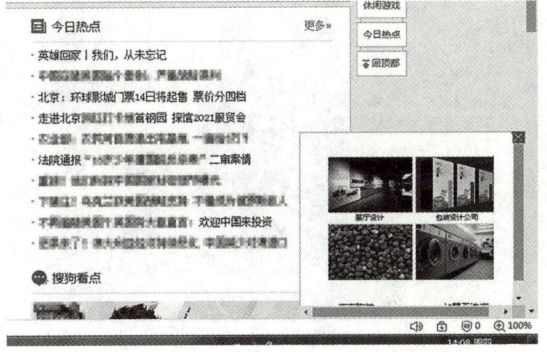

图6-9　移动端横幅广告

（2）公告

公告常出现在电商类APP上，通过消息广播的形式给用户传递相关信息，如图6-10所示，常出现的位置为首页。产品直观简洁、不占用内容页。但不能直观诱导用户点击，大多数情况下只能起提示作用。

（3）插屏广告

插屏广告在游戏类或视频类APP上较为常见，有静态图和GIF图两种，常出现的位置为首页、未点击的功能页。视觉冲击力强、定位更精准、效果显著。但会暂时打断用户的操作行为，影响用户体验。

（4）启动页广告

启动页广告又称全屏广告（Full Screen Ads），几乎在常用的APP上都能看到，可以以图片、视频、Flash等形式加载。用户首次进入APP时，将会出现启动页，当APP后台运行再次进入时，启动页将不会出现。启动页广告常出现的位置为首页。产品合理利用资源，在用户等待 APP 加载时呈现内容，当用户刚打开启动页时，直接呈现广告内容，能够更好地刺激用户记忆。但部分 Flash 安装包加载缓慢，影响用户体验。

（5）信息流广告

信息流广告（Feeds Ads）常常和正常的信息混在一起，不容易被识别，用户在不知不觉中就将广告阅读完，如图 6-11 所示。常出现在社交类 APP 和咨询类 APP，如微信朋友圈、微博、照片墙、今日头条、网易新闻等。信息流广告常出现的位置为以时间轴信息为主的内容列表。它虽不影响用户操作行为，但内容定位如不精准，会让用户产生厌烦情绪。

图 6-10　电商类 APP 公告类广告

图 6-11　信息流广告

（6）积分广告

积分广告主要是通过下载注册赢取部分积分或优惠，以流量导流的方式把自身一部分用户流量导向目标 APP，实现流量变现。积分广告常出现的位置为部分移动端游戏、应用商店等 APP。通过积分的方式实现互利共赢。但在品牌信誉度不强的情况下，容易让用户怀疑目标 APP 的安全性，情况严重的会影响品牌形象。

（7）下拉刷新广告

当列表内容需要刷新的时候，一般 APP 会采用下拉刷新的形式刷新列表，广告便会填充空白页，起到宣传效果。下拉刷新广告常出现的位置为下拉刷新栏。隐藏在内容页面板下，用户刷新才会出现，节约空间成本，不影响用户体验。但广告出现时间过短，不容易引起用户注意。

（8）私信通知

私信通知是以私信的形式将商品信息发送给用户，用户可以通过查看私信了解商品详情。常出现位置：消息功能，具有精准性，通过后台分析用户喜好并发送特定商品。但会忽略用户需求，增大用户筛选成本。

（9）移动视频广告

移动视频广告针对的用户群体分为 VIP 用户和普通用户，VIP 用户在购买 VIP 业务后能够直接跳过广告，普通用户则需要先把广告看完才能看后面的内容，常出现的位置为播放类 APP 内容开头。以内嵌的形式植入广告，不增加额外的内容板块。普通用户（不愿意付费购买 VIP 业务）长时间观看会影响用户体验。

二、创作与投放网络广告

（一）创作网络广告

1. 网络广告的创意

网络广告创意的任务是使企业的品牌、广告形式、诉求内容适合目标受众的要求。它既是决定最后广告表现的关键，也是吸引受众注意、使其浏览广告信息的决定性步骤。

（1）网络广告的创意效应

在当前物质相对富裕的社会里，用户的消费目的不只是为了需要而消费，更多是因为感性而消费。此时的用户便不仅仅满足于量和质，而会寻求更高层次的感性满足。因此，网络广告的创意主要体现在感性诉求上，人的情感是丰富的，也是容易被激发的。广告中的感性诉求便是基于此种缘由，通过挖掘或附加商品情感来激发人们心中相同的情感，使人们对商品产生好感，进而产生购买行为。

注重品质的冲击力。网络广告所显示的商品经常具有独特的品质和功能，让用户真正感知到这一点是网络广告设计最有效的手段和目的。一般而言，网络广告由于其文件和幅面大小的限制，其表现方式有一定局限性，但如果能找到合适的表现方法，就能取得事半功倍的效果。

（2）网络广告的创意原则

现在，网络广告的形式越来越丰富，在网络广告设计中保持独特创意的同时，能够很好地达到广告应有的效果是非常重要的。网络广告创意需要遵循以下原则。

①目标性原则。目标性原则是网络广告创意的首要原则，网络广告必须与广告目标和营销目标相吻合，创意的最终目标是促进营销目标的实现。任何广告创意都必须考虑：广告创意要达到什么目的？起到什么效果？

②关注性原则。网络广告必须能吸引用户的注意力，美国广告大师大卫·奥格威说："要吸引用户的注意力，同时让他们购买你的产品，非要有很好的创意不可。除非你的广告有很好的创意，不然它就像快被黑暗吞噬的船只。"

③简洁性原则。广告创意必须简单明了，只有切中主题，才能使人容易读懂广告创意所传达的信息。

④互动性原则。网络广告的创意必须关注目标对象是哪些人？他们的人文特征及心理特征是什么？企业可以运用网络媒体互动性的优势，设计能和用户进行互动的广告，以调动他们的兴趣，使其主动参与到广告活动中。

⑤多样性原则。网络广告的多样性是指网络广告表现出的形式多样的创意，随着Web 6.0时代的到来，网络广告的创意应该更加多样化，这样才能充分利用网络的优势，达到更好的广告效果。

⑥精确性原则。网络广告趋向于进行精准传输，也就是"把合适的信息传达给合适的人"。目标用户的精确定位是网络广告的创意原则之一，这是网络广告发展的未来趋势之一。

（3）网络广告的创意方法

网络广告的创意方法如下。

①提炼主题。选择一个有吸引力的网络广告主题。

②进行有针对性的诉求。在卖点的设计上，应站在浏览者的角度，注意其与广告内容的相关性，从而提高广告的点击率。

③品牌要有亲和力。广告不仅要推销产品，同时也是建立品牌形象的一种方式，树立企业的品牌能让用户对产品产生信心和认同。但要注意：过分的品牌宣传会降低用户的好奇心，降低点击率。因此，在广告创意上要注重品牌亲和力的分寸（图6-12）。

图6-12 广告品牌亲和力

④营造浓郁的文化氛围。运用传统文化元素进行网络广告的创意设计，既易于用户接受，又能起到很好的效果。

⑤抓住用户心理特点。抓住用户注重自身利益的心理特点，注重该网络广告活动给用户带来的好处，吸引用户参与活动。

2. 网络广告的制作技巧

下面介绍几种主要网络广告形式的制作技巧。

（1）横幅广告

横幅广告的吸引力至关重要，高效的横幅广告必须能够在几秒内抓住浏览者的注意力，否则网上丰富的信息会使浏览者很快转入其他链接。为了增加横幅广告的吸引力，可以采取以下措施。

①选好主题，找准卖点。企业网站可能同时提供很多产品和服务内容，因此应选择目标站点最吸引浏览者的内容作为广告创作主题。在卖点的设计上，应该站在浏览者的角度，强调用户体验，提高点击率。例如，网络销售站点可以选择促销折扣最大的商品作为广告宣传对象，而不是泛泛地谈打折。

②文字精练，标新立异。横幅广告的文字不宜过多，通常只用一句精练的话表达即可。标新立异的广告词有利于提高横幅广告的吸引力，广告创作人员应在措辞上下功夫，通过提供浏览者感兴趣的利益点来获得更多的点击。

③色彩清晰，有视觉冲击力。在制作横幅广告时，最好选择黄色、橙色等较为醒目的颜色，这样能在瞬间抓住浏览者的视线。很多成功的横幅广告，在色彩运用上都下了一番功夫。

④善用动画，时常更新，增强吸引力。拥有动画的横幅广告比无动画的单调的横幅广告更具吸引力，因此在制作广告时，可通过加入动画增强吸引力。不过，考虑到用户带宽及页面下载速度，横幅广告中的图片也不应过多，否则会因为过于花哨而使浏览者厌烦。即使是最好的横幅广告，经过一段时间也会失去效力。所以应经常更新，让横幅广告总能拥有新鲜的表现方式，这也是增强其吸引力的一种方式。

（2）企业主页

企业主页设计可以采取以下措施。

①企业主页设计要能够体现企业风格，与企业形象一致。

②企业主页上的标识要与企业在其他媒体上刊登的广告保持一致，以便通过不断重复，达到强化企业形象的目的。

③设计企业主页时还应注意：色彩搭配要醒目、有美感，企业标识要放在比较明显的位置，以便引起用户注意。

④企业主页在版式设计和内容编排上要条理清晰，应当使用户轻松地找到所需要的内容；同时，内容的叙述要清晰、简洁、便于理解。

⑤提高企业主页信息对用户的应答能力，优秀的企业主页应当能够对用户提出的问题做出及时且可信的答复。

以上措施可以增强企业主页的吸引力，增加该网站的浏览人数，并能延长浏览者的浏览时间。

（3）电子邮件广告

电子邮件广告形式比较单一，多以文字为主要内容。在设计电子邮件广告时，要字斟句酌。首先,文字表述要能引起浏览者的兴趣,尤其是广告标题和开头部分的表述,必须能吸引浏览者的目光。如果电子邮件广告的标题不吸引人,浏览者很可能会将该电子邮件当作垃圾邮件删除,而开头部分会决定浏览者是看下去还是点击别的内容;其次,要留下明确的联系方式,如网址、公司名称和电子邮件地址等;最后,可以在电子邮件广告中添加图片或动画,以增强广告的吸引力。但是,过多的图片或动画会使电子邮件广告占用较多的资源,因此图片与动画不宜过多。

知识拓展

网络广告制作中应注意的问题

网络广告制作中存在的以下问题会对网络广告的效果产生一定程度的影响,应注意尽量避免。

1. 设计主题不明确

网络广告的效果主要表现在品牌推广和销售促进方面,并且网络广告的期望反应是用户浏览和点击。如果广告创作人员对此没有明确认识,在有限的广告区域中表现的要素太多,就会显得主题不够明确,用户也难以对广告留下深刻印象。

2. 广告信息内容差异的影响

用户对网络广告的不同诉求,会影响其对内容的接受程度,过于直白的产品促销信息并不一定能让用户产生浏览和点击的兴趣,而一些公益性、有奖竞赛和优惠券等相关内容的信息更能引起用户关注。因此,合理利用类似的用户感兴趣的信息才能减少内容差异对网络广告效果的影响。

3. 广告设计缺乏吸引力

尽管网络广告的创意难以用统一的标准来衡量,但缺乏吸引力的网络广告具有相似的特征。如,颜色和图案没有视觉冲击力、广告文案表达过于直白等,使用户没有兴趣浏览和点击。

4. 广告字节数过大

信息量太多的网络广告降低了网页下载速度,这样可能使用户没等到广告完全被下载就点击了浏览器的停止按钮,这样广告甚至没有出现的机会。因此,一般的服务商对于各种规格网络广告的字节数都有一定的标准要求,超过限度的广告将不被接受。

(二)投放网络广告

1. 网络广告投放的概念

网络广告投放是网络广告信息发布策略的实施,通过互联网发布平台进行广告投放是网络广告与目标受众直接接触的环节。网络广告投放的主要任务是分析和选择适当的广告投放渠道,把广告信息在适当的时机、适当的场合传递给适当的受众。网络广告投放一般由广告主、网络广告代理或网络广告联盟的专业人员负责,他们分析和提出广告信息投放和发布的计划。广告诉求和广告创意所形成的文本经广告主最后审核同意之后,广告代理人与互联网媒体机构接洽,安排有关的投放与发布事宜。把已经审核同意的文本投放到所选择的互联网终端站点,有时候也一并执行对投放质量的监督。

作为企业营销的投入,网络广告投放的费用是网络广告投入费用的最大部分。网络广告的投放计划必须遵循效率最大化原则,明确广告投放终端的选择,进行创造性的媒体策划,保证以有效的费用投入达成所设定的广告目标。

2. 网络广告投放的方式

目前,网络广告投放的主要方式有以下几种。

(1)利用自己的网站投放

这是常用的发布网络广告的方式之一。在这种情况下,企业可对广告的内容、画面结构、互动方式等各种因素进行全面的策划。实际上,企业网站本身就是广告。但是,网站不能像传统媒体广告那样使所有的页面全都被广告所充斥。从目前网站的运作实践来看,如果一个网站只提供广告,而不能同时提供其他信息,肯定不会有众多的访问者。因此,网站的定位应放在树立企业的整体形象上。企业网站上通常还提供一些非广告信息,如时事新闻、名人轶事及可供访问者免费下载的软件、游戏等。总之,网站必须能给访问者带来一定的利益,使其成为网站的用户。

(2)直接投放

直接投放是目前常用的网络广告投放方式。互联网上的网站成千上万,为达到尽可能好的效果,应当选择合适的网站投放广告。

(3)通过网络广告代理商投放

网络广告代理是指在网络广告活动中,广告客户、广告公司和广告媒体之间明确分工,广告客户委托广告公司实施广告宣传计划,广告媒体通过广告公司承揽广告业务;广告公司处于中间地位,为广告客户和广告媒体提供双向服务,起到主导作用。广告公司代表广告主购买各种媒体的广告时间和空间,确定广告主产品和服务的目标消费者。广告主是广告活动的直接投资者,是广告代理商的收入来源。与网站直接承接网络广告业务相比较,专业网络广告代理商面向的网络媒体众多,类型不一,他们可以对不同类型网站进行横向比较,能更客观地分析判断每个网站的资源,进行科学的媒介选择,从而实现比较理想的广告效果。

(4)通过网络广告联盟投放

网络广告联盟投放又称联盟营销,是指集合中小网络媒体资源(又称联盟会员,如中小网站、个人网站、WAP、站点等)组成联盟。通过联盟平台帮助广告主实现广告投放,并进行广告投放数据监测与统计,广告主则按照网络广告的实际效果向联盟会员支付广告费用。

网络广告联盟包括三个要素：广告主、联盟会员和广告联盟平台。广告联盟平台为联盟会员、广告主提供了一个独立的公开、公正、透明的管理运行平台。联盟会员可以免费在广告联盟平台上建立自己的网站，吸引广告主的光临，最大化地将自己网站的访问流量转化成营销成果，进而转变为自己的收入。广告主在广告联盟平台上选择适合自己的网站，按照网络广告的销售额、引导数等向广告联盟平台支付合理的广告费用，实现低成本的广告宣传。网络广告联盟的形式大大拓宽了广告主投放广告的范围，同时采用按照效果付费的方式，解决了广告主广告支出过高的问题，也解决了广告联盟平台没有资金支持的问题。

（5）网络广告交换

网络广告交换是指网站之间通过相互链接、交换文字或横幅广告扩大宣传效果的方法。拥有自己主页的用户通过相互交换广告或者加入广告交换网的方式实现广告的双向乃至多向相互登载。在进行交换时，广告主应首先在网页中加入其交换对象的 HTML 代码，当有访客浏览广告主的网页时，对方发放的横幅广告（链接或文字）便会被显示。同样的原理，该广告主自己的广告也会出现在对方的网页上，从而达到互换广告的目的。网络广告交换的途径可分为两种。

其一是广告主之间网络广告的直接交换。拥有网站的广告主可以直接通过 E-mail 或在自己的网站上刊登广告等方式与其他网站取得联系，相互交换 HTML 代码进行广告交换。这种方式互惠互利，节省了大量的开支。

其二是网络广告交换网。它实际上是一个网络广告交换的中介机构。在广告交换网上，凡是拥有自己主页的用户，都可以加入某个交换网络。广告交换网具有免费、提供即时统计、接触面大等优点。

第三节　网络视频营销

案　例

2021年阿尔卑斯开展一系列"让心回家"新春宣传活动，其推出了新春微电影，搞笑暖心的故事背后是阿尔卑斯品牌所要传达的"爱"。微电影中有这样一幕：在地球遭遇危机时，离家出走的女儿及时赶在春节之前回来，像小时候一样递给父亲一颗"阿尔卑斯棒棒糖"；这一暖心的"发糖"举动解开了父亲的心结，父女俩重归于好，同时也拯救了地球。微电影中阿尔卑斯作为传达"爱"的媒介扎根在人们心中。在品牌宣传上，微电影以贴近国人表达爱的方式传递其品牌的内涵，宣扬"发糖"这一举动最能传达爱，无须言语，在举手投足之间让对方感受到关心。

除了微电影，新春宣传活动还包括将"时来运转"作为新春礼盒套装的名字，用代表"喜庆"的红色，结合中式剪纸元素，使礼盒富有新春气息；包下华铁列车，在车内外布置品牌物料，与消费者互动"发糖"，营造"回家"的氛围；在重庆举办快闪店活动等。这些活动能引起几代人的共鸣，现实的无奈或许无法让我们决定自己与家的距离，但可以决定我们心与心之间的距离（图6-13）。

图6-13 阿尔卑斯新春宣传画报

一、认知网络视频营销

（一）网络视频营销概述

1. 网络视频

网络视频是指由网络视频服务商提供的、以流媒体为播放格式的、可以在线直播或点播的声像文件。网络视频的文件格式以 WMV、RM、RMVB、FLV 及 MOV 等类型为主，包括各类影视节目、新闻、广告、Flash 动画、自拍 DV、聊天视频、游戏视频、监控视频等。

2. 网络视频营销

（1）网络视频营销定义

网络视频营销是指通过数码技术将产品营销现场实时视频图像信号和企业形象视频信号传输至互联网上，达到一定宣传目的的营销手段。

网络视频营销结合了网络与电视媒体的特点，传播范围广泛，不受时空的限制，可以无时间无地域限制传播；采用了视频流或音频流技术，结合 Flash、Java 等程序，形式多样，具备生动的表现力，具有强烈的视听冲击。视频的交互性可以帮助受众进行网络体验并且自行控制全过程。此外由于网络监管环境的相对宽松，网络视频拥有的创意空间也更为广阔。兼具电视广告和网络广告的双重优点，网络视频营销有着显著的营销优势。

截至 2021 年 12 月，我国网络视频（含短视频）用户规模达 9.75 亿，较 2020 年 12 月增长 4 794 万，占网民整体的 94.5%。其中短视频用户规模为 9.34 亿，较 2020 年 12 月增长 6 080 万，占网民整体的 90.5%。在短视频应用新用户的带动下，网络视频总体用户规模进一步增长，但增速持续放缓。网络视频市场呈现精品迭出、新业务与技术加速探索应用、环境日益清朗的态势。2021 年，短视频用户规模持续增长，行业依然保持稳定增长态势。短视频平台一方面加速布局知识领域，推动知识传播；另一方面不断与传统产业融合，创造出更大的经济价值。

2022年初，在春节假期及北京冬奥会等多因素推动下，短视频行业实现用户规模及黏性的双提升，流量峰值逼近 10 亿大关（图 6–14）。

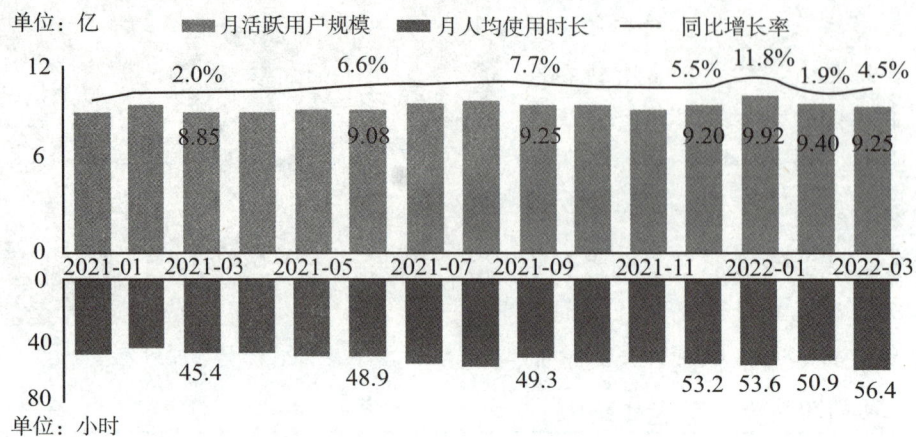

图 6–14　短视频行业 月活跃用户规模趋势

（2）网络视频营销的趋势

网络视频营销的三个趋势：品牌视频化、视频网络化、视频广告内容化。

①品牌视频化。很多广告客户将品牌广告通过视频展现出来，这个趋势非常明显，如中国工商银行万事达奋斗信用卡与新世相联合推出的《晚安女孩》、雷克萨斯携手《时尚先生》发布的《好戏将至》等均是将视频与品牌文化相融合。在《晚安女孩》营销视频中，讲述了渴望成为职业演员的小北在京打拼的故事，视频中多次铺垫万事达奋斗信用卡的价值理念。

②视频网络化。视频网络化已成为一种趋势。"视频"与"互联网"结合，让这种创新营销形式具备了两者的优点：它既具有电视短片的种种特征，如感染力强、形式内容多样等，又具有互联网营销的优势。

网络视频营销具有互动性强、主动传播性、传播速度快、成本低廉等优势。例如，百度《唐伯虎》系列没有花费一分媒介费，没有发过一篇新闻稿，仅依靠一些百度员工发电子邮件给朋友或在一些小网站上挂出链接。只用了一个月，就在网络上实现了至少 10 万个下载或观赏点。

③视频广告内容化。视频广告内容化已成为一种新的营销趋势。视频营销的关键在于视频的内容，内容决定了其传播的广度。优秀的视频能够不依赖传统媒介渠道，通过自身魅力俘获无数网友作为传播的中转站。如何找到合适的品牌诉求，并且和视频结合是企业需要重点思考的问题。如百事可乐的《把乐带回家》系列微电影经历数年，已经成功升级为百事可乐的春节内容 IP。每一年，百事可乐都会以一支新年微电影力图唤醒人们的情感记忆，其《把乐带回家》系列微电影正是视频广告内容化的典型案例。

案例

2019年，百事可乐的贺岁巨制微电影《2019把乐带回家之摘星者》强势来袭，由多名著名艺人共同主演。微电影交织出几位主演背后隐藏的多条故事线，紧张惊险又温馨感人。不仅向观众诉说了航天工作者鲜为人知的辛苦，更以此致敬那些为梦远行的"摘星者"们。该微电影在故事中植入了百事可乐和把乐带回家的理念，如图6-15所示。

图6-15 百事可乐的《2019把乐带回家之摘星者》微电影

3. 网络视频营销分类

网络视频营销包括电视广告、网络视频广告、宣传片、微电影等方式。网络视频营销归根结底就是营销活动，因此成功的视频营销不仅要有高水准的视频内容，更要发掘营销的亮点。

（1）电视广告

电视广告是一种由电视传播的广告形式，具有很强的直播效果，通常用来宣传商品、服务、组织、概念等。电视广告的长度从数秒至数分钟（也有长达10分钟的广告杂志及长达整个节目时段的"资讯型广告"，又称电视购物）。

（2）网络视频广告

网络视频广告的形式类似于电视视频短片，平台却在互联网上。"视频"与"互联网"的结合，让这种创新营销形式具备了两者的优点。

（3）宣传片

宣传片是制作电视、电影的表现手法。经过有重点、有针对性、有秩序地进行策划、拍摄、录音、剪辑、配音、配乐、合成、输出制作成片，能声色并茂地展示企业、产品或服务。宣传片按其目的和宣传方式不同来划分，可以分为企业宣传片、产品宣传片、公益宣传片、电视宣传片、招商宣传片。

（4）微电影

微电影（microfilm）即微型电影，又称微影，是指专门运用在各种新媒体平台上播放的，适合在移动状态和短时休闲状态下观看的，具有完整策划和系统制作体系支持的，还具有完整故事情节的"微（超短）时（30～300秒）放映""微（超短）周期制作（1～7天或数周）"和"微（超小）规模投资"的视频短片。内容可融合幽默搞笑、时尚潮流、公益教育、商业定制等主题，可以单独成篇，也可系列成剧。目前，许多企业为了塑造品牌形象，纷纷投资拍摄微电影，其中不乏佳作，代表有《老男孩》《66号公路》等。通过这些作品，企业的品牌形象得到有效提升。

（二）网络视频营销的优势

网络视频营销将"有趣、有用、有效"的"三有"原则与"快速"结合在一起，使越来越多的企业选择网络视频作为重要的营销工具。具体来说，网络视频营销具有以下优势。

1. 成本低廉

网络视频营销投入的成本远远低于传统的广告成本。一支电视广告往往需要投入几十万元甚至上千万元；而拍摄一支网络视频短片可能只需花费数千元，然后免费放到视频网站上进行传播。与此同时，低成本却可以带来非常高的回报，一支广为流传的视频可以让企业以极低的成本获得极大的曝光。Burst Media 的研究表明，56.3% 的在线视频观众可以记起视频里的广告内容。

2. 目标精准

网络视频营销能够比较精确地找到企业的目标顾客。例如，有的视频平台有"群"（group）的设置，群是有相同视频兴趣倾向的网民的集合。视频平台通过目标锁定识别特定受众群，并通过有效的可行途径影响他们，发掘、培养他们的兴趣点。令人感兴趣的视频内容能吸引受众，而受众的不断支持、回复、上传又能促进产生良好的内容。广告商在特定的群投放广告，如在汽车群投放汽车广告，就能取得不错的效果。

3. 互动+主动

网络视频营销具有互动性。网民可以对视频进行评论，也可以就其他网民的评论进行回复。网民的回复会为该视频造势，有较高回复率的视频的点击率往往也会飙升。网民还会把他们认为有趣的视频转发到自己的社交媒体账号中，主动让视频广告进行"病毒式传播"，让视频广泛传播出去，而不消耗企业的推广费用和精力。

4. 传播效果好

网络视频营销传播速度快、传播渠道宽广、感染力强，能达到更好的传播效果。借助于互联网，网络视频能在网络上快速传播，能在各种智能终端跨屏传播和跨平台传播，而且网络视频相对于文字来说，具有视觉冲击力，更容易打动消费者。

5. 效果可测

视频网站的访问量，视频的点击次数和点击率、顾客停留时间、转载量和转载率、评论数及评论情感倾向等都可以测量。根据这些数据可以精确测量企业网络视频营销的效果，为进一步的网络视频营销提供决策依据。

二、网络视频营销的表型形式与发展

（一）网络视频营销的表现形式

网络视频营销的表现形式不断创新和发展，日益丰富。本节介绍网络短视频营销、网络视频短剧营销、微电影营销、视频博客营销等。

1. 网络短视频营销

短视频即短片视频，一般指在网络新媒体传播的时长在几秒到5分钟的视频，适合人们在移动状态和短时休闲状态下观看。随着移动终端的普及和网络的提速，短平快的大流量传播内容逐渐获得各大平台、粉丝和资本的青睐。短视频内容有技能分享、幽默搞怪、时尚潮流、社会热点、街头采访、公益教育、广告创意、商业定制等主题。短视频平台主要有抖音、火山小视频、快手、微视、全民小视频等。

不同于微电影和直播，短视频制作不具有特定的表达形式和团队配置要求，但具有生产流程简单、制作门槛低、参与性强等特点，又比直播更具有传播价值。超短的制作周期和趣味化的内容对短视频制作团队的文案及策划功底提出了一定的挑战，优秀的短视频制作团队通常依托于成熟运营的自媒体或IP，除了高频稳定的内容输出外，还拥有众多的粉丝。短视频丰富了新媒体原生广告的形式。

2. 网络视频短剧营销

网络视频短剧是指网民或专业视频制作团队制作的拥有完整故事情节，通过网络传播，以达到吸引消费者注意或实现企业传播和营销目的的一种短剧形式。网络视频短剧的剧情轻松，演员、导演年轻化，所以整体风格时尚、简洁、幽默、贴近生活，受到年轻一代的欢迎。网络视频短剧制作灵活，软性宣传效果好，受广告主的青睐。网络视频短剧能充分与消费者沟通互动，在保证品牌曝光度的基础上，确保消费者对品牌的黏性、喜好度，让消费者与品牌保持密切、良好的沟通。

3. 微电影营销

微电影即微型电影，是指在各种新媒体平台上播放的、适合在移动状态和短时休闲状态下观看的、具有完整策划和系统制作体系支持的具有完整故事情节的短片。与传统意义上的电影相比，微电影具有以下几个特点。

（1）放映时间短。微电影的放映时间一般从30秒到几分钟不等。

（2）制作周期短。一般来讲，微电影的制作周期在几天到一两个星期。

（3）小规模投资。每部微电影的投资可能在几千元到几万元。

微电影不仅是一种网络营销模式，也是一种艺术传播形式，为网络营销开辟了新的领域。微电影由于短小而精美，一方面填补了人们紧张工作之余的碎片时间，另一方面又满足了人们的审美情趣。它将企业的品牌推广需求与观众的娱乐休闲需求相结合，可以说是广告与电影的中间物，将广告与电影的核心优势融合在一起。

对于企业，微电影是完全为企业定制的，本质是通过故事情节来打动观众，让观众在非常愉悦的心境下接收企业的相关信息。对于观众，微电影以情节制胜，这点与电影相似，又比普通的影视植入营销更加自然合理。影视植入的只是桥段，因为影视的大环境、大情节已经提前拟订好了，不会因为广告的植入而改变。微电影可以围绕企业专门设定情节，当然这些情节也能满足观众的娱乐休闲目的。微电影可以比较轻松而自然地将企业的品牌信息融入短片情节。

4. 视频博客营销

（1）视频博客的概念及其营销属性

视频博客是博客的一种，即视频网络日志，是博客的变体。视频博客的作者以视频代替文字或图片写个人网志，并与网友分享。视频博客多为记录视频博客作者个人生活日常的视频，主题广泛。人们通过后期拼接剪辑，再加上字幕和音乐，制作成具有个人特色的视频生活记录。相比娱乐类型的短视频，视频博客没有花哨华丽的画面或者跌宕起伏的情节，但这种节奏平缓的内容也同样吸引着人们，视频博客已成为网络营销工具中的新锐。视频博客的营销属性及优势如下。

①时长灵活，视频博客短的只有3～5分钟，长的有10多分钟，时长相对灵活，且视频博客的内容可呈现的时间/空间跨度均大于普通视频，创作者发挥的空间比较大。

②内容广泛，视频博客内容的展现方式多样，可以实现多场景的呈现，普遍侧重于拍摄生活日常细节、城市风光、消费购物、情侣对话等，多为视频博客作者个人的生活记录，更加生活化，具有真实性和个体性，大多没有精心编排的剧本和紧凑的故事情节。

③主题鲜明，一般有固定的主题。

④拍摄视频的要求高，视频博客强调"转场"，讲求自然切换到下一个场景，对拍摄的设备和技术都有很高的要求，且视频博客作者对镜头语言、时长、配乐、剪辑节奏都要把握得很好，每次剪辑都会耗费不少精力。

⑤用户黏性高，通过观看视频博客作者发布的视频，受众可以借助别人的视角收获一种不一样的人生态度。同时，基于认同视频博客作者的生活方式，通过视频了解视频博客作者，受众会对视频博客作者产生超强的黏性，对其价值观等方面的认同感也会不断上升，

由此视频博客作者的影响力和号召力可以得到强化。

（2）视频博客营销的内容主题

通常而言，以旅行、美食、学习等为主题的内容容易被拍成视频博客，这些内容也是目前视频博客营销的热门主题。

①旅行类。与旅游类节目不同，旅行视频博客的内容可以贯穿视频博客作者的整个行程，而不是只涉及作者在旅途中的所见所闻、目的地的风土人情。旅行视频博客更强调过程记录，而不是展开叙述，其内容可以是坐飞机、吃饭、住宿等各种琐碎的小事。在对时间要求高的视频平台上，旅行视频博客几乎两三秒就切换一个镜头，要在短时间内呈现丰富的内容和有趣的个人风格是重点，也是难点。

②美食类。美食类视频博客在内容上都是围绕美食展开，但在细节上千差万别。有的记录做饭，有的记录吃饭，也有的记录从做饭到吃饭的过程。例如，有些博主推出一系列美食视频博客，把做饭、吃饭的过程一并记录下来，倍速效果搭配清新的配乐，俏皮又温馨。既展示美食的做法，满足观众对实用性的需求；又展示享受美食的场景，满足观众对视听效果的需求（图6-16）。

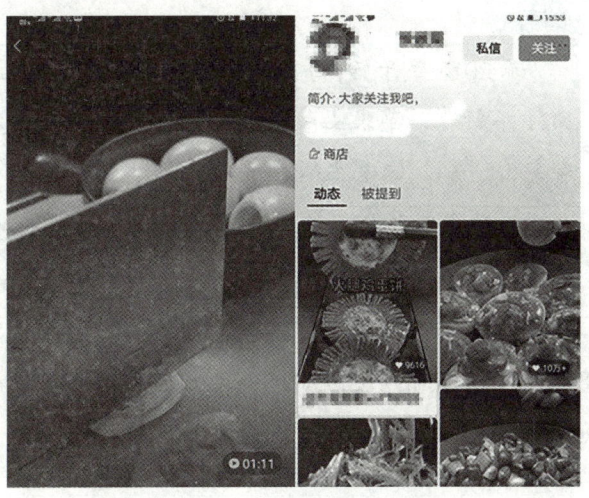

图6-16 美食类视频博客

③学习类。视频博客用户整体偏年轻化，考研、考公务员、考证书的用户数量很多。这类群体中的不少人想寻求学习伴侣，以便互相鼓励，一起度过枯燥的学习期。学习类视频博客的内容很简单，通常展现的就是博主的学习过程，如看书和做题的场景。

（3）视频博客的营销形式

①定制品牌主题。拥有众多用户支持的视频博客博主，往往拥有非常鲜明的个性。品牌经营者应根据品牌理念，找到与品牌意义高度契合的博主，拟出创作主题，激发他们的创作力，让品牌广告迸发出无限的创意可能。博主结合自身经历，将品牌倡导的精神理念在视频博客中通过软性巧妙的方式呈现出来，这种形式能让粉丝更容易产生情感共鸣。

②品牌发布会。视频博客的博主们通过记录品牌发布会的现场体验、使用新产品的感受，以及对场景的捕捉，直接而又非常生活化地将品牌发布会的信息呈现给用户。

③产品展示与测评。视频博客以产品展示与测评为传播内容，多角度展现产品性能和特征，为用户提供产品指南，凸显产品特性和品牌优势。此方法适用于新品上市、产品展

示、产品测评等以增加产品曝光量为营销目的的应用场景。

④沉浸式体验。商家通过邀请视频博客的博主们亲身深度体验，记录目的地的坐标、路径及自然景色，品牌服务和生活状态等，能够更加直观地让观众看到细节。此方法适用于线下到店、沉浸式体验、品牌展示等需要告知目的地坐标、路径和需要深度展示相关场景的情况。

（二）网络视频营销发展趋势

网络视频营销的发展呈现出三个趋势：品牌视频化、视频网络化和广告内容化。

1. 品牌视频化

案例

> 从2018年开始，每年农历新年苹果都会推出一部由最新旗舰iPhone所拍摄的短片。2021年新春，苹果上线了牛年短片《阿年》。本次的短片一改往年的温情感动路线，未突出"家"这个主题，反而改用欢快轻松的方式诉说着新"年"故事。不变的是本次短片拍摄依然全程采用手机，即iPhone 12 Pro Max，充分展现了手机的视频拍摄能力，以及手机作为拍摄设备的灵活性。

很多广告主将品牌广告通过视频展现出来，这一趋势越来越明显。企业可以通过视频将品牌的特色和内涵以动态的形式展现出来，使品牌更具可观性，从而给用户留下更加深刻的印象。

2. 视频网络化

案例

> 2020年3月18日20点，老乡鸡土味战略发布会视频在微信发布，官方表示战略发布会预算200元，地址是村头舞台。戏剧性的预算投入和独特的反差选址，以及简洁有趣的内容瞬间"引爆"微信，随后蔓延至微博，话题相关度一飞冲天，达到前一天热度的10倍以上。短短10分钟的战略发布会，一经推出，阅读量即超过10万。截止到20日20点，微博参与讨论数183 318 339条，微信相关订阅文章806篇。其核心文案只讲了三件事，即获得授信及投资10亿元、进军全国市场，以及干净卫生全面升级。

随着互联网和移动网络的普及及其在人们生活中的广泛应用，视频的传播和分享也随着互联网和移动网络平台的发展，使网络视频营销的影响范围越来越广泛。

3. 广告内容化

> **案　例**
>
> 　　创立于1921年的老字号五芳斋趁着2020年"双十一"推出借势广告《软点好》，收获了一大波用户的注意与喜爱。短片以"爱上生活的柔软"为主题，画风到处透露着软与萌的气息。在优美的风景中两个圆润的团子用稚嫩的声音展开了一场关于"人生终极哲学"的讨论（图6-17）。他们从年轻人在人生中面临的困惑展开对话，直击人心。在软与萌外衣包裹下的是最为现实的道理，其通过童声向大众传递品牌想要表达的"柔软"价值观。三个小片段结束后出现的文案也将生活中的些许感悟娓娓道来，这样"软"输出的方式，更能被观众接受，并且获得赞同。五芳斋用这支"软软"的广告，让用户切实感受到生活的柔软，同时让产品五芳斋糯团的柔软口感潜移默化地进入消费者的脑海，使短片主题与产品形象巧妙融合，形成相得益彰的营销效果。
>
>
>
> 图6-17　五芳斋《软点好》广告宣传片

　　与在电视节目间隙插入的广告不同，网络视频营销更多的是将广告植入视频，让其成为视频的重要组成元素，或者成为剧情的纽带。此方法常用于企业的产品功能展示、品牌文化诠释等。

三、网络短视频平台介绍

> **案　例**
>
> 　　通过对短视频营销的进一步了解，宠物店老板小陈最终决定开展短视频营销。小陈的宠物店主要是售卖各种宠物猫和宠物狗，同时也售卖猫粮、狗粮以及其他与猫、狗饲养相关的物品。小陈清楚，拍出精美的短视频只是开展短视频营销活动的第一步，下一步还要选择合适的短视频平台进行发布。面对众多的短视频平台，小陈该如何选择呢？

　　短视频是移动互联网时代新的传播信息符号，基于移动互联网的不断发展，短视频行业适应了受众移动化的媒介阅读习惯。物联网和5G技术有巨大的发展和应用潜力，这使得未来短视频的播放场景可能是在汽车操控屏上、智能手表和眼镜上，甚至家具上、门店里……一切智能屏幕配备的地方皆有可能。这一趋势几乎存在远超我们想象的意义：抖音、西瓜视频可能会在未来颠覆整个广告行业（图6-18）。

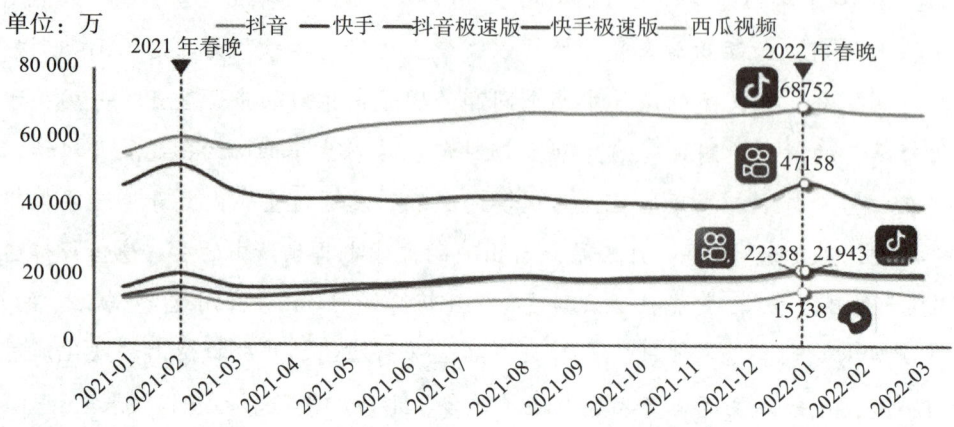

图6-18　短视频APP行业 月活跃用户规模TOP5

（一）抖音

抖音是北京字节跳动科技有限公司（以下简称"字节跳动"）旗下的一个专注年轻人音乐短视频分享的平台，用户可以通过该平台选择歌曲，拍摄音乐短视频，创作自己的作品。自2016年9月正式上线以来，抖音发展迅猛。2017年8月，抖音海外版上线；2017年11月，今日头条以10亿美元的大手笔收购美国知名短视频网站Musical.ly，交易后今日头条将其与抖音海外版合并。2019年12月，抖音入选"2019中国品牌强国盛典榜样100品牌"。2020年1月8日，火山小视频和抖音正式宣布品牌整合升级，火山小视频更名为抖音火山版，并启用全新图标。根据2020年4月21日QuestMobile发布的《2020中国移动互联网春季大报告》，截至2020年3月，抖音月活跃用户数达到5.18亿，同比增长14.7%。月人均使用时长为1 709分钟，同比增长72.5%。如今的抖音已经成为短视频的头部平台。

在发展初期，抖音的重心是打磨产品，不断优化产品的性能和体验。例如，增加各种特效、滤镜、贴纸和拍摄手法，提升音质和画质，使视频加载和播放更加流畅，使视频拍摄更简单、更有趣味；增加查找通讯录好友、邀请QQ好友和微博好友的功能，以推动用户自发传播。在打磨产品的同时，抖音邀请了一批中国音乐短视频玩家入驻，吸收了一批关键意见领袖（Key Opinion Leader，KOL）所带来的流量。

此后，抖音进入爆发式增长阶段。在这一阶段，抖音的工作重心是运营推广，进一步改善产品性能，打造更帅、更酷的视频玩法，给用户提供更流畅的体验。

抖音定位为年轻人的音乐短视频社区，35岁以下用户占比接近80%。抖音的用户大致可以分为内容生产者、内容模仿者和内容消费者三类。其中，内容生产者在音乐和短视频创作上有很高的热情和专业度，短视频质量较高且多为原创。内容生产者是抖音上的"主角"，用户众多，很多人背后有团队支持。他们致力于打造个人品牌，也会花精力吸引用户和运营社群。内容模仿者是指通过模仿比较火爆的原创短视频推出自己作品的一部分用户。这类用户的表达意愿强烈，希望展现自我，以提高知名度。还有一类用户被称为内容消费者，绝大多数抖音用户都属于这一类。他们没有什么表达的意愿，从不或很少发自制的视频，刷抖音就是为了学习、有趣和打发时间。针对这三类不同的用户，抖音设计了多个功能，以满足用户的不同需求。例如，针对内容消费者，系统会根据用户的喜好自动为其推荐相应作品，从而做到"你看到的都是你想看到的"，大大增强了用户的黏性。

（二）快手

快手是北京快手科技有限公司旗下的产品。快手的前身是"GIF 快手"，诞生于 2011 年 3 月，最初是一款用来制作、分享图像互换格式（craphics iterchange format，GIF）图片的手机应用。2012 年 11 月，快手从纯粹的工具应用转型为用户用于记录和分享生产、生活的短视频平台。后来随着智能手机的普及和移动流量成本的下降，快手在 2015 年后迎来了高速增长。

快手大数据报告显示，2022 第一季度快手平均日活跃用户 3.46 亿，同比增长 17%；平均月活跃用户 5.98 亿，同比增长 15%。在用户数量爆发式增长期间，快手在产品推广上没有刻意地策划时间和活动，一直依靠短视频社区自身的用户和内容运营。快手走的是平民化的运营路线。在快手平台上，用户可以用照片和短视频记录自己的生活，也可以通过直播与用户实时互动。快手的内容覆盖生活的方方面面，用户遍布全国各地。在这里，用户能找到自己喜欢的内容，找到自己感兴趣的人，看到更真实有趣的世界，也可以让世界发现真实有趣的自己。快手满足了被主流媒体和主流创业者忽视的普通人的需求，是一个为普通人提供记录和分享生活的机会的平台。快手不与主播签订合作条约，不对短视频内容进行栏目分类，也不对创作者进行分类。快手强调"人人平等"，不打扰用户，是一个用短视频的形态记录和分享普通人的生活的平台。

因为快手和抖音均属于头部短视频平台，人们常会对两者做对比，不少人认为两者相差不大，其实在产品定位、目标用户、人群特征和运营模式方面两者之间的差异还是很大的，如表 6-1 所示。

表 6-1 快手和抖音的对比

对比项目	快手	抖音
产品定位	记录、分享和发现生活	音乐、创意和社交
目标用户	三、四线城市和农村用户居多	一、二线城市和年轻用户居多
人群特征	自我展现意愿强，好奇心强	自我展现意愿强，好奇心强
运营模式	规范社区、内容把控	注重推广、扩大影响

(三)西瓜视频

西瓜视频与前面提到的抖音一样,也是"字节跳动"旗下的独立短视频平台。西瓜视频通过人工智能帮助每位用户发现自己喜欢的视频,并帮助视频创作者轻松地向全世界分享自己的视频作品。西瓜视频的前身是头条视频,于2016年5月正式上线。2017年6月8日,头条视频正式升级为西瓜视频。2017年11月,西瓜视频用户数量突破2亿。2017年11月25日,西瓜视频推出"3+X"变现计划,成立20亿元联合出品基金。西瓜视频负责人张楠现场宣布推出"3+X"变现计划,平台分成、边开边买、直播功能、西瓜出品等多项内容陆续上线。2018年2月,西瓜视频累计用户数量超过3亿,日均使用时长超过70分钟,日均播放量超过40亿次。2018年8月,西瓜视频正式召开发布会,宣布全面进军自制综艺领域,未来一年将投入40亿元打造移动原生综艺IP。

西瓜视频的内容以专业生产内容(professional generated content,PGC)短视频为主,定位是个性化推荐的聚合类短视频平台,致力于成为"最懂你"的短视频平台。其分发模式是通过算法分析用户的浏览量、观看记录、停留时间等,进行视频推荐。作为今日头条花费10亿元打造的短视频平台,西瓜视频可谓视频版的今日头条。西瓜视频拥有众多垂直分类,专业程度较高。西瓜视频有效利用今日头条多年积累的算法模型和数据,不断提升用户画像精准度、完善分发模型,力求为用户推荐更精准的视频内容。

西瓜视频通过聚合发布短视频、累积用户流量、吸引广告主投放广告,最终通过广告收入、直播打赏和电商销售分成等方式实现流量变现。用户、创作者(播主)、广告主、平台是西瓜视频产业链的四个参与方。

虽然都是"字节跳动"旗下的短视频平台,但西瓜视频和抖音在运营定位上的差异还是比较大的。在用户定位方面,西瓜视频是"分享新鲜的内容给用户",而抖音聚焦于"音乐、创意和社交"。在视频展示方面,西瓜视频采用的是横屏形式,抖音采用的是竖屏形式。在视频生态方面,西瓜视频以时长在15分钟以内的短视频为主打,并涵盖短视频、超短视频和长视频在内的全部视频生态,而抖音主要是时长为5~15秒的短视频。在与电商合作方面,西瓜视频推出的是西瓜小店,而抖音推出的则是电商小程序。西瓜视频和抖音这两个短视频平台的定位差异,是"字节跳动"全面布局短视频领域的一种策略,这样做既可以避免不必要的内部竞争,又可以更好地满足不同用户群体的需求,从而增强"字节跳动"的整体竞争实力。据数据显示,截至2022年3月,字节跳动旗下抖音与西瓜视频APP重合

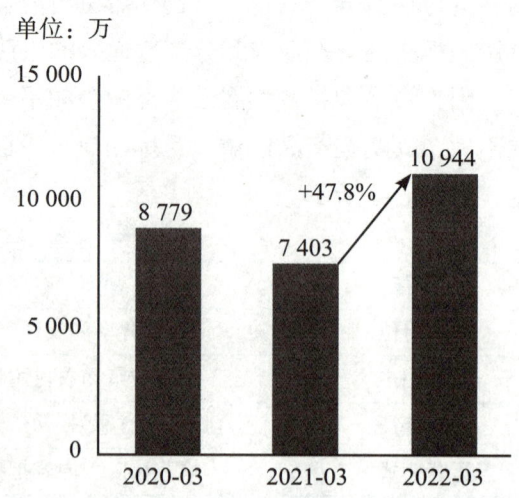

图6-19 抖音与西瓜视频APP重合用户规模

用户规模已达 1.1 亿，较去年同期提升 47.8%，集团内流量联动效果显著（图 6-19）。

四、网络视频营销的实施

（一）网络视频营销的策略

有效地实现网络视频营销是企业所关注的，利用一定的营销策略，可以促进网络视频有效传播，提高网络视频营销的效率和效益。

1. 网络视频的整合传播营销策略

网络视频的整合传播营销是指在整合营销的基础上进行整合传播，是一种系统化的传播。这种传播以产品和服务为核心，以消费者为中心和目标，以网络视频为媒介整合多种形式与内容，达到立体传播的目标。网络视频整合传播营销的具体策略包括以下两种。

（1）网络视频营销类型与模式的整合传播

网络视频营销模式有"病毒式"视频营销、贴片广告、植入式视频营销、UGC 视频营销、体验式视频营销等。网络视频营销的类型有直播、短视频、视频短剧、微电影、视频博客等。将这些不同类型的网络视频营销模式和类型进行组合，可以形成整合营销传播方案。

（2）视频网站的整合传播

国内视频网站非常多，用户较多、口碑较好的有抖音、快手、B 站、优酷视频、爱奇艺视频、搜狐视频、腾讯视频等（图 6-20）。国内的视频网站可以划分为四种类型，即视频分享网站、视频点播/直播类网站、P2P 播放平台，以及视频搜索平台。企业进行视频营销时，要考虑视频网站的类型及其特点，整合不同的视频网站资源，做到有点有面、辐射面广、系统传播。

图 6-20　优酷视频网站首页

2. 网络视频的创意营销策略

在多元化的网络营销环境背景下，网络视频营销要想脱颖而出，创意营销十分重要。创意营销的具体策略如下。

（1）内容创意营销策略

①内容为王。"内容为王"已经成为网络媒体的共识，网络视频也不例外。为用户提供优质的内容是视频网站的根基，优化用户体验是视频网站建设和生存的关键。

②从利用事件到制造事件。近年来，网络视频营销有从单纯利用事件到制造事件的趋势。企业要将自己的被动地位变为主动地位，主动出击、制造话题、利用口碑，引起目标人群的关注。

③巧妙叙事，出奇制胜。要想在众多的网络视频中脱颖而出，吸引受众的注意力，视频一定要会讲故事；而且故事情节要跌宕起伏，故事结果要出人意料，才能吸引和留住用户。

（2）形式创意营销策略

有了创新的内容后，形式的创新也很关键。现有的视频形式多种多样，并不断地推陈出新。形式创意营销是指在已有传播形式的基础上开发和尝试新的传播形式，将有创意的内容以更具创意的形式传播出去。如近年来流行的沙画表演视频的视觉冲击力很强，也可以考虑将其作为品牌传播营销的媒介。形式创意营销策略的运用，需要营销和视频创作人员不断发掘。形式创意营销的发展也需要依靠网络技术的不断进步。

3. 网络视频的互动体验营销策略

网络视频的互动体验营销策略是指网络视频在网络传播过程中，及时与受众及相关各方进行互动沟通的营销方式，以及提供给受众多种体验的手段。网络视频的互动体验营销策略具体包括以下内容。

（1）选择多样化的互动渠道

互动渠道一般由视频平台提供，视频制作方也可以在视频中开设互动渠道。企业若希望更多网民参与互动，提升影响力，就应选择多样化的互动渠道。企业可以选择有多种互动渠道的各种平台发布视频，也可以在企业的自有媒体发布视频，并开发与网民互动的渠道。

（2）设计多方位的体验方式

网民体验可以分成很多类型，企业应为网民提供良好的视频体验。视频体验包括视觉体验、听觉体验、心理体验和互动体验。

①视觉体验。网络视频营销以视频作为媒介，通过镜头和画面表达视频主题，企业拍摄和制作具有良好效果的视频是视频营销的关键，高质量的视频可以给用户带来良好的视觉体验。

②听觉体验。添加声音、对白、环境音、背景音乐等也是表达视频主题的重要手段。视频制作方应在前期制作时尽量呈现最佳音效，给用户带来最佳听觉体验。

③心理体验。企业在制作或投放网络营销视频时，应从用户的角度去思考、策划、设计、发布，应让用户产生愉悦的心理体验。

④互动体验。互动体验设计应有针对性，应以目标受众需求为基础设计互动体验形式。企业可以让用户成为视频的主角，如用户可以把昵称、图片、声音等多种自己的元素加到

视频中，也可以成为创作者的一分子，提出自己的观点或者参与视频创作。

（3）采用多元化的互动形式

用户与企业的互动行为有很多种，如分享、评论、留言、发弹幕、转发、顶或踩、收藏等，具体互动形式与传播平台有关。企业在进行网络视频营销时注意选择有多元化互动形式的平台，让用户能够及时便捷地表达自己的意见。

（二）网络营销视频的制作要点

在多元化发展的网络营销时代，人们每天都可以通过网络接收到数不胜数的、新鲜的、有趣的信息。网络营销视频要想获得良好的传播效果，视频的质量是关键。制作网络营销视频的五大要点如下。

1. 用好故事打动人心

在以内容为核心的营销时代，内容质量决定了网络视频营销的成败。大部分网络用户愿意主动分享和传播经典、有趣、轻松的视频，这些视频是网络视频营销中最容易形成病毒式传播的视频。此外，大多数脱颖而出并被广为传播的网络视频都具有故事性的特点。一段优秀的视频一定要会讲故事，有值得品味的开头、过程和结尾，故事情节跌宕起伏，这样才能吸引用户的注意力。

在构思视频内容时，为了快速获得关注，可以利用事件，开展事件营销。事件营销不仅是线下活动的热点，还可以在线上活动中发挥巨大的作用，国内的很多品牌都依靠事件营销取得了成功。在利用事件进行营销的基础上，还可以完成进阶，即从利用事件发展为制造事件，主动策划有影响力的事件，开拓事件的新营销价值。

2. 视频形式创新

随着网络技术的发展，网络视频的形式不断创新和发展，精彩且富有创意的内容与合适的视频形式相搭配，能够获得更好的传播效果。因此，营销人员和制作人员需要根据内容设计更适合的视频形式。例如，定位是高品位、高格调的视频，可以采用电影的表现形式，给用户美好的视觉享受；而定位是幽默、点评的视频，可以使用脱口秀的表现形式，以获得用户的共鸣；对于表现大场面、大场景的视频，可采用360度全景视频，让视频更具冲击力。

3. 做好充分的视频拍摄准备

一般来说，越真实、越自然的视频越能够吸引观众。营销视频要想取得良好的营销效果，营销人员和制作人员需要在拍摄前做好充分的准备工作。首先，要根据实际情况制订营销策划方案；然后，要根据经费、技术、设备和营销目的等选择合适的视频表现形式，不同的视频表现形式用于不同企业的营销活动会产生不同的营销效果；最后，需要认真地构思视频内容并设计视频剧本，在拍摄视频时需要注意内景和外景的选择，场景风格以适应视频内容为前提。

4. 第一时间抓住用户眼球

视频的开头通常是引发观众观看冲动的关键部分。如果营销视频的片头不能打动用户或激发用户的好奇心，用户可能就不会再观看。营销视频要在第一时间抓住用户的眼球，如设置引人入胜的标题、片头或台词等。

5. 隐藏广告痕迹

索然无味的视频广告对于大多数用户的吸引力较低，甚至还会引起用户的抵触心理。如果营销视频一开始就让人感觉到浓浓的广告气息，则其很可能不会获得成功。在知识分享时代，用户能从视频中认识什么、理解什么、学习什么，能够解决什么样的疑惑，才是最在意的。因此，营销视频分享才是制胜法宝。

（三）网络视频营销的技巧

进行网络视频营销的主要目的是促进营销视频的有效传播，加强品牌与用户间的信息沟通，提升营销效果，从而提高品牌和产品的知名度。随着网络视频营销的广泛应用，如何让视频广泛传播并获得更多的关注，成为营销者关注的重要问题。

1. 发布预览内容

制作好营销视频后，如果想获得更多的点击量和浏览次数，让视频内容被更多的用户发现、关注，可以在流量较高的视频平台发布视频内容预告，并为视频添加一个嵌入式行动呼吁，把用户引导到完整视频上。预览内容是视频的精华，要激发用户观看完整视频，因此需要制作出独特的标题和摘要。

2. 进入榜单

在视频平台，榜单上的热门视频往往会获得更多的点击量和浏览次数，排名越靠前，浏览次数就越多。当营销视频没有多少热度时，首先应想办法使视频的排名靠前。此时，可利用视频的社会化属性，增加视频的曝光度，并鼓励更多人去分享。

3. 标题策略

利用朋友圈分享等手段使视频进入榜单后，就要考虑如何获取更多的流量了，首先可以在视频标题上做文章。标题是点燃视频传播的引线，上传视频时可设置一个吸引人的标题，如添加"解密""独家""曝光"等字眼。需要注意的是，设置的标题需要与产品或品牌有关联。因为只通过标题来吸引用户关注，而不注重标题与视频内容的关联，会导致用户对同类视频产生厌倦心理，放弃观看视频内容，这将不利于视频营销的生态发展。

4. 优化缩略图

用户在选择是否观看视频时，首先会注意视频的标题和缩略图，一张引人入胜的缩略图会为视频加分。缩略图一般是从视频中截取的画面。需要注意的是：缩略图一定要清晰和完整，最好有人物图像，画面要精致或包括热点内容，这样才能吸引用户观看完整视频。同时，需要不时地修改缩略图，以保持视频的新鲜感。

5. 连续发布系列视频

如果网络视频营销使用的是一系列的视频内容，应当连续发布视频。即当第一段视频达到浏览量的目标后，立即上传第二段视频，对第一段视频感兴趣的用户会继续关注第二段视频。若发布的间隔时间过长，视频将失去热度，观众的热情也会降低；同时，会失去视频的神秘感和悬念感。

第四节　网络直播营销

一、网络直播营销概述

案　例

一汽-大众的直播营销

2020年，受新冠疫情影响，线上直播被消费者广泛接受，且不断刷新市场认知，成为内容传播新常态；横向可拓展跨界流量，纵向可穿透用户需求，直播营销势在必行。一汽-大众品牌深刻洞察中国汽车市场，抓住并顺应市场的变化，迅速做出决策——加速数字化转型，迅速建立直播营销模式。

一汽-大众搭建了品牌直播营销体系，制定"以官方直播为核心、经销商直播为辅"的策略，抢占汽车品牌直播的流量蓝海，打造直达客户的新渠道。

2020年3月1日开始，一汽-大众汽车品牌整合组织企业内部的管理层、生产线和销售端等人员开展了不同形式、内容和场景的网络直播营销活动。首先，由管理层人员和经销商组成"66天团"直播团队，开创了千人千面的汽车营销新时代，成为汽车品牌直播最强销售团队阵容。此次营销活动，联合线下4S店，邀请网友"云看车"，解答看车、选车、买车以及售后服务问题。

2020年4月18日，以一汽-大众2 000万辆销量的达成为契机，一汽-大众创新开展五大基地的直播云购会，通过线上、线下相结合的立体集客成交战，为第二季度销售制造订单势能。2020年5月16日，高管、媒体连麦直播过程中，一汽-大众公司外方高管空降直播中心，连麦对话媒体大咖，以高端视角彰显品牌态度，解读重点车型，突破观众想象。

2020年7月15日，一汽-大众开创全新微短剧直播形式，《揭秘探岳X》海报深度预热，将探岳X系列的广告片拍摄场景与开心麻花团队首次云直播组合，紧密围绕探岳X系列，突出产品设计亮点。短剧表演过程中，通过导演与不同岗位人员的诙谐交流，自然而深度地透传探岳X系列的产品设计亮点。2020年7月17日，一汽-

> 大众品牌直播中心打造高品质直播间，探岳X系列产品调性完美呈现，打造上市微电影，用镜头语言传递探岳X系列的品牌精神，最大化利用了品牌资源。行业内率先开启多平台直播间直接下定金功能，实现直播"品牌+带货"双优双赢。
>
> 一汽-大众从打造品牌直播矩阵到一系列数字化转型的新尝试，成为汽车产业数字化转型极具价值的样本，打造了行业内时间最早、硬件最领先、场景最丰富、专家主播最多的汽车行业直播矩阵。自2020年3月开始，一汽-大众开展了70多场直播活动，累计增粉38万，全网累计观看量6 500万，各渠道曝光量高达4.9亿。
>
> 一汽-大众持续布局品牌直播这一直达客户、高频互动的数字触点，一方面拉近了与用户的距离，更多地听到用户的真实声音；另一方面助力品牌与消费者建立起稳定、良好的沟通交互关系，改变汽车品牌固有的传统印象，让更多消费者感受到了更具温度的大众品牌。

（一）网络直播营销含义

网络直播营销是指以网络技术为基础，以直播平台为载体，在现场随着事件的发生、发展同时制作和播出视频，从而达到提高品牌形象、增加销量目的的网络营销方式。随着直播形式的多样化发展，网络直播营销成为各大企业关注的新发展领域。企业可以通过直播平台更加立体化地展示企业文化，传递品牌信息，开展各种营销活动，与用户开展更加直观的互动。如今，淘宝、京东等大型电商平台都提供了直播入口，如淘宝直播、京东直播等；一些专注于直播领域的平台也可进行网络直播营销。

1. 网络直播营销发展表现

根据中国互联网络信息中心（CNNIC）2022年发布的第49次《中国互联网络发展状况统计报告》显示，截至2021年12月，我国网络直播用户规模达7.03亿，较2020年12月增长8 652万，占网民整体的68.2%。其中，电商直播用户规模为4.64亿，较2020年12月增长7 579万，占网民整体的44.9%；游戏直播的用户规模为3.02亿，较2020年12月增长6 268万，占网民整体的29.2%；体育直播的用户规模为2.84亿，较2020年12月增长9 381万，占网民整体的27.5%；真人秀直播的用户规模为1.94亿，较2020年12月增长272万，占网民整体的18.8%；演唱会直播的用户规模为1.42亿，较2020年12月增长476万，占网民整体的13.8%。

电商直播和体育直播是2021年网络直播行业发展最为突出的两类业态。电商直播领域，其发展变化主要集中在直播主体、商品来源和运营规范三个方面。

一是主体多元化。随着电商直播业态的火热发展，越来越多的中小商户将自建直播渠道作为重点。数据显示，淘宝直播近1 000个过亿直播间中，商家直播间数量占比超过55%；快手2021年第二季度绝大部分电商交易额均来自私域流量。

二是商品本土化。电商直播对本土商户产品宣传方面的积极影响在2021年得到良好体现。从老字号品牌到地方特色农产品商户，都通过电商直播渠道获得了良好营销效果。

数据显示,"双11"期间超过180家老字号开启直播,多个老字号直播间成交额突破百万元。此外,央视联合拼多多在"双11"期间开设大型直播带货专场,大力推介优质国货和农货品牌。

三是运营规范化。《关于加强网络直播规范管理工作的指导意见》《网络直播营销管理办法(试行)》等相关政策在2021年陆续推出。随着规章制度的实施,电商直播监管体系得到逐渐完善,消费者权益保护力度进一步提升。

体育直播领域,疫情对赛事负面影响逐渐减弱,体育直播模式升级不断提升用户观赛体验。

一是赛事回暖让版权交易重回正轨。随着全球各地体育赛事的陆续恢复,相关企业也重新展开对版权资源的竞争,重要体育赛事的直播版权交易频繁发生。东京奥运会、北京冬奥会、中超联赛、英超联赛、美洲杯等赛事的网络直播渠道均在2021年陆续确定。作为所有网络直播中最为重视版权资源的业态,赛事版权交易的回暖预示了体育直播的良好前景。

二是以云服务、5G为代表的新兴技术推动了体育直播业务模式的进一步升级。在奥运会上,由阿里云和奥林匹克广播服务公司联手打造的"奥林匹克转播云"首次投入使用,为全球转播机构提供转播支持。基于该平台,转播方工作人员不但通过远程方式即可完成转播和编辑工作,而且还能利用运动员追踪技术,让观众在田径短跑项目中看到每个运动员的实时奔跑速度等信息。

三是运动员赛后连麦直播丰富了用户观赛体验。在社交媒体平台,连麦直播成为运动员与观众交流互动的新形式,为用户提供了了解运动员和赛事的新途径。数据显示,2021年共有103名运动员在微博参与了144场连麦直播,直播观看量累计达到3.28亿。

2. 网络直播营销的发展原因

(1)移动网络提速和智能设备的普及

花椒直播等完全诞生在移动互联网时代的视频直播APP开始涌现,并受到市场的关注。这得益于移动网络网速的提升,以及流量资费的降低,视频直播能够比以往更加流畅,并且更为重要的是智能手机的普及。让人们可以直接通过智能手机进行拍摄,使视频直播能够有更广阔的场景;也让企业有了全新的营销机会发出企业的声音,而不再仅依靠微博和微信。

(2)企业需要更立体的营销平台

在过去几年,很多企业已经在微博、微信上开通账号,并将其作为企业品牌营销和文化传播的标配。不过,这些传播主要还是以图文为主的,在微信上的传播方式可能要更多一些,如一些H5游戏或展示页面,但这远远不够。图文始终不够立体,用户看到的都是静止的,并且在如今这个信息丰富多彩的时代,单纯的文字传播很可能被忽略。而网络直播的兴起,正好弥补了以前企业进行营销时的缺憾,在微博、微信之外,多了一个更为立体生动的营销阵地。

（二）网络直播的发展历程

根据网络直播行业的演进过程，网络直播可以分为四个阶段。

1. 直播1.0——传统秀场/重度秀场

传统PC端秀场可以称为重度秀场。商业模式有虚拟物品付费、会员费、网络广告、票务、演出经纪及其他。而用户消费则主要是用于社交关系消费（用户等级体系、白名单特权等）和道具打赏。

2. 直播2.0——游戏直播和移动直播

这个阶段形成了一种多人同时在线竞技的游戏模式，同时产生了社交需求。观赏、娱乐、社交需求等因素催促了游戏直播平台的诞生。

3. 直播3.0——泛生活"直播+"

现阶段，直播向"直播+"演进，进入更多细分垂直行业。各行业可以与直播结合，与用户进行互动，增加用户黏性。移动直播使直播更加便捷，发展为全场景直播。商业模式也不只是虚拟道具，其他互联网商业模式均可嫁接。

4. 直播4.0——VR直播

VR直播是虚拟现实与直播的结合。与现在流行的直播平台不同的是，VR直播对设备的要求较高，普通的手机摄像头和PC摄像头显然难以满足要求，需要采用360度全景的拍摄设备；以捕捉超清晰、多角度的画面，每一帧画面都是一个360度的全景；观看者还能选择上下左右任意角度，体验更逼真的沉浸感。VR直播无可比拟的沉浸感使得观众瞬间穿越时空，进入他人的角色。

（三）网络直播营销的优势

相对其他网络营销方式而言，网络直播营销具有媒介设备简单、覆盖范围更广、直达用户、用户体验感强、营销效果直接、营销反馈更有效等优势。

1. 媒介设备简单

网络直播营销以互联网为基础，可以直接通过智能手机、计算机等设备接收与传播，对于设备的准入门槛较低。

2. 内容涵盖范围更广

进行其他营销方式时，用户除了查看营销信息的内容外，还需要自己在脑海中构建相关的场景；而网络直播营销可以直接将产品的形态、使用过程等直观地展现给观众，将其带入营销场景，达到全方位覆盖用户对产品认知的效果。

3. 直达用户

网络直播营销能够直达用户，消除品牌与用户之间的距离感。直播能够实时直观地向用户展示产品制作流程、企业文化等内容，加深用户对品牌理念和细节的了解及认识，加强用户对产品及其背后文化的切身感受。除此之外，网络直播营销时不会对直播内容进行剪辑和二次加工，观众看到的内容与直播的内容是完全一致的，因此，开展网络直播营销要注重直播流程与对设备的维护，避免出现直播失误，给观众留下不好的印象。

4．用户体验感强

营销宣传环节的用户契合问题一直是企业开展营销活动的难题之一。网络直播营销通过为用户打造身临其境的场景化体验，解决了困扰企业已久的这一问题。以旅行直播为例，相对于照片、文字形式，旅行直播更能够让用户直观地感受当地的风土人情，直播酒店房间的配备时可以提高用户对住宿条件的具体细节的感受度。

5．营销效果直接

企业进行营销活动的目的都是获得更好的销售效果。网络直播营销不仅可以更加直观地通过主播的解说来传递各种优惠信息，还可以通过开展现场促销活动，极大地刺激用户的购买欲望和消费热情，增强营销效果。

6．营销反馈更有效

在确定目标产品的前提下，企业开展营销活动的目的是展现产品价值，实现盈利。在这个过程中，企业需要不断优化产品和营销策略，对产品进行升级改进，使营销效果达到最优。网络直播营销强有力的双向互动模式，可以在主播直播内容的同时，接收观众的反馈信息，如弹幕、评论等。这些反馈中不仅包含用户对产品信息的反馈，还有直播观众的现场表现，这也为企业开展下一次网络直播营销提供了改进的思路。

知识拓展

网络直播营销的常用平台

网络直播营销以直播平台为载体。常用的直播平台有两种类型，一种是电商直播平台，如淘宝直播、京东直播等，可以实现不离开直播界面实时购物；另一种是专注于直播领域的专用直播平台，如美拍、一直播等，可以随时随地、立体化地展示企业文化、产品等，实现品牌和产品的推广。

1．电商直播平台

目前，最常见的电商直播平台有淘宝直播、京东直播等。这类直播平台可以直接购买产品。

（1）淘宝直播

淘宝直播是通过场景式的方式对产品和品牌进行营销，实现商家边直播边销售、用户边观看边购买的营销目的的社交电商直播平台。在直播中，用户可以提出自己的疑问和要求，主播可以现场解答疑问，信息的展示更加直观、真实，互动更加紧密，是目前主流的内容营销方式。淘宝直播的入口在手机淘宝首页，点击进入后即可查看淘宝达人发布的直播，美妆、潮搭、美食、旅游等相关内容较多。点击直播画面即可进入直播间观看直播内容，与主播互动或点击产品按钮进行购买。

（2）京东直播

京东直播是京东商城重点打造的引流入口，商家可以通过京东 PC 端进行操作，买家需要在手机中安装京东 APP 才能观看直播内容，如图 6-21 所示。

商家要想通过京东直播引流，首先需要在商家后台的京东达人平台上申请成为达人，再申请直播权限。当获得直播权限后，即可选择直播方式进行预约。确定好预约时间和内容后，商家即可创建直播。创建京东直播的方法有两种，一是通过达人平台创建；二是通过商家后台路径创建，即商家后台→内容营销→营销工具→京东直播。

2. 专用直播平台

专注于直播领域的平台很多，目前主流的直播平台有一直播、美拍、虎牙直播等。专用直播平台的直播界面、主播入驻入口与电商直播平台相似，其入驻流程简单，注册账号、进行信息认证后即可入驻。

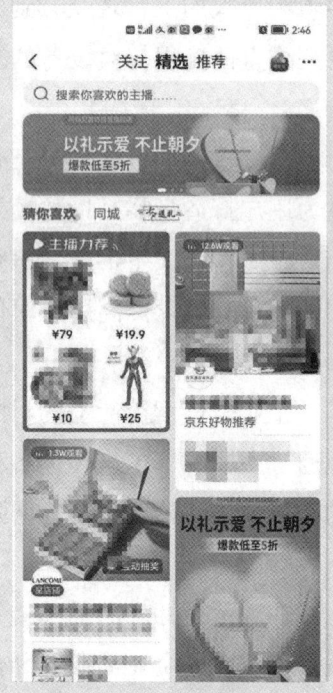

图 6-21 京东直播首页

（1）一直播

2016 年 5 月 13 日，新浪微博与秒拍共同推出移动直播应用"一直播"，用于承担微博直播业务的职能。微博用户可以通过一直播在微博内直接发起直播，也可以通过微博直接观看、互动和送礼。

（2）美拍

美拍是美图公司 2016 年推出的移动直播类平台，主要以生活类直播为主，直播时长限制在 30 分钟以内。

（3）虎牙直播

虎牙直播是中国领先的互动直播平台，可提供 1 000 万人同时在线的高清直播服务。其直播内容主要包括游戏、美食、秀场、电视、演唱会、发布会、体育等。

二、网络直播平台介绍

直播平台主要包括专业垂直直播平台、短视频直播平台、电商直播平台和综合视频直播平台等。根据月活跃用户数量和影响力来分，截至 2020 年 3 月，排名靠前的直播平台为淘宝直播、抖音、快手直播、虎牙直播、斗鱼、B站、CC直播、西瓜视频、YY直播、映客直播等（图6-22）。以下主要介绍几个常见直播平台。

图 6-22　直播平台 TOP10

（一）淘宝直播

淘宝本身就是电商平台，具有丰富的商品品类，可以依托自身流量并利用外部平台引流。淘宝通过建立直播入口将商品和用户聚集在同一个场景中，实现商家边直播边销售、用户边观看边购买的营销效果，因而是一个非常理想的直播营销平台。阿里巴巴2021年财报显示，淘宝直播全年GMV（网站成交金额）超过了5 000亿元。

淘宝直播最大的带货品类是服装，其次是美妆，接下来是母婴用品、美食和珠宝等。因为具有先天的电商优势，不需要主播挖掘货源，对于没有团队和经济基础的主播来说，淘宝直播是一个不错的带货入口。

（二）抖音直播

抖音直播和快手直播两个平台均主打娱乐和社交，平台具备高流量和高活跃度的优势。抖音直播致力于打造年轻人的音乐短视频社区，用户以一、二线城市的青年为主，原本直播带货能力相对较弱。2018年年底，抖音全面开放购物车功能。2019年，抖音逐步放开直播权限。2020年以来，抖音逐渐在直播领域发力。

另外，抖音依靠强大的算法，能够根据用户的偏好和浏览内容向用户进行精准推荐，这便于开展直播营销的企业更精准地找到目标用户。

（三）快手直播

快手直播的理念是"社会平均人"，其主要用户集中在三线及以下城市。快手直播以下沉市场为主，直播带货的产品价格较低，但下沉市场用户的黏性极强，有助于提高转化率。而且对于下沉市场的高度渗透，使快手直播避开了一、二线城市的流量竞争，快手直播在三线及以下城市的带货能力发挥到了极致。

快手直播间中有大量来自工厂、原产地、产业链的主播，他们的直播内容也紧紧围绕自身属性。例如，很多主播会直播展示自家的果园、店面，强调产品源自"自家工厂"。这种直接展现产品源头、产品产地的卖货方式，可以让用户对产品有更直观地了解，从而提升他们对产品的好感度和忠诚度。

淘宝直播、抖音直播、快手直播这三个直播营销平台的比较如表6-2所示。

表6-2 淘宝直播、抖音直播、快手直播营销平台的比较

直播平台	淘宝直播	抖音直播	快手直播
平台属性	电商	内容	社交+内容
流量来源	平台自身+外部内容平台	平台自身	平台自身
带货商品属性	全品类	美妆、服装为主	以百元内低价产品为主
主要供应链	淘宝、天猫	淘宝	淘宝、天猫、京东、快手小店
分成方式	在总佣金（20%~35%）中，阿里妈妈、淘宝直播、直播方的分成比例为1:2:7或1:3:6	—	在实际推广佣金中，快手抽取50%，但会作为"商户奖励金"返还给优质商户
估算平台抽成比例	6%~14%	—	—

三、网络直播营销的实施

（一）网络直播营销的三要素

网络直播的引流是建立在直播内容的趣味性和吸引力上的，实现网络观众在不同的平台上，进行共同的话题交流。企业开展网络直播营销活动，要有效地利用直播的优势，从直播的内部优化开始，让直播营销有足够强大的力量吸引网络观众的关注。企业要对网络直播营销的三要素有清楚的认识，并根据这三大要素进行直播营销的整体准备工作。

1. 形

直播的第一要素是"形"，主要是指直播的形式。随着直播行业的不断深化与发展，单一形式的直播内容同质化问题严重，直播形式的主战场从"直播+个人秀"的单一形式发展为"直播+"的多样化形式。但是，任何"直播+"的形式都会在模仿中被大量消耗，最终无法激起网络用户的兴趣。所以，企业开展直播营销时，要学会在综合各类"直播+"优点的基础之上，结合企业的文化、品牌的形象，选择合适的直播形式使用，但是必须要包含一定程度的创新。

2. 声

直播的第二要素是"声"，主要是指直播中出现的一切声音，包括主播的声音、背景音、特效音等。虽然直播的画面会给观众带来直观的感觉，但实际上直播的声音才是最能感染观众的要素。因此，为了让直播营销更能影响观众，就必须让直播的声音能够优先感染观众。

企业可以通过提供优良的声音采集端设备来配合直播的带宽，并且让采集的音源能够

在大多数直播观众的设备上进行播放。同时，高配的采集设备也能使直播声音更有感染力，为直播受众带来良好的听觉体验。

3. 演

直播的第三要素是"演"，主要是指直播营销带给观众的视觉冲击，不仅包含所有参与直播活动的主播和嘉宾的表演能力，而且包含直播画面的构图、特效等。因为直播进入门槛较低，只要有网络设备和终端设备，每个人都可以开展直播活动。所以大多数主播在直播的时候都会把自己视为焦点，很少会切换画面，但是这种直播形式并不能广泛适用于各大领域的直播营销。企业要做适当的画面特效或者适当地切换画面，丰富直播内容，进而让观众能够沉浸于企业直播的画面之中。

综上所述，企业的直播营销要抓住直播的形、声、演，在多方面提高直播的质量，进而让直播营销在互联网市场中具有更大的影响力。

（二）网络直播营销的流程

1. 精确的市场调研

直播营销的前提是要深刻地了解用户需要什么，能够提供什么，同时还要避免同质化的竞争。因此，只有精确地做好市场调研，才能做出真正让大众喜欢的营销方案。

2. 项目自身优缺点分析

精确分析自身的优缺点。大多数公司和企业并没有充足的资金和人脉储备，这时就需要充分地发挥自身的优点来弥补。一个好的项目仅靠人脉、财力的堆积是无法达到预期效果的，只有充分地发挥自身的优点，才能取得意想不到的效果。

3. 直播平台的选择

直播平台种类多样，根据属性可以划分为不同的领域。电子类的产品和衣服、化妆品适合的直播肯定是不同的。所以，选择合适的直播平台也是做好营销的关键。

4. 良好的直播方案设计

做完上述工作后，成功的关键就在于最后呈现给受众的方案。在整个方案设计中需要销售策划及广告策划的共同参与，让产品在营销和视觉效果方面恰到好处。在直播过程中，过分的营销往往会引起用户的反感，所以在设计直播方案时，如何把握视觉效果和营销方式，还需要不断地商酌。

5. 后期的有效反馈

营销最终要落实在转化率上，实时的及后期的反馈要跟上，同时通过数据反馈可以不断地修整方案，不断提高直播营销方案的可实施性。

（三）网络直播营销的常用模式

随着直播营销在不同领域的深化发展，直播营销的模式呈现出百花齐放的新格局。多种营销模式的运用使网络直播营销有了更广阔的发展空间，同时不同的直播营销模式会带来不同的直播营销效果，丰富了直播营销模式的选择，增强了营销的效果。

1. 直播+电商

"直播+电商"是常见的网络直播营销场景，在网络店铺中应用广泛。店铺通过直播的方式介绍店内的产品，或传授知识、分享经验等。因为电商平台用户众多，流量集中，观看直播的用户目的明确，所以"直播+电商"能够将流量快速变现，将产品售卖效果发挥到极致。

2. 直播+发布会

"直播+发布会"已经成为众多品牌抢夺人气、制造热点的营销法宝。直播平台上的直播地点不再局限于会场，互动方式也更多样和有趣。直播时可以对产品进行直观的展示和充分的信息说明，结合电商等销售平台，将直播流量直接转换变现。

3. 直播+企业日常

在社交时代，营销强调人性化，如同普通用户分享自己日常生活中的点滴；企业分享办公日常也成为与公众建立密切联系的社交方式，用户对企业日常也很感兴趣。

图 6-23　淘宝直播首页

4. 直播+广告植入

直播中的广告植入能够摆脱生硬感，原生内容的形式能收获用户好感。在直播场景下，广告植入能自然而然地进行产品或品牌的推荐，同时导入购买链接，提高直播的产品购买转化率。

5. 直播+活动

"直播+活动"的最大魅力在于通过有效的互动将人气"链接"到品牌中。企业通过实时互动问答，为用户进行全方位的产品卖点解读，使品牌得到大量曝光。

直播时互动形式多样，如弹幕互动、产品解答等。企业可通过发布专属折扣链接、红包口令、新品预购等信息和福利，让用户感受到企业对他们的重视，从而提高用户对企业的忠诚度。为了实现企业产品与品牌的宣传与销售转化，直播活动中应引导用户进入购买页面，同时，可通过营造紧迫感，促进销售转化。

6. 直播+访谈

"直播+访谈"模式是从第三方的角度来阐述观点和看法，利用第三方的观点来增加产品信息的可信度，对于传递企业文化、提高品牌知名度、塑造企业良好的市场形象都有促进作用。

课堂实训

网络直播营销实操

1. 训练目的

熟悉网络直播营销实操过程。

2. 训练内容及步骤

（1）根据网络直播营销的流程，围绕个人兴趣爱好，策划一场个人直播。

（2）直播营销效果统计：统计直播营销的相关数据。

3. 训练思考

网络直播营销的流程是什么？在直播过程中有哪些注意事项？

本章小结

互联网进入新媒体传播时代，营销方式也带来变革，更具沟通性、差异性、创造性、关联性，体验性。用会被转载的图片做广告，这种直观的视觉方式让读者在瞬间记住图片所要宣传的产品或思想；用音频、视频进行营销，包括电视广告、网络视频、宣传片、微电影等各种方式，不需要占用双眼，即可以实现"伴随式"的营销。通过本章的学习，希望读者能够撰写合适的网络图片、视频、直播营销方案；能够实施网络图片、视频、直播营销的策划。

本章习题

1. 如何进行图片营销的实施。
2. 试分析网络视频营销的表现形式。
3. 试介绍几个熟知的网络短视频平台。
4. 网络直播营销的要素有哪些？

网络营销

第七章
移动营销新模式

  移动营销通过消费者的移动设备递送营销信息。随着手机的普及，营销人员能根据人口统计信息和其他消费者行为特征为消费者定制个性化信息。营销人员运用移动营销在购买和关系建立的过程中随时随地回复消费者，与消费者产生互动。对于消费者来说，一部智能手机或平板电脑就相当于一位购物伙伴，可以随时获得最新的产品信息、价格对比、来自其他消费者的意见和评论及电子优惠券等。移动设备为营销者提供了一个有效的平台，借助移动广告、优惠券、短信、移动应用和移动网站等工具，吸引消费者深度参与和迅速购买。

本章重点

  二维码；线上渠道；线下渠道；APP营销；广告投放。

素质目标

  对新兴事物具有包容性，增强接受媒介及媒介信息知识的主动性。
  树立主体意识，通过多途径提升媒介素养，在新兴事物的冲击下能保持清醒，不丧失理性判断能力。

  生活节奏加快使点外卖成为许多人的生活常态。而随着互联网技术的发展，方便快捷的外卖APP彻底颠覆了传统的打电话订外卖的模式，成为外卖市场的主流。饿了么在2008年创立于上海，经过十几年的发展，目前已经是我国主流的本地生活平台之一。饿了么能取得如此地位，与其精准的APP营销不无关系。

在成立之初，饿了么对于目标市场的定位就非常明确，选择将大学校园作为业务开展的切入点和重点。一方面，大学人口集中，食堂虽然价格低廉，但是难以满足学生对就餐的多样性和可配送性的需求。另一方面，高校周边聚集着大量小型餐厅，它们受限于位置和距离，在经营过程中的主动性受到严重打击。而饿了么敏锐地发现了双方的需求，并将之转化为商机，架起了学生和高校周边餐厅之间的桥梁。饿了么选择将商机无限、潜力巨大的高校市场作为首先攻略的城池，展现了其营销过程中目标市场定位和细分的准确，即选择目标市场，并通过创造、传播和传递更高的用户价值来获得、保持用户。

饿了么准确把握用户对于服务的需要，并以此打开市场。例如，校园用户的优势在于群体性强，对新鲜事物的接受能力强，同时，作为学生，对价格的敏感程度极高。饿了么很好地利用了用户的这一特点，采用各种促销手段，通过一系列的价格优惠来吸引、留住用户，如新用户下单优惠、各种赠饮打折活动等。除了线上的各种优惠活动，饿了么也十分注重线下的宣传，如"饿了别叫妈，叫饿了么"的宣传口号就十分形象生动，让人印象深刻。这些手段对于增加用户及增强用户黏性的作用巨大。

此外，饿了么还努力了解目标市场的欲望和需求，为其提供良好的设计和服务，创造、传递用户价值，实现了自身及利益相关者的双赢。打开饿了么APP界面，系统能精确地定位用户所在，自动搜寻附近的美食外卖，使用户可以直接在线预订。而且，APP中餐厅的列表以商标图片形式呈现，用户可以在购买之前看到外卖的内容介绍、点评以及照片等，这比很多实体店的服务还要到位、细致、贴心（图7-1）。更重要的是，用户可以通过饿了么APP获悉送餐时间，这对追求效率的用户来说无疑十分具有吸引力。饿了么APP根据用户及商户双方的需要，在系统页面上进行了有针对性的优化设计，更好地服务用户。

饿了么不仅关注良好的用户体验，还致力于提供更好的用户资产和品牌资产管理。在运营质量方面，饿了么有蜂鸟配送提供专业的配送服务。2017年，饿了么宣布"食安服务"APP上线，这意味着饿了么可以将涉嫌食品安全违规的餐厅举报至监管部门。饿了么在外卖配送和食品安全这两方面的提升改进对管理用户资产和品牌资产的贡献巨大，也提升了用户对平台的信任度。

图7-1 饿了么APP页面

第一节　二维码营销

一、二维码营销概述

（一）二维码的定义

二维码是将特定的几何图形按照一定的规律，在二维方向上分布的黑白相间的图形。二维码指向的内容十分丰富，包括产品资讯、促销活动、礼品赠送、在线预订等。二维码不仅为用户提供了便利的服务，还给企业带来优质的营销途径。

二维码营销是移动营销背景下商户和企业竞相使用的一种营销方式。与其他营销方式一样，二维码营销也需要提前进行营销定位，明确营销目标和营销渠道，才能取得理想的营销效果。

（二）二维码营销的优势

从企业的角度看，二维码营销有以下五个比较明显的优势。

1. 便捷

用户只需扫描二维码即可随时随地浏览、查询、支付等，十分便捷，在企业产品展示、活动促销、客户服务等方面都具有不错的效果。

2. 易于修改

二维码营销内容可以根据企业的营销策略实时调整，而且只需在系统后台更改，无须重新制作投放，有效减少了营销成本。

3. 易于进入商业市场

随着移动营销的快速发展及二维码在人们工作和生活中的广泛普及，功能齐全、人性化、省时实用的二维码营销策略将更容易打入市场，企业可以通过二维码便捷地为用户提供扫码下单、活动促销、礼品赠送、在线预订等服务。

4. 利于制订更精准的营销内容

企业通过对用户来源、路径、扫码次数等进行统计分析，可以制订出更精准、细分的营销策略，提高营销效果。

5. 更好地融入人们的工作和生活

二维码为人们的数字化生活提供了便利，能够更好地融入人们的工作和生活。企业进行二维码营销时，可以将视频、文字、图片、链接等植入一个二维码内，并通过名片、报刊、展会、宣传单、公交站牌、网站、地铁墙、公交车身等线下途径进行投放，也可以通过社交平台、媒体平台、门户网站、企业网站等线上途径进行投放，从而实现线上、线下的整合营销。

二、二维码营销的方式与渠道

（一）二维码营销的方式

从企业运营层面来看，二维码营销主要包括以下几种形式。

1. 植入社交软件

植入社交软件是指企业以社交软件和社交应用为平台推广二维码。以微信为例，微信可以在企业和用户之间建立友好的社交关系。企业开展基于微信的 O2O 营销，可以利用二维码为用户提供各种服务并为其带来便捷、有价值的操作体验。

2. 依托电商平台

依托电商平台是指企业将二维码植入电商平台，依托电商平台的流量，引导用户扫描二维码。现在很多的电商平台都有很多二维码宣传，用户在扫描二维码时，即可下载相应的 APP 或关注网店账号。

3. 依托企业服务

依托企业服务是指企业在向用户提供服务时，引导用户对二维码进行扫描或下载相关 APP。例如，当用户在电影院使用二维码取票时，企业通过二维码引导用户下载相应 APP 或查看相关的营销信息。

4. 依托传统媒介

依托传统媒介是指企业将二维码与传统媒介结合起来，实现线上营销和线下营销的互补。例如，在宣传海报上印刷二维码，提示用户进行预约和订购、参加相应促销活动等。

（二）二维码营销的渠道

1. 二维码营销的线上渠道

随着二维码越来越深入人们的生活，二维码的应用场所和营销渠道也越来越多。总的来讲，二维码营销的渠道分为线上渠道和线下渠道，通常企业会同时在线上渠道和线下渠道进行营销定位和实施营销策略。

二维码营销的线上渠道比较多，大多为基于社交平台的渠道。社交平台是二维码营销最常用的线上渠道。将二维码植入社交平台，利用社交平台的强社交关系和分享功能，可实现二维码快速、广泛传播。企业或商家通过二维码可提供各种服务，为用户带来便捷、有价值的体验。微博和微信是用户定位比较精准或用户基数比较大的通用平台。

（1）微博

微博上的热门话题通常可以在短时间内获得非常多的关注。企业在微博上推广和宣传二维码，可以获得不错的效果。如图 7-2 所示为微博上的二维码推广。

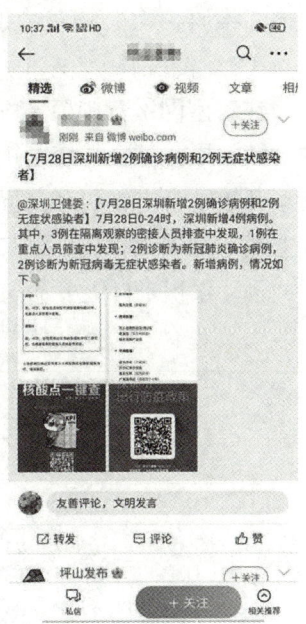

图 7-2　微博上的二维码推广

（2）微信

微信具有二维码扫描功能，方便用户读取二维码信息，可以迅速达到传播目的。通过微信，企业可以将二维码快速传播到具有相同特征的精准人群，因此微信是企业进行二维码营销的主要场所之一（图7-3）。此外，利用微信可实现扫码骑车、扫码支付等新型的二维码营销及应用模式。微信公众平台也是二维码营销的一种重要载体，在微信公众平台上推送文章时附带二维码信息，也能获得非常好的营销效果。

二维码的线上传播渠道比较多样，除了比较热门的社交应用和相关网站，SNS社区、新闻网站、视频网站、社群等均可实现二维码的有效传播。

2. 二维码营销的线下渠道

与其他营销方式相比，二维码对线下传播渠道具有非常强的适应性。二维码营销的线下渠道主要有线下虚拟商店、实体包装、传统媒介和企业服务引导四种。

（1）线下虚拟商店

线下虚拟商店是电商平台最先进行二维码营销的地方，如1号店的地铁虚拟商店、京东的楼宇框架广告牌等都曾应用批量展示商品的方式，在每个商品下面设置相应的二维码，用户可直接选择产品并扫码购买。此类二维码营销一般阶段性地推出，如一些中小型超市在店庆日或其他活动期间，会对某些产品进行特惠销售，这些产品常常附有二维码，用户扫码即可查看产品详情。

（2）实体包装

在产品的实体包装上张贴二维码也是一种流行的线下营销渠道，可以激发用户进行二次购物。如，一些淘宝卖家会在快递包装或产品包装上贴上链接到店铺的二维码，并承诺扫描二维码再次购物或给予好评可享购物优惠，以此鼓励用户再次购物。

（3）传统媒介

在新型网络营销模式的冲击下，传统营销模式虽然受到一定影响，但仍然具有非常强大的营销效果。整合传统营销模式与网络营销模式是未来营销的新趋势。近年来，很多企业和商家开始结合二维码和平面广告、户外广告及印刷品等传统媒体两种媒介，制定出整合式的线上线下营销策略。捆绑二维码与传统媒体的新型方式，可以将传统媒体的传播价值和互联网共融，累积来自更多不同渠道的新用户。如图7-4所示为宣传单上的二维码推广信息。

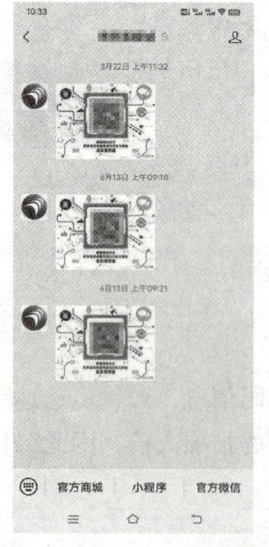

图7-3 企业微信二维码推广　　图7-4 宣传单上的二维码推广信息

（4）企业服务引导

企业服务引导依托于企业服务，在向用户提供服务时，企业线下工作人员引导消费者扫描二维码或下载相关应用，以加强品牌与客户之间的联系。例如，游乐园进行网上售票时，可引导用户通过扫描二维码下载相应 APP 并查看相关营销信息，达到营销目的等。

第二节　APP 营销

一、APP 营销概述

（一）APP 营销的定义

APP 是英文单词 application 的简写，是指在智能手机上安装的应用程序。APP 营销则是指企业利用 APP 将产品、服务等相关信息展现在消费者面前，利用移动互联网平台开展营销活动。

> **案　例**
>
> 　　e 代驾是一家代驾 O2O 公司，于 2011 年在北京成立。e 代驾覆盖全国多个城市，主要为白领、金领和有一定经济实力偏重社交的用户群体，提供应酬和酒后代驾服务。说起 e 代驾印象最深客的应该是各个餐饮场所的烟灰缸、牙签盒，早期 e 代驾的推广团队是撒网式覆盖，走到哪放到哪，大小餐馆皆不放过；甚至在餐馆厕所都贴着 e 代驾的海报，不放过每个需求场景，从一个生僻的品牌，到如今占据代驾行业一半以上份额的互联网产品（图 7-5）。
>
>
>
> 图 7-5　e 代驾登录页面

（二）APP营销特点

> **案　例**

醋，是饮食生活中的必需品，在不少爱醋的地方，甚至有"宁可一日无肉，不可一餐无醋"之说。小桥流水古唐韵，一味陈香三晋风。在山西太原，最地道的醋香可弥漫一座城的大街小巷，只要有醋坊，就会有陈醋香。但味道最浓郁的地方，当属宁化府益源庆，这里的醋香香飘600余年。如今，小巷子已经"装"不下宁化府益源庆的"满满醋意"。如何才能让老陈醋的味道飘得更远？

太原市宁化府益源庆贸易有限公司总经理王小强介绍，自2010年发现互联网这片蓝海市场，已率先尝试，逐步布局。"我们明显感觉到，随着人们消费习惯的改变，公司自进入电商领域开始，年销售额逐年提升，由最初的两三千万元一路怒放，已突破亿元。"王小强说，在2022年1月的年货节期间，全平台销售额就达到了700万元，较去年同比增长37%。拼多多平台上"宁化府旗舰店"内，不同包装特色、不同规格的老陈醋都有不错的销售数据，其中2 400 mL的原浆手工老陈醋已成为"当红爆款"，拼单近5万件，吸引了近5 000条"五星好评"。此外，更有产品组合成功入选"百亿补贴"，成为南北消费者的信任首选。借着互联网平台的东风，老字号正在努力尝试用"新瓶"装"老醋"，把长远的眼光放在电商平台，在这里挖掘出一片更广阔的蓝海。

创业易，守成难。正如全国所有老字号企业所面临的问题一样，如何继续打响醋招牌，是宁化府益源庆必须面对、思考的发展之路。唯有让宁化府迅速切入更广阔的市场，变成更加多元化的品牌，将中国传统的醋文化、醋的食用价值、保健价值与消费者的生活方式完美结合，在继承传统工艺和高质量的基础上，与消费者建立更直接切身的反馈通道，老字号才能在创新中不断发展，拥有新的活力。

好风凭借力，插上"翅膀"才能芳香四溢。直连近9亿用户的全国最大农副产品上行市场拼多多等电商平台，成为众多老字号企业重焕新机的支点。为提升农产品附加值与溢价能力、推动产业良性发展，2022年起，拼多多发起"寻鲜中国－多多好农货"项目，在全国优选最新鲜的当季蔬果食材和老字号品质农副产品，通过尝鲜直播、专区推介、地标宣传等方式，通过"农地云拼"实现"产消直连"，精准满足近9亿消费者的消费分层需求，提升好产品的品牌价值与效益。宁化府老陈醋就是这样的好味道，成为首批入选的"老字号"之一。活动期间，消费者打开拼多多APP，搜索"寻鲜中国""多多好农货""好农货"等关键词，即可直达专区，选购时令地标农货，品尝最新鲜、最实惠的好味道（图7-6）。

图7-6　活动关键词搜索页面

1. APP营销宣传成本低

APP营销的成本比传统的电视、报纸广告，甚至网络营销的成本都要低，企业只需开发或选择一个适合本企业的APP投放各类信息即可。

2. 用户对APP的使用持续性强

好的APP在应用市场中的下载数量排行榜上排名靠前，能够赢得更多、更好的用户口碑，形成良性互动，让企业的APP营销开展得更加顺利。用户使用APP时的体验好，就会一直使用下去并成为习惯，同时还有可能向身边的人推荐。这样，企业的营销目的就能在用户使用APP的过程中实现。

3. APP能够为企业销售人员提供有力支持

除了针对消费者的APP外，企业还有专为销售人员开发的辅助销售类APP。销售人员可以利用这类APP进行商品库存、物流等信息的查询，从而更好地服务消费者，促进企业销售活动的开展。

4. APP包含的信息全面而广泛

APP对企业商品信息的展示是全面的，不仅包括详细的商品介绍、尺寸等规格参数，包装售后等服务信息，还包括消费者对商品的各种评价。借助以上信息，消费者可以根据销量、价格、上市时间等各种条件进行搜索和排列，从海量数据中挑选自己心仪的商品。

5. 企业可以通过APP来提升自身的品牌形象

品牌忠诚度、实用的工具和巧妙的创意安排是用户下载APP的主要原因，企业可以通过APP来传递企业文化、企业的社会责任、企业理念等企业价值信息。用户在使用APP的同时，可能会更加认同企业的价值观，这也就提升了企业在用户心中的形象。

6. APP营销灵活度高

用户可以通过手机应用市场、企业网站推送和扫描二维码等多种方式下载APP。企业可以随时在APP中推送最新的商品信息，以及促销优惠、针对消费者的互动活动、针对老用户的回馈服务等信息。

7. 企业可以利用APP通过大数据技术实现精准营销

大数据、云计算等信息技术已被应用到人们日常生活的方方面面。用户的每一次查询浏览、每一次点击关注、每一次购买行为都会被大数据记录。企业通过大数据分析能对用户的购买偏好、能接受的价格、习惯使用的支付方式等信息进行精准定位，在用户下一次打开APP时就可以向用户推荐符合其审美喜好的相关商品，实现精准营销。企业还可以在APP的用户界面中提供丰富的个性化信息，针对每一位用户提供符合其偏好的促销信息、优惠礼券、个性服务等，实现营销效果的最优化。美团APP就是其中典型的代表，如图7-7所示。

图 7-7 美团 APP 根据用户信息进行精准推荐

8. 企业利用 APP 可以实现与用户的互动

在用户体验方面，APP 的设计重点在于符合手机用户的视觉习惯，界面简洁清晰，开发的功能是为了展示 APP 的核心功能和特点。APP 除可以满足各种生活、娱乐的需求外，还能通过用户的评论、分享等行为进行互动，从而提升用户的使用体验。

9. APP 可以增强用户黏性，实现口碑传播

一提到视频 APP，用户就会想到优酷、爱奇艺等；提到美食 APP，就会想到美团、饿了么等；提到购物 APP，就会想到京东、天猫、拼多多等；提到新闻类 APP，就会想到今日头条等，这就是用户黏性。一个好的 APP 会牢牢绑定老用户，也会吸引更多的新用户，从而实现企业的营销目的。

二、APP 的推广与优化

案 例

支付宝 APP 年度晒单活动

支付宝 APP 采用账单的形式记录了用户年度的收支情况，从购买用品、充值、出行、奖励金、信用守约、行走步数等方面进行统计，让用户感受到支付宝在生活中无处不在，树立了一个生活管家的形象，让用户有更多的认同感与信赖感。智能助理预测给出的用户年度关键词（贴标签形式）为账单增加了更多的趣味性，可以使用户在社交媒体上晒出自己的标签和解析。从产品本身来考虑，支付宝希望用户在看过账单以后，唤起自己对这一年中某个时刻、某个场景的回忆，从而对软件产生更深刻的情感，并

> 且把这种感受分享出去，让更多的人喜欢这个软件。
>
> 　　支付宝"年度账单"发布后，马上在朋友圈刷屏了，在"晒账单""看排名""找槽点"等好奇和攀比心理下，强制用户升级软件版本的不良体验被忽略了。于是出现了这样的感叹："不敢相信，我居然花了这么多钱""你排名多少"……这又一次验证了在社交网络引流秘诀：洞察人性并采取简易化操作让用户在感兴趣的基础上玩得舒心、乐得分享。

（一）APP 的推广方法

APP 需要通过各种渠道进行宣传推广才能获得更多的用户。APP 的推广方法主要有以下几种。

1. 首发申请

APP 首发是指 APP 的新品或最新版本在一段时间内仅在首发市场上出现，不在其他应用市场提供下载服务。首发应用市场会给首发 APP 免费展位，可在一定程度上提高 APP 的曝光度。

首发是性价比较高的推广方式，目前大多数应用商店免费支持首发申请，如应用宝、小米、魅族、OPPO、华为等。其中，应用宝、华为等应用商店需要通过后台系统申请首发，小米、魅族、OPPO 等应用商店则需要通过邮件申请首发。首发申请的预约时间一般为一周左右，首发周期大部分情况为半个月或一个月，具体可参考各应用商店开发者中心的详细介绍。

目前，首发分为 APP 新品和最新版本两种。新品首发是指产品还未在任何渠道上线，申请条件相对较低，可选择在 360 手机助手、应用宝等数据量大的商店首发；最新版本首发则是指每次更新版本时的首发，为了提高申请通过的概率，可以多申请几个应用商店的首发或在同一应用商店多次申请。

2. 新品自荐

新品自荐是应用商店为鼓励 APP 开发者创新产品，使一些优质新品 APP 也有展示的机会而设立的一条绿色通道。开发者可以按照要求推荐自己开发的新品，经过评估，对于质量优异的 APP，应用商店将给予一定推荐位。目前，魅族、小米、360 手机助手、华为等应用商店都支持新品自荐申请。

3. 资源互推

微博和微信是很多营销团队的标配，或同时拥有其他线上媒体资源，可以将 APP 在社交平台上与其他品牌进行资源互推，实现双赢，而互推模式也可以通过不断积累产生一定推广量。

4. 线下预装

有实力的企业可和手机厂商合作，在手机出厂前将APP直接预装到手机里，这样购买了手机的用户就会直接成为该APP的用户。

5. 限时免费

对于部分收费APP来说，可通过开展限时免费等活动来吸引用户下载和使用APP，后续可通过功能、界面、服务等方面的优势引导用户付费体验。

6. 线下活动

线下活动也是一种常用的推广手段，如设置下载赢取小奖品活动等引导用户扫描二维码下载APP。

（二）APP的优化

APP是手机上的应用程序。搜索排名越靠前的APP，其品牌曝光机会越多，自然流量越大。要想获得较好的排名，首先需要对APP的展示信息进行优化升级。其中，APP的名称、关键词、描述、应用截图及预览视频、下载量、用户评价等都会影响其排名。

1. APP的名称

影响APP排名的核心要素是其名称。APP的名称由主标题和副标题组成，主标题是APP名，副标题则用于介绍APP的作用。一个好的标题会带来较靠前的排名，因此，通常会将核心关键词放在标题上。注意，副标题不宜过长，否则审核不好通过，还有可能导致APP直接下架。

2. APP的关键词

据统计，60%以上的用户是通过搜索查找来下载APP的。因此，关键词优化是APP提高自然流量的关键。查找竞争对手使用的关键词和潜在用户关注的关键词是挑选关键词最有效的方法。如研究搜索排名前五位的APP，找到并优化与APP相关性高的关键词，以此建立自己的热词库。

3. APP的描述

除了优化标题和关键词，还可以通过优化APP的描述大幅度提高APP的下载量。描述的内容一般控制在300～500个字符，对功能的描述应简明扼要，便于阅读理解。一定要让用户知道APP的价值，能够给用户带来哪些好处，帮助处理哪些问题。如果这些是用户迫切需要的，那么用户就会选择下载APP。描述的时候，不要出现毫不相关的关键词，否则会被限制下载。在内容的末尾可以添加公司的联系方式，如公司官方联系方式、微信公众号、微博昵称等。

4. APP的应用截图及预览视频

应用截图和预览视频可以向用户展示APP的功能和界面，以及核心操作。明确清晰的预览界面能够体现出 APP 的操作体验,对用户是否选择下载产生引导的作用。因此,APP 最重要的功能或特点应该体现在前两幅应用截图中。

5. APP 的下载量

APP 的下载量是影响 APP 排名的一个重要因素,在一定程度上表现了 APP 在市场上被认可、受欢迎的程度,也是关乎 APP 成败的关键因素。优化名称、描述、关键词等可以提高用户体验,带来一定下载量的同时,影响后续的下载量。

6. 用户评价

使用过 APP 的用户的评价也会对其他用户的下载起决定作用。评论量少,会让用户觉得该 APP 缺乏大众吸引力;如果差评过多,在不了解 APP 时,用户会直接选择不下载。在设计 APP 时,可设置弹窗,提示已下载用户对 APP 做出的评价,借此提高 APP 的欢迎度。

知识拓展

APP 应用商店的赢利模式

APP 应用商店常见的赢利模式有以下几种。

1. 移动广告

移动广告主要以 APP 来作为广告平台,通过人们对 APP 的下载和使用达到宣传的目的。如果移动广告产品能契合用户某一方面的需求,就能达到比较好的广告宣传效果。

2. 付费下载

付费下载是指开发者制作 APP,并通过应用商店销售给使用者,该模式的重点是使销售额最大化。例如,某个 APP 对于特定群体来说很有用,但对于大众来说不具有吸引力,那么将其价格定得较低也不会使 APP 的销量有很大的提升。这时不如将价格定高一些,并通过适当的方式进行宣传,提高 APP 的知名度。这样虽然销量有限,但是因为单价足够高,利润也会相当可观。另外,高价位还有打折促销的空间,可以通过优惠活动吸引价格敏感者购买。

3. 后期收费

后期收费是指除主程序外,持续推出可以额外付费下载的附属功能。这一模式在游戏类 APP 中被广泛使用,如游戏中新场景的解锁和新道具的使用。

4. "月租"

"月租"模式的使用者在持续使用 APP 时向开发者定期支付费用。如果使用者需要持续使用,就必须定期支付费用。这种模式具有其他的变形,如根据使用量付费。

5. 收入组合

收入组合模式是付费下载模式的延伸,是指借助开发者开发的众多 APP 中的一两个比较便宜的 APP 吸引用户，然后顺势推荐其他 APP 给用户，以提升整体销售额的一种赢利模式。

6．游戏联运

游戏联运是指应用商店根据自身的资源情况与游戏开发商进行利润分成，常见的是五五分成模式。应用商店通过对游戏数据的分析，会将更优质的资源分配给赢利能力强的游戏，以实现收益最大化。

三、APP 营销模式

随着移动互联网的兴起，越来越多的企业看重 APP 并将其作为营销的主战场之一，APP 成为用户和品牌之间形成消费关系的重要渠道和连接线上、线下的天然桥梁。2022 年 2 月 25 日，中国互联网络信息中心（CNNIC）在京发布第 49 次《中国互联网络发展状况统计报告》（以下简称《报告》）。《报告》显示，截至 2021 年 12 月，我国移动应用规模排在前四位的 APP 数量占比达 61.2%，其他生活服务、教育等十类 APP 占比为 38.8%。其中，游戏 APP 数量继续领先，达 70.9 万款，占全部 APP 比重为 28.2%。日常工具类、电子商务类和社交通讯类 APP 数量分别达 37.0 万款、24.8 万款和 21.1 万款，分列第二至四位 12（图 7-8）。

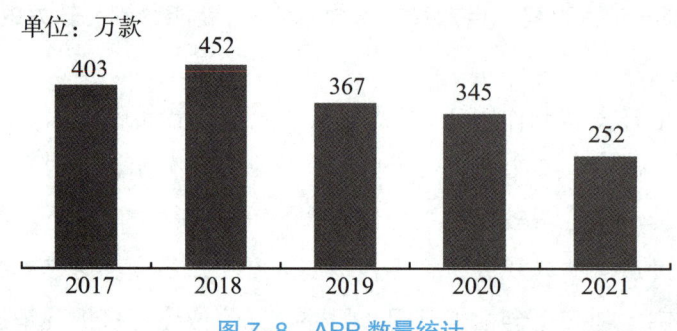

图 7-8　APP 数量统计

目前，APP 营销的应用也越来越广泛，需要重视以下几种模式以实现良好的营销效果。

（一）品牌模式

目前，大部分企业拥有自己的品牌 APP。为企业量身定做的 APP 更容易展示产品和品牌特征，可以较好地宣传品牌，同时帮助企业深化品牌形象，为企业跨媒体整合营销打下基础。

（二）广告营销模式

功能性 APP 和游戏 APP 采用的最基本的一种营销模式是广告营销模式。广告主通过放入动态广告栏链接进行广告植入，当用户点击广告栏时就会进入目的界面，了解广告详情或参与活动。这种广告营销模式操作简单、适用范围很广，广告主只要将广告投放到与自己产品用户匹配的热门应用上，就能取得良好的传播效果。但这种广告营销模式十分影响用户对 APP 的使用体验，容易影响 APP 的持续发展。

为了保证广告的效果和 APP 的持续发展，需要对广告内容进行规划，使广告植入更自然。例如，华为音乐 APP 拥有数以亿计的青年用户，其中不乏众多年轻的父母，因此会吸引一些经营婴儿用品的企业在上面投放广告。

（三）内容模式

内容模式是指通过优质内容吸引精准用户和潜在用户，从而实现营销目的。在 APP 中进行内容营销时，需要对目标用户进行准确定位，才能策划出有效的营销内容。同时，还需要进行市场调查，分析市场数据，确定内容主题、营销平台等。

另外，内容模式容易将流量变现，即部分内容或功能需要额外付费。

（四）用户模式

用户模式常用于网站移植类和品牌应用类 APP。这种模式通常没有直接的变现方式，主要是为了让用户了解产品，扩大品牌的影响力，提高用户的忠诚度。企业设计出对用户具有一定价值和作用的应用供用户使用，为用户提供便利。用户通过该应用可以直观地了解企业信息，与企业品牌产生更多的联系。

（五）购物网站模式

购物网站模式 APP 多为购物网站开发，商家开发出自己网站的相关 APP，投放到各大应用商店供用户免费下载使用。用户可以利用该应用随时随地浏览产品等信息，并完成下单和交易。购物网站模式 APP 是移动电商营销的主要趋势。对于用户而言，移动应用的特性更加方便了产品的选购；对于购物网站而言，移动应用的便捷性大大增加了流量，提高了转化率，促成了更多的交易。

知识拓展

APP 营销的技巧

1. 把用户放在首位

在 APP 营销中，企业要把用户放在首位，不断提高产品和服务的质量，让用户用得放心；还要做好客户服务，让用户用得顺心。企业要以用户为中心，产品和服务都要围绕用户体验来进行设计。用户带着愉悦的心情体验产品，自然愿意出钱购买。要做到把用户放在首位，企业就需要找到用户的根本需求。

把用户放在首位就是要针对用户的根本需求提供产品和服务。用户如果口渴，那水才是用户需要的，食物并不能满足其根本需求。只有站在用户的角度和立场思考问题，找到用户的根本需求，企业才能提供让用户满意的产品和服务。

2. 通过品牌的力量为 APP 营销助力

品牌是一种识别标志、一种精神象征、一种价值理念，是优异品质的核心体现。品牌营销是通过市场营销使消费者形成对企业品牌和产品的认知的过程。企业要想不断获得或保持竞争优势，必须构建高品位的营销理念。因此，APP 营销不能脱离品牌的力量，而要借助品牌提升营销效果。

3. 利用情感吸引消费者

企业除了在产品和服务上要有特色，还可以用情感让产品变得与众不同，这就是情感的力量。APP 营销要成功，情感是不可缺少的要素。如果企业能够在情感上打动用户，自然能够获得用户的认可，促进产品的销售。

只有较早地发现用户的情感需求，想办法满足用户的情感需求，才能促进 APP 营销。开展 APP 营销的企业要触碰到用户的内心，让用户获得满意的情感体验。例如，小米公司的使命是始终坚持做"感动人心、价格厚道"的好产品，让每个人都能享受科技带来的美好生活。这一点配合其新品发售时别出心裁的营销策略，吸引了大批年轻的用户，这些人都追求产品的性价比，认同小米的理念，成了小米的忠实用户。情感的营销不需要花费太多金钱，企业只要开动脑筋，抓住用户的心理诉求，就能传递品牌价值，这是企业在开展 APP 营销的过程中需要重视的一个方面。

4. 提供有针对性的差异化服务

在用户使用 APP 的过程中，企业可以在后台通过信息技术搜索、记录用户的个人习惯和爱好，针对其个性化的需求，进行精准的推送；还可以根据用户的会员等级提供不同的服务，让高等级会员用户有不一样的体验。私人定制包括为用户定制 APP 首页、APP 会员界面等。

课堂实训

认知拼多多的拼团模式

1. 训练目的

了解拼多多的拼团模式。

2. 训练内容及步骤

（1）以小组为单位，组建任务团队。

（2）下载拼多多 APP，了解拼团流程。

（3）以小组为单位发起拼团任务，每一位成员均需参加。

（4）拼团活动结束后撰写心得体会。

3. 训练总结

实训作业——《拼多多的拼团模式体验》。

第七章 移动营销新模式

第三节　移动新闻客户端营销

一、移动新闻客户端的发展

案　例

伴随着移动互联网的蓬勃发展，移动端已成为新闻资讯行业的主阵地，且发展迅速。2019年9月，新闻资讯行业月独立设备数超8亿台，人均单日使用时长（47.53分钟）超短视频7.43分钟。

内容变革影响媒体价值并进而改变营销策略，重内容、优分发、富形式、重互动、强数据成为移动端新闻资讯行业的营销趋势，品效合一、场景贯通、生态共赢、IP加持是重要的营销手段。

作为深耕新闻资讯领域二十余年的老牌媒体平台，新浪新闻积淀出海量的用户体量，且仍保持着稳定的增长水平，在1～9月DAU增长率接近27%，位列头部APP中增长第一。新浪新闻打通与微博、WAP端的内容、数据、账号体系，全方位洞察用户特征，立体化分发内容与营销信息，精准传达品牌主张。

红板报以天然海外优势在激烈竞争中突围，不仅仅为用户提供专业且具有国际化视野的前沿内容，更是在"算法+编辑定调"的推送下，针对用户兴趣需求，提供个性化选题；新上线的"小馆"兴趣阅读社区，高效链接感兴趣的内容和人。大胆的创新视觉交互设计、丰富吸睛的广告形式，为用户展现视觉强曝光+沉浸式体验，为广告主提供品效双维的营销引力。

腾讯新闻无论是用户体量还是在内容制作和分发能力上，都具有极强的优势，同时，借助极具社交基因的多元阵地快速裂变，以不同题材、形式分发内容，更高效率的触达和覆盖用户，从而搭建成一个全场景的新闻生态。

随着移动互联网的兴起及移动智能设备的发展，企业纷纷将目光转移到移动端。不同类别和功能的移动客户端层出不穷，涉及新闻资讯、生活百科、娱乐休闲等众多领域，并慢慢占据主导地位。很多大型网络媒体以及广播、报纸等传统媒体纷纷转战移动互联网市场，不断开辟新的媒介领域。而移动新闻客户端成为其中的一匹"黑马"。2015年，移动新闻客户端开始呈现井喷式发展趋势。

在新的网络环境中，移动新闻客户端以服务用户为核心，采用信息订阅和个性化内容推送模式。用户可以依据自己的爱好订阅感兴趣的新闻内容，后台则会根据用户的浏览习惯和数据记录进行个性化推送，实现精准传播。同时，移动新闻客户端增加了社交平台的功能，用户可以通过跟帖、点赞的方式，评阅移动新闻客户端丰富的资讯资源，实时进行信息推送、低成本的社交互动。这种形式被更多用户所认可，也成为人们获取新闻资讯的主要渠道。基于用户流量大、精准化推送和社交化属性，移动新闻客户端逐渐成为常用的营销阵地。

截至 2021 年 12 月，我国网络新闻用户规模达 7.71 亿，较 2020 年 12 月增长 2 835 万，占网民整体的 74.7%。

新闻媒体与互联网平台加速融合，进一步提升传播效果。新闻媒体通过入驻哔哩哔哩、百度、微博等社交娱乐类、信息资讯类平台，并持续引导平台用户参与对热点议题的讨论，进一步提升平台用户对相关议题的认知，达到良好的传播效果。在庆祝建党百年相关报道中，新闻媒体一是及时发布最新资讯，引发用户关注。央视新闻第一时间在哔哩哔哩、微博等平台持续发布现场视频、资讯等新闻内容，相关视频点击量均在 20 万次以上。新浪新闻自 2021 年初至 7 月 1 日，积极为人民日报、新华社、央视等主流媒体进行推送，重点呈现建党百年相关资讯，累计转载相关报道共约 1.4 万条。二是精心设置议题，强化用户认知。中国网官方账号在线上知识问答平台就"庆祝中国共产党成立 100 周年大会 7 月 1 日上午在北京天安门广场隆重举行，哪一幕让你印象深刻？"进行提问，共得到超 2 500 次回答和千万次浏览。三是发布权威解读，加深用户理解。人民日报旗下侠客岛公众号在微信发表权威解读文章，文章阅读量超 10 万。针对同一事件的多平台共同发力，极大提升了传播效果，进一步增强了网民对国家的凝聚力和向心力，有力弘扬正能量。

网络新闻媒体持续推进新技术应用落地，进一步增强用户体验。一是数字虚拟应用落地。2021 年 6 月，新华社与国家航天局等单位联合打造专门面向航天主题和场景的数字记者——小铮。该数字记者采用全新的制作管线和实时渲染技术，使数字虚拟人物更加生动形象，并可担负太空报道、火星登陆等真人不能或很难完成的任务。二是直播技术更新换代。5G+4/8K 直播为北京冬奥会和冬残奥会赋能，通过一系列全新技术手段和尝试，实现直播超清化、移动化和智能化，为观众提供更好的观赛体验。

国家主管部门加大治理力度，进一步规范网络新闻行业。2021 年 9 月，国家互联网信息办公室、工业和信息化部等九部门联合印发《关于加强互联网信息服务算法综合治理的指导意见》，推动互联网信息传播、分发等行为更加规范。2021 年 10 月，国家互联网信息办公室公开发布了最新版《互联网新闻信息稿源单位名单》，为网民获取权威新闻资讯提供了有力保障。

二、移动新闻客户端的分类

目前，市场上比较主流、用户基数较大的移动新闻客户端包括互联网媒体客户端和聚合信息客户端两大类。

（一）互联网媒体客户端

互联网媒体客户端主要是由大型门户网站推出的新闻客户端，按照新闻频道划分内容，如网易新闻、搜狐新闻、新浪新闻、腾讯新闻、凤凰新闻等。其中，所占用户资源比重较大的是网易新闻、搜狐新闻、新浪新闻、腾讯新闻这四大门户网站。

（二）聚合信息客户端

聚合信息客户端主要根据用户的阅读习惯定向推送内容。主流的客户端有今日头条、一点资讯、天天快报等。其中，今日头条的发展势头最为迅猛。

三、广告投放方式

广告投放是移动新闻客户端的主要营销手段，企业可以此推广品牌。在 PC 端，由于屏幕较大，网站上下方、左右两侧等处都可以成为平台广告的发布地。而在移动端，由于屏幕较小，广告位不如 PC 端丰富。同时，广告的投放应考虑用户的阅读体验。

根据用户阅读新闻内容的习惯，在当前的移动新闻客户端产品中，主要有开屏广告、信息流大图广告、内容页广告三种广告形式。这三种广告投放形式一般按点击量或千人展示计费，广告投放精准。

（一）开屏广告

开屏广告即用户打开新闻客户端时出现的几秒钟的广告，这种广告形式在目前的几大移动新闻客户端中都有出现。开屏广告的优势是品牌效应强，利于企业的品牌信息传递；广告时间短，不影响用户体验。其缺点是广告费用高。

（二）信息流大图广告

信息流大图广告一般被嵌入新闻信息流中，用户浏览新闻时通常会下拉刷新，在下拉过程中，与新闻风格相近的大图文广告将在信息流中显现。内容贴近、生动有趣的广告可以引人注意，但随着新闻信息流的滚动更新，广告可能会被快速覆盖或被用户忽视。

（三）内容页广告

内容页广告一般出现在文章的末尾，主要以图片、图文链接以及下载链接形式出现。虽然广告成本相对较低，但对于长篇幅内容，用户可能很难有耐心将文章看完。如果广告没办法在短时间内吸引用户，那么广告就没有意义。

网络营销

本章小结

互联网的发展日新月异，目前以智能手机为代表的移动互联网终端上的各类APP、二维码等，成为新时期互联网新媒体的代表。企业利用新媒体平台，可以实现新闻发布、促销宣传、售前咨询、在线销售、公关、客户关系管理、市场调研、售后服务等多种功能。移动媒体营销作为一个热门领域，其就业岗位也很多，不同的岗位对应不同的岗位技能要求和职业素养要求。通过学习理解二维码的概念及其特点；希望读者熟悉线上渠道、线下渠道；认知APP营销的模式；了解移动新闻客户端营销的发展及其分类，不断提升自我学习能力。

本章习题

1. 什么是二维码营销？移动二维码该如何营销？
2. 什么是APP营销？如何进行APP的推广与优化？
3. 对移动新闻客户端营销有何看法？

第八章

其他网络营销方式

本章导读

随着互联网的发展，企业推进市场营销的方式也在更新，从传统的媒体营销走向在线，网络营销兴起。在"互联网+"时代，网络营销是企业走出营销瓶颈期，全面开拓市场的重要途径和工具。

本章重点

博客营销；网络事件营销；搜索引擎营销；付费营销推广；整合营销。

素质目标

培养良好的业务素质和身心素质，具备一定的网络营销基本素质。
增强现代市场竞争意识，培养分析问题、解决问题的能力。

案例导入

2021年CAMA中国广告营销大奖颁奖盛典在上海隆重举行，Heaven&Hell作品——菜鸟驿站《翻书越岭》及天猫新文创《非遗不生僻》获得CAMA肯定，喜提三金三银。

以#翻书越岭#为概念，向社会征集闲置文学书。创意上，将书籍名字嵌入文案展示大山孩子的现状及他们对未来的向往，用前后的强烈反差引发共情，号召更多人加入捐书活动，帮助孩子们见识更大的世界，成为更好的人。用创意赋予简单的捐书活动更温情的内核，让更多人关注山区孩子的问题，最终以零传播预算撬动了惊人的传播效果，实现了极高的实效回报（图8-1）。

（年度精准营销-金奖／年度整合营销-金奖／年度公益广告-银奖／年度跨界营销-银奖）

在洞察到有非遗项目因名字自带的生僻字而难以传播后，找到了100个带有生僻字的非遗，并为它们设计海报发起#非遗不生僻#活动。在每个生僻字的设计中，融入对应的非遗画像、色彩、文化符号，同时以展览、视频等媒体传播让更多人从认识生僻字开始学习了解非遗文化。以一种崭新的角度提升大众对非遗文化的关注度及对天猫的好感度（图8-2）。

图8-1 《菜鸟驿站－翻书越岭》

图8-2 《天猫新文创－非遗不生僻》

（年度美术创意－金奖／年度内容营销－银奖）

第一节 博客营销

一、博客营销概述

（一）博客的含义

博客又称为网络日记，用户可以发表自己的网络日记，也可以阅读别人的网络日记，因此可以将博客理解为一种把个人思想、观点、知识等在互联网上的分享。由此可见，博客具有知识性、自主性、共享性等基本特征。常见的博客网站有新浪博客、CSDN、博客园、简书、Github，也可以通过CMS（内容管理系统）程序搭建个人博客，其中常用的CMS程序有WordPress、TypeCho、VuePress。

（二）博客营销的定义

博客营销作为一种网络营销手段，是一种基于个人思想、体验等表现形式的知识资源。

通过博客网站或博客论坛接触博客作者和浏览者,利用博客作者的知识、兴趣和生活体验的分享等方式传播商品信息的营销活动。

博客的性质决定了博客营销是一种通过网络形式传递信息并基于思想、体验等表现形式的个人知识资源共享平台。博客营销是利用博客这种网络应用平台展开网络营销的工具。利用博客这种网络交互性平台,发布并更新个人或企业的相关概况及信息,通过密切关注并及时回复平台上客户对于个人或企业的相关疑问以及咨询,且依托较强的博客平台,帮助企业以小成本获得搜索引擎的较前排位,以达到宣传目的。

博客营销是以知识信息资源作为创作基础的内容营销模式,通过提高企业信息的网络可见度来实现品牌或产品推广。其实质就是结合了知识信息载体和一定量的营销信息,即博客营销是内容营销的形式之一。

(三)博客营销的常见形式

不同行业、不同规模企业所采用的博客营销模式不尽相同,事实上博客营销可以有多种不同的模式,从企业博客的应用状况来看,企业博客营销有下列六种常见形式。

(1)企业网站博客频道模式。
(2)第三方 BSP 公开平台模式。
(3)建立在第三方企业博客平台的博客营销模式。
(4)个人独立博客网站模式。
(5)博客营销外包模式。
(6)博客广告模式。

(四)博客营销的设置

进行博客营销要注意以下几点。

1. 博客地址的选择

尽量选择在大型门户网站注册博客,因为大型门户网站的流量庞大,有利于品牌推广。

2. 博客的设置

博客名称可写主推产品,再完善需要的其他信息。注意资料的真实有效性,为了提高可信度,需注册公司电话号码及相关信息,最好选择与主推产品相关的个性化产品模板。此外,可以建立与行业相关的圈子,邀请更多的相关者参与该圈,聚集圈内人气。

3. 博客内容

博客内容要具有真实性、相关性、可读性、高质量等特点,最好图文并茂。博客内容要结合最新时事及目标消费者群体关心的热门话题,尽量原创。这样才具有独特性,为博客、企业带来流量,甚至有可能被网站编辑推荐到首页。

4. 博客宣传

通过软文或者使用软件来推广博客。

5. 博客互动

多参与其他博客下面的评论，给别人留言互动。在其他博客的热点文章下发表自己的评论和见解，进行品牌推广，从而小成本地增加品牌曝光度。

（五）博客营销的特点

博客营销本质在于通过专业化的原创内容进行知识分享以争夺话语权，建立起官方权威，形成个人品牌，进而影响读者的思维和购买决定，其营销过程有如下几大特点。

1. 广告定向准确

博客是个人网络作品，拥有其个性化的细化属性，因而每个博客都代表不同的受众群体，其读者一般是一群特定的人，细分的程度远远高于其他形式的媒体。而细分程度越高，广告的定向性也就越精确。

2. 口碑效应好

每个博客都拥有许多兴趣爱好相同的博客圈子，而在这个圈子内的博客之间会相互影响，可信程度相对较高，用户互动传播性强，因此可创造的口碑效应和品牌价值非常大。即使单个博客的流量不一定很大，但是受众群明确，针对性非常强，单位受众的广告价值较高，所能创造的品牌价值突破了传统广告的界限。

3. 影响力大

随着多起博客事件的陆续发生，证明了博客形成的评论意见影响力越来越大，博客成为用户意见的交流地，引领着网民舆论潮流。在互联网上，网友所发表的评价和意见传播速度快，对企业品牌造成巨大影响。

4. 传播成本低

最常用的网络营销方法是在门户网站上通过网络广告的形式进行推广，但是营销人员无法主动掌握这些资源，只能委托网站或代理机构代为操作文章或者广告，并需要支付高昂的广告费，较大程度地限制了传播信息和方式。从成本层面上来说，博客营销几乎是零成本的，企业只要在提供博客营销的网站上开设账号即可发布文章，而且目前发布博客文章都是免费的。同样，可以通过博客网站免费获得很多有价值的信息。

如果企业在用博客营销产品的过程中能巧妙地运用品牌口碑，可以达到很多常规广告所不能达到的效果。例如，博客规模赢利和传统行业营销方式创新是社会热点议题，广告客户通过博客口碑营销在获得显著的广告效果的同时，会因大胆利用新媒体进行营销创新而吸引更大范围的不同层次人群的高度关注，达到远高于普通广告投入的效果。

二、博客营销的策略

（一）选择博客托管网站和注册博客账号

选择功能完善、稳定、适合企业自身发展的博客营销平台，并获得发布博客文章的资格是开始博客营销的第一步。如果需要使用博客托管网站，可以根据全球网站排名系统等信息进行分析判断，选择访问量比较大而且知名度较高的托管网站。对于某一领域的专业博客网站，要考虑其访问量和行业影响力。影响力较大的博客托管网站，其博客内容的可信度也相应比较高。

（二）选择优秀的营销推广人员

在营销的初始阶段，用博客来传播企业信息的首要条件是拥有具有良好写作能力的营销推广人员。营销人员可以原创博客内容，在发布自己的生活经历、工作经历和某些热门话题的评论等信息的同时宣传企业，用丰富的内容吸引大量潜在用户浏览，为大众提供了解企业信息的机会。

（三）坚持博客的定期更新并不断完善

企业应坚持长期利用博客，不断地更新内容，才能发挥其长久的价值。因此进行博客营销的企业有必要创造良好的博客环境，采用合理的激励机制，鼓励博客的创作，促使企业博客营销人员有持续的创造力和写作热情，从而提高企业相关信息在网络上的曝光度，经过长期积累，被潜在用户发掘的可能性也就大大增加。

（四）协调个人观点与企业营销策略之间的分歧

从事博客写作的是个人，但网络营销活动属于企业行为，因此博客营销必须正确处理两者之间的关系。企业应该培养一些有良好写作能力的员工围绕企业和自身认识进行创作，既能推广企业信息，又能保持自己的观点性和信息传播性，这样的博客文章能凭借其真实性和可参考性吸引用户的关注。

（五）建立自己的博客系统

当企业在博客营销方面取得一定成果时，则可以考虑凭借自己的服务器，建立可以向员工、客户及其他外来者开放的博客系统，避免由于第三方博客网站服务方不承担任何责任，服务得不到保障，积累的博客资源无法找回而无法继续经营的情况。如果开设博客系统，可以由企业专人管理、定时备份，保护博客网站的安全性和稳定性。同时，可以凭借开放的博客系统吸引其他企业加入，扩大企业影响力。建立自己的博客系统的好处如下。

（1）寻找营销资源，确定方向。

（2）知识搭桥，营销企业价值。

（3）营销企业，先从营销人开始。

（4）完善博客资料，架起博客营销的起点。

第二节 网络事件营销

一、网络事件营销的含义

案例

> 2020年"双十一",在几乎所有购物平台都在使尽浑身解数让用户"买买买"的时候,网易严选高调宣布"退出'双十一'大战",并指出"要退出的是这个鼓吹过度消费、为销售数字狂欢的'双十一'……",同时劝大众要"理性消费"。
>
> 网易严选采用逆潮流而行的营销方式,指出用户痛点和商家痛点,并巧妙地将品牌的营销广告植入了这波反向营销,在吸引大众眼球的同时,为品牌节省了大量的营销成本,成为"双十一"系列营销中的一匹黑马。

网络事件营销(internet event marketing),是指开展网络营销的企业通过策划、组织和利用具有新闻价值、社会影响力以及名人效应的人物或事件;以网络为传播载体,吸引网络媒体、社会团体和消费者的兴趣与关注;以求建立、提高企业或产品的知名度、美誉度,树立良好的品牌形象,并最终促成产品或服务的销售的新型营销方式。企业做好网络事件营销,往往可以快速、有效地宣传其产品或服务。

二、网络事件营销的特征

(一)网络事件营销投入少、产出多

网络事件营销利用现代社会完善的新闻等媒体进行传播,达到对企业或产品进行宣传的目的。由于许多传播媒体都是免费的,因此,这种营销方式的投入较少。企业如果能够提出好的创意并选择最佳的时机,成功地运用网络事件进行营销,就可以迅速提升品牌的知名度。

(二)网络事件营销影响面广、关注度高

互联网的即时性和普及性使信息传播的速度和广度都大大提升。事件一旦被关注,借助互联网的口碑传播效应,可以引发极高的社会关注度,甚至可由网络事件上升为被其他大众媒体关注的事件。

(三)网络事件营销具有目的隐蔽性

企业策划的网络事件都有商业宣传的目的,但一般情况下该目的是隐蔽的,成功的网络事件一般都隐藏了自己的推广意图,让消费者感觉不到该事件是在进行产品推广。

（四）网络事件营销具有一定的风险性

网络事件营销是一把"双刃剑"，由于传播媒体的不可控制性及公众对事件理解程度的不确定性，网络事件营销很可能引起公众的反感和质疑，这样不仅无法达到营销的目的，反而可能使企业面临公关危机。

三、网络事件营销的传播

传播与推广是网络事件营销的重要环节，其效果直接影响网络事件营销的最终效果。企业要想达到网络事件营销的目的，就必须注重传播。只有实现有效的传播，目标群体才有可能了解该网络事件，熟悉企业品牌，从而避免网络事件营销成为企业的独角戏。网络事件营销的传播过程一般包括以下几个步骤，如图8-3所示。

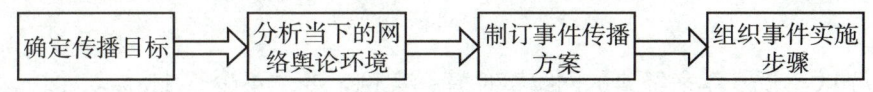

图 8-3 网络事件营销的传播过程

（一）确定传播目标

在开展任何网络事件营销前，企业都必须先确定传播目标，包括传播对象、传播范围、传播效果等。例如，餐饮、服务行业的区域性较明显，企业可选择当地的论坛作为开展网络事件营销的工具，传播方式也要符合当地的形势。但对于传播对象为年轻女性的网络事件营销，企业应当尽量选择年轻女性用户经常使用的网络平台，所选择的话题也应当是年轻女性感兴趣的内容。

（二）分析当下的网络舆论环境

通常情况，以直接的方式在网络平台上公开表达的意见属于显舆论，而网络的开放特性也使社会的潜舆论逐渐向显舆论发展。历史时期不同，网络舆论环境也会有所不同。在网络事件营销过程中，企业应当把握好网民关注的方向，控制好舆论传播的尺度，为更好地推广企业品牌奠定基础。如果忽视网络舆论环境，只会跟风炒作，不断挑战公众的道德底线，企业最后必然会被公众唾弃。

但是，随着近年来商业竞争日益加剧，一些不良商家不断以商业创意的幌子策划种种低俗的事件。从社会公德的角度来说，这些为了吸引公众眼球而进行的不择手段的炒作显然与当前社会所倡导的"真善美"的道德主旋律背道而驰。因此，企业在制造事件、利用网络事件开展营销活动之前，一定要认真分析当前的网络舆论环境，三思而后行。

（三）制订事件传播方案

在制订事件传播方案之前，企业要了解媒体的关注点，熟悉新闻事件的特性，善于制造新闻事件。事件要有代表性和显著性，要使公众和媒体感兴趣，满足公众的好奇心。之后，企业应根据被宣传的网络事件的特点，提前策划网络事件传播方案。

（四）组织事件实施步骤

企业应选择合适的网络营销工具，如论坛、博客、视频网站等。在此期间，企业若想提高网络事件的关注度，还可以联系付费网站管理员，让其推荐或置顶，同时抛出易于引起讨论的观点、撰写新闻评论等，以吸引媒体。但在此过程中，企业要注意维护自身的良好形象。

课堂实训

网络事件营销实训

1. 训练目的

通过实训，总结网络事件营销的特点。

2. 训练内容及步骤

（1）收集近5年来经典的网络事件营销案例，要求不少于10篇。

（2）根据创意类型的不同，对案例进行分类。

（3）总结不同创意类型的网络事件营销的特点。

（4）提交总结，由教师进行评分，分数记为平时成绩。

3. 训练总结

实训作业——《网络事件营销的特点总结》。

知识拓展

网络事件营销应注意的问题

1. 关注热点，找好品牌与事件之间的"连接点"

企业开展事件营销时，一方面可以通过策划"造势"，另一方面可以借"热点事件"甚至"热点人物"开展营销活动。例如，奥运会上中国代表团的骄人战绩、"神舟"飞船的发射等，都是公众关注的热点。企业可以利用热点事件进行营销活动，需要特别注意的是，事件营销要尽可能把公众的视线转移到自己的产品和品牌上。

在关注热点事件的同时，企业应该找好品牌与事件的"连接点"，即事件营销应与企业的战略相吻合，契合自身品牌的个性。当事件营销和企业自身的品牌形象、品牌个性相吻合时，其所发挥的威力和持续程度远远胜于简单的事件炒作。例如，球迷支持的足球队获得了比赛的胜利，球迷往往会喝啤酒庆祝，啤酒与球赛、球迷之间就有恰当的连接点。

2. 讲究创新，避免盲目跟风

网络事件营销的核心在于创新，只有让公众感到耳目一新的事件营销才会获得较好的效果。盲目跟风往往只能昙花一现，不具有引人注目的效果。例如，赞助"神五"

飞天、"超级女声"节目等，让蒙牛的名声大震，其终端销量得到大幅度提升。看到蒙牛取得大赚的营销效果，一些企业纷纷效仿，也想通过类似的赞助活动取得成功，但最终的结果却不尽如人意。由此可见，网络事件营销的创意策划需要结合企业优势资源，提出适合企业品牌形象的创新性"点子"，这样才可能获得公众的广泛关注。

3．炒作事件不等于品牌塑造

网络事件营销可以在短时间内提升企业品牌的知名度，因此，很多企业希望利用网络事件营销并通过新闻媒体炒作，达到迅速提高品牌知名度的目的。但企业必须注意，塑造品牌是长期战略经营的结果，不能仅靠短期的炒作。总而言之，网络事件营销只是营销的一种方式，企业要理性对待，不能过于迷信它的作用。在开展网络事件营销时，企业不能忽视自身的经营管理，更不可忽视产品研发、产品质量、服务、经销渠道等方面的建设。

4．以公益原则为底线

企业的每次传播活动都应该增强消费者对品牌的好感，因此，企业开展网络事件营销必须以社会公益原则为底线。企业如果突破公益原则的底线，将会丧失社会意义和号召力，进而使公众不愿参与。没有公众的参与就不能达到营销的目的，甚至给企业造成严重的品牌信任危机。

第三节 搜索引擎营销

一、搜索引擎认知

（一）搜索引擎的定义

搜索引擎是指根据一定的策略，运用特定的计算机程序从互联网上搜集信息，在对信息进行组织和处理后，为用户提供检索服务，将用户检索的相关信息展示给用户的系统。百度和谷歌等是搜索引擎的代表。

搜索引擎

（二）搜索引擎在网络营销中的地位

中国互联网络信息中心第 49 次《中国互联网络发展状况统计报告》的数据显示，目前个人互联网络应用状况中搜索引擎保持平稳增长态势。截至 2021 年 12 月，我国搜索引擎用户规模达 8.29 亿，较 2020 年 12 月增长 5 908 万，具体如表 8-1 所示。

表 8-1　2020 年 12 月～2021 年 12 月各类互联网应用用户规模和网民使用率

应用	2020 年 12 月		2021 年 12 月		增长率
	用户规模（万）	网民使用率	用户规模（万）	网民使用率	
即时通信	98 111	99.2%	100 666	97.5%	2.6%
网络视频（含短视频）	92 677	93.7%	97471	94.5%	5.2%
搜索引擎	76 977	77.8%	82 884	80.3%	7.7%
短视频	87 335	88.3%	93 415	90.5%	7.0%
网络新闻	74 274	75.1%	77 109	74.7%	3.8%
网络直播	61 685	62.4%	70 337	68.2%	14.0%
网络购物	78 241	79.1%	84 210	81.6%	7.6%
网络支付	85 434	86.4%	90 363	87.6%	5.8%

（三）搜索引擎的工作原理

搜索引擎的工作原理如下。

1. 从互联网上抓取网页

搜索引擎是通过一种特定规律的软件跟踪网页的链接，从一个链接爬到另外一个链接，像蜘蛛在蜘蛛网上爬行一样，所以被称为"蜘蛛"，也被称为"机器人"。搜索引擎"蜘蛛"的爬行是遵循一定规则的。

2. 建立索引数据库

由分析索引系统程序对收集回来的网页进行分析，提取相关网页信息（网页所在 URL、编码类型、页面内容包含的关键词、关键词位置、生成时间、大小、与其他网页的链接关系等），根据一定的相关度算法进行大量复杂计算，然后用这些相关信息建立网页索引数据库。

3. 在索引数据库中搜索排序

用户输入关键词后，排名程序调用索引数据库，计算关键词相关性，然后快速输出并反馈给用户，这个过程在秒级内完成。

二、搜索引擎营销认知

搜索引擎营销得以体现的必要条件包括三个环节：一是有用户熟悉使用的搜索引擎；二是用户利用关键词进行搜索；三是搜索结果页面的信息对用户产生吸引力从而产生进一步的行为。

（一）搜索引擎营销的概念和原理

1. 用户的搜索行为

通过上述可知，一个用户的搜索流程是：选择搜索引擎，设定关键词和关键词组合进行检索，对搜索结果进行筛选并点击符合期望的信息，进入信息源网站获得详细的信息，如果用户对获取的信息满意，则结束本次搜索；如果不满意，则更换关键词重新开始。如果用户还未得到相关信息,则可能放弃或更换其他搜索引擎重复上述搜索行为,用户的搜索行为如图8-4所示。

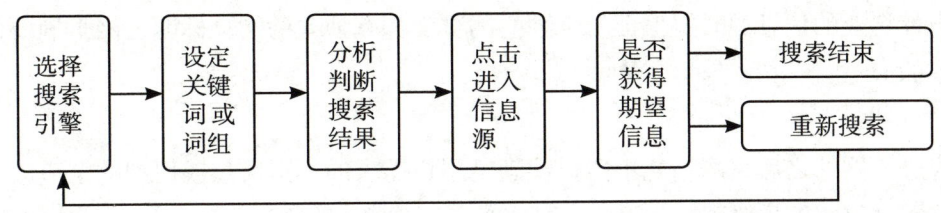

图8-4 用户的搜索行为

2. 搜索引擎营销的原理

可以从企业利用搜索引擎传递信息,以及用户搜索的过程中进行更系统的分析。搜索引擎营销得以实现的过程是:企业将信息发布在网站上,成为以网页形式存在的信息源;搜索引擎将网站/网页信息收录到索引数据库;用户利用关键词进行检索(对于分类目录则是逐级目录查询);检索结果中罗列相关的索引信息及其链接URL;用户根据对检索结果的判断选择有兴趣的信息并点击URL进入信息源所在的网页。如图8-5所示为搜索引擎营销的信息传递过程。

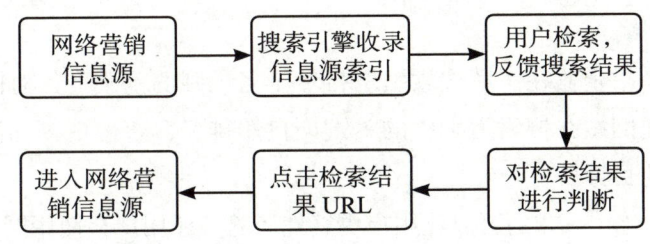

图8-5 搜索引擎营销的信息传递过程

(二)搜索引擎营销的内容和层次

根据搜索引擎的工作原理和搜索引擎营销的原理,可以得知,搜索引擎营销的基本内容包括以下几个方面。

1. 构建适于搜索引擎检索的信息源

有了信息源才有机会被搜索引擎检索到,所以建立企业网站可以说是企业开展网络营销的基础。同时,信息源要适合被搜索引擎检索,且能让用户满意,可见,网站优化应包含用户、搜索引擎、网站管理维护三个方面的优化。

2. 创造信息源被搜索引擎收录的机会

让尽可能多的信息源被搜索引擎收录是网络营销的基本任务之一,也是搜索引擎营销的基础。

3. 让网站信息源出现在搜索结果中靠前的位置

信息源被搜索引擎收录还不够,还需要让信息出现在搜索结果中靠前的位置。否则,被用户发现的机会大为降低,搜索营销的效果就无法保障。企业信息源出现在靠前位置的方法,有免费的方法如搜索引擎优化,也有付费的方法如竞价排名等,企业可以根据网络营销战略设计适合的搜索引擎营销策略。

4. 以搜索结果中有限的信息获得用户关注

在设计企业的信息源时要保证每个独立的页面都有独立的网页标题、网页摘要信息和网页内容的 URL。

5. 为用户获取信息提供方便

用户进入网站之后，网站能不能提供满足用户需求的丰富信息或便利的渠道成为用户是否在该网站停留的重要因素。因此，网站的产品介绍、购物流程的设计、网站的易用性、客服的及时响应等都是影响用户转化的因素。

（三）搜索引擎营销的基本方法

到目前为止，搜索引擎营销的方法可分为两大类。

1. 搜索引擎付费广告营销

搜索引擎付费广告营销是指广告主根据自己的产品或服务的内容、特点等，确定相关的关键词，撰写广告内容并自主定价投放的广告。当用户搜索到广告主投放的关键词时，相应的广告就会展示。

2. 搜索引擎优化

搜索引擎优化是指企业在了解搜索引擎自然排名机制的基础上，对网站进行内部及外部的调整优化，改进网站在搜索引擎中的关键词自然排名，获得更多的流量，从而达成网站销售及品牌建设的目标。

通过搜索引擎优化，一方面可以让用户更好地体验，让用户在使用网站时能够不假思索地点击网站，寻找到所需的信息；另一方面让搜索引擎更容易爬行企业网站所有页面并抓取。

三、搜索引擎付费营销推广

（一）搜索引擎付费广告推广

搜索引擎付费营销是指企业通过付费使信息在搜索引擎上的排名靠前，对潜在用户进行营销的活动。这种形式的营销载体为用户关键词搜索的结果页面。以百度为例，目前主要的搜索引擎付费广告为搜索推广、品牌推广、网盟推广等。

1. 搜索推广

搜索推广是指在搜索结果首页的最上方，为提升用户品牌搜索体验而整合文字、图片、视频等多种展现结果的付费推广模式。百度搜索平台是管理推广的系统。进入系统后，企业就可以制作推广方案，查看推广效果，修改和优化账户结构，查看账户状态及财务信息等。账户结构是企业在推广平台中对关键词、创意的分类管理。账户状态反映当前账户的推广状况，能否正常推广、推广信息能否正常上线展示是由推广计划、推广单元、关键词、创意等各层级的状态共同决定的。

（1）推广计划

推广计划是指管理一系列关键词、创意的大单元。建立推广计划是设计账户结构的第一步。每一个推广计划拥有单独的投放预算和投放时间，如果投放预算为零，则该推广计划失效。

（2）推广单元

推广单元是指管理一系列关键词、创意的小单位。在推广单元中，关键词和创意是多对多的关系，即每个推广单元里的多个关键词共享多个创意；在展现推广结果时，同一关键词可对应多个创意，同一个创意也可能会被多个关键词使用。

（3）关键词

关键词是在百度推广中选择的、具有商业价值的、用来迎合潜在搜索需求的词。当用户的搜索词与关键词相关时，就能"触发"关键词，推广信息就能在用户面前展现。

（4）创意

创意是指展现给用户的推广内容，包括标题、描述、显示 URL 及访问 URL。

（5）出价

出价是指推广信息被点击一次，愿意出的最高价格。出价不是最终花的费用，只是心理上限，可以理解为封顶价，花费最高也不会高出出价。

在账户结构中，可以为推广单元内所有关键词设定统一的出价，也可以为特定的关键词单独设定出价。在两种出价同时设定的情况下，以特定的关键词的出价优先。

实际点击价格 =（下一名出价 × 下一名质量度）/ 关键词质量度 +0.01

（6）地域及时间管理

推广地域即选择推广投放的地域范围，只有当该地域的用户搜索时，才会出现推广结果。不同的推广计划可以面向不同的地域，从地理位置角度精准定位潜在用户。推广时间管理即预先规定推广信息在一天之内"哪些时段可以展现，哪些时段暂停"来设置推广时间，这样能获得"精确锁定潜在用户 + 用更低出价获得更好位置"的效果。例如，做企业管理培训，上午开始推广的时间可以设定早一些，因为潜在用户搜索的高峰时段在上午；而做网游的企业，晚上在线推广的时间应该持久一些，因为其用户通常在晚上上网。

2. 品牌推广

品牌推广是指在搜索结果首页的上方，以文字、图片、视频等多种广告形式全方位地展示企业品牌信息，以便用户以更便捷的方式了解品牌官网信息、更方便地获取所需企业资讯，从而提升企业品牌推广效能的推广模式。

品牌推广分为 PC 端和移动端两种，按月购买（CPT 方式），企业可结合产品样式及所购买品牌词的数量和页面浏览量（PV）具体报价。通用规则如下：PC 品牌专区月刊例价为 10 万元 / 月起，移动品牌专区月刊例价为 2 万元 / 月起。

①投放地域。为全国展示，不分地域（省、直辖市）投放。

②投放时长。每次投放最短 1 个月，最长 12 个月。

3. 网盟推广

网盟推广是指通过分析用户的自然属性（地域、性别）、长期兴趣爱好和短期特定行为（搜索和浏览行为），借助百度特有的用户定向技术帮助企业锁定目标用户。当目标用户浏览百度联盟网站时，其以固定、贴片、悬浮等形式呈现企业的推广信息的推广模式。当用户使用百度时，搜索推广将企业的推广信息展示在搜索结果页面中；而当用户进入互联网海量的网站时，网盟推广可以将企业的推广信息展现在用户浏览的网页上。百度网盟是在用户搜索行为后和浏览行为中全面实施影响的。百度网盟推广平台主要包括"网盟推广首页""推广管理""报告""我的网盟"四个模块。

（1）网盟推广首页

显示账户概况、账户分日报告等信息，帮助用户快速了解账户和推广的基本概况。

（2）推广管理

网盟系统的核心模块，可进行投放设置、数据查看、推广优化操作。其中，投放设置主要通过新建流程完成。网盟系统的账户结构主要分为推广计划、推广组、创意等，数据查看和推广优化操作可在推广计划、推广组、创意、投放网络等列表中完成。

（3）报告

目前主要提供定制报告功能，可定制每日标准化报告和各层级效果报告。

（4）我的网盟

主要包括账户信息设置、自动转账设置、提醒设置、账户优化设置等功能。

4. 竞价优化要素

（1）关键词精准度

关键词选择是竞价排名的重心之一，而选择关键词最重要的原则是精准。竞价排名的精准关键词不仅要求有一定的搜索量，还要有高转化率，即满足两个条件：搜索该词的人有明确的消费需求与能力，搜索该词的人容易被转化为企业的用户。选取竞价关键词的常见方法有产品、口语、别名、地域、品牌和英文关键词等。

（2）引导页

将用户吸引到页面中，只是第一步，能不能让客户下单，还要看引导页能否打动用户。引导页就是用户搜索一个词后，点击进去所看到的页面（也称为落地页、着陆页）。一个成功的引导页应该围绕用户行为及特点来设计，需要符合以下五个要求。

①根据目标用户群的特点与喜好进行设计。

②能够带给用户足够的信任感。

③提供的内容是对用户有帮助的。

④能够解答用户心中潜在的问题。

⑤能够促使用户留下信息或与企业取得联系。

（3）页面优化要点

要提高转化率，需要对以下因素进行优化。

①网站页面专业性。网站页面要体现足够的专业水准。

②网站内容的实用性与美观性。网站内容更新要及时，内容要符合基本的排版要求，如文章的配图需要进行简单处理，不要出现图片失真等情况。

③联系信息要详细。网站上的联系信息越详细越好，推荐使用固定电话，尤其是400或者800电话，这种电话比较容易获取用户的信任。同时选择QQ作为与用户在线沟通的工具，QQ等级越高，越容易让用户信任。

④重点突出合法性。互联网上诚信是最基本的原则。将企业营业执照、资质证明等各种证件在网站上展示，将大大消除用户疑虑，提高企业的诚信度。

⑤背景介绍要突出。将公司起源、领导介绍、媒体报道、荣誉证书、领导关怀、专家解答等，通过文字、图片、视频等形式展示出来。

⑥用户见证。将用户见证通过文字、视频、图片等形式充分展示出来。

⑦零风险策略。通过零风险策略打消用户疑虑，如淘宝中商家承诺七天包退、一个月包换等。

⑧用户答疑。设置用户常见问题解答栏目，将典型的问题、用户集中反映的问题列出来并给出答案，特别是将用户最关注的问题解答清楚。

除了转化后的用户，网站还应该搜集未转化但有意向的潜在用户，通过页面引导让用户留下联系方式等资料，通过免费送资料、有奖调查、活动、网站注册等形式让用户留下手机号码、QQ号码等。之后企业可以通过电子邮件、促销活动等手段促进转化。竞价排名中还需要对关键词的点击数、总消费数、注册数、单笔订单额、订单数、订单转化率、注册CPA、ROI等数据进行监测。引导页中除了常规的流量监测，还需要对咨询量和转化率进行监测。

（二）百度付费广告营销效果监测

百度付费营销效果可以通过百度统计来跟踪和监测。

企业可以查看百度推广给网站带来的流量及转化情况，及时了解百度各类推广方式的效果以及这些效果是否达到企业预期的业务目标，从而帮助企业更有针对性地改善百度推广方案。

首先选择希望查看的时间段，然后最多选择三个希望查看的指标，页面中部的柱状图上会以不同颜色显示出不同推广计划给企业带来的流量。页面下方的表格是所有指标在此段时间的数据，通过点击进入推广计划，可以看到推广单元的流量情况，再点击进入推广单元，可看到各关键词的流量。

一般来说，如果来访者对于网页提供的信息感兴趣，就停留更长的时间，查看更多的网页，这就会使追踪数据里的"平均访问时长"和"平均访问页数"上升。如果"平均访问时长"仅有几秒，"跳出率"高达百分之九十几，这说明来访者在网页看不到想看的内容。

知识拓展

搜索引擎关键词广告

搜索引擎关键词广告就是通过搜索引擎服务商付费的方式，当用户的某个关键词检索时，在搜索结果页面专门设计的广告链接区域显示企业的广告信息。由于关键词广告信息出现在搜索结果页面的显著位置且与用户搜索的内容有一定的相关性，因而比较容易引起用户的关注和点击，是快速扩大搜索引擎可见度的有效方式，也是目前搜索引擎营销市场成熟的推广模式。

课堂实训

搜索引擎营销优化诊断训练

1. 训练目的

通过训练，掌握搜索引擎营销优化诊断程序。

2. 训练内容及步骤

选择一个网站，考察网站规划与网站栏目结构。

在自己选择的网站上诊断以下内容。

（1）网站建设的基本情况

①网站建设的目标是什么？

②网站布局是否符合用户的阅读习惯？图片是否适当？有无利用声频、视频手段？

③网站导航（网站导航分为图片导航、文字导航、JS导航、Flash导航等）是否合理？通过任何一个页面是否能方便地返回上级页面或者首页？

④各网站的栏目之间链接是否正确？

⑤从网站首页到达任何一个内容页面需要几次？（不超过三次为合格，包括利用网站地图）是否可以通过任何一个页面到达站内其他任何一个网页？

⑥网站是否有一个简单清晰的网站地图？

（2）网站内容及网站可信度

①网站为用户提供内容详细情况如何？

②网站内容是否更新及时？过期信息是否及时清理？

③网站首页、各栏目首页以及各个内容页面是否有能反映网页核心内容的网页标题？

④公司介绍是否详细，是否有合法的证明文件（如网站备案许可）？

（3）网站功能和服务

①打开网页的速度怎样？

②网站为用户提供了哪些在线服务手段？

③用户真正关心的信息是什么？能否在网站首页上直接找到？

④网站是否提供了在线订购、支付业务电子商务功能等？

（4）网站优化及运营

①网站被百度、谷歌搜索引擎收录的网页数量是多少？（在搜索引擎搜索框中输入"site：网址"，就可以知道有多少网页被收录。）

②在搜索引擎中排名情况（利用某关键词搜索）如何？

③网站的 PR 值（利用站长工具查询）是多少？

④网站访问量的增长状况如何？网站访问量是否很低？

3．训练思考

如何进行网站栏目结构的优化？

第四节　整合营销

一、整合营销概述

简单来说，整合营销就是为了建立、维护和传播品牌，以及加强客户关系，而对品牌进行计划、实施和监督的一系列营销工作。整合营销把各个独立的营销工作综合成一个整体，以产生协同效应。这些独立的营销工作包括广告、包装、直接销售、销售促进、人员推销、公共关系和客户服务等。新消费品牌擅于通过整合营销促增长，内容＋私域＋渠道协同发力，通过内容营销生发流量代替传统的采买流量，私域运营达成与用户的双向需求沟通，多矩阵销售渠道布局实现消费转化与加深用户感知（图 8-6）。

整合营销

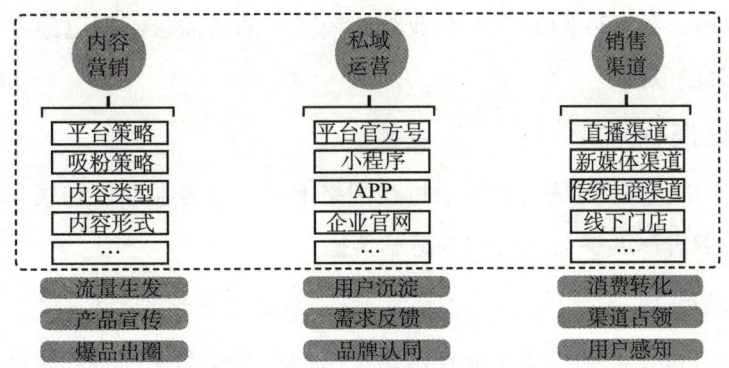

图 8-6　新消费品牌整合营销典型路径

二、整合营销的目标

整合营销针对明确的目标消费者，以直接影响消费者的购买行为为目标。它并不是针对所有的消费者，而是根据对特定时期和一定区域的消费者的了解和掌握，并根据这类目标消费者的需求特点而采取措施进行传播。

案 例

全真光学"致敬未来色彩"营销活动，传播时代主流正能量

2020年年初，新冠疫情暴发，突如其来的挑战让行业内外都面临着不同程度的冲击。正所谓"磨难压不垮，奋起正当时"，全真光学必须承担起行业责任，充分发挥行业龙头企业的作用，传递积极进取的正能量，以引领同行业直面挑战，共渡难关，彰显中国品牌应有的格局与担当。

为此，全真光学跨界携手同样勇于挑战的正能量明星，扩大影响力，共同发起"不拘眼前黑白，致敬未来色彩"（图8-7）的主张，通过话题、互动短视频等形式，将"不拘黑白""直面挑战"的正能量传递给所有人，鼓励身处困境的人，带动全民鼓起勇气向未来致敬。全真光学也坚信创新变革是企业发展的加速器，是品牌营销的新能源。此次"致敬未来色彩"营销活动，希望能整合媒体资源，把握营销风口，紧抓时代主流，承担企业责任，助力品牌营销。

图 8-7　全真光学"致敬未来色彩"活动宣传页面

三、整合营销的 4I 原则

4I 原则是网络整合营销的核心原则，兼容了网络化及多样化营销理论，强调从消费者角度出发，更好地满足互联网时代下企业对营销活动的新需求，且已经在企业营销实践中得到广泛应用和良好反馈。

（一）趣味原则

趣味（interesting）原则是指企业通过在网络上发起具有趣味性和娱乐性的话题吸引大众眼球，引导消费者深度参与话题的制造和传播。

（二）互动原则

互动（interaction）原则是指企业在网络上组织具有互动性和游戏属性的活动，使消费者主动参与到活动中来，并引导消费者在互动体验中了解产品情况、关注品牌，最终接受企业的产品和品牌理念。

（三）利益原则

利益（interests）原则是指企业采用的网络营销方式要注重考虑是否能给消费者带来

利益（包括有价值的信息、功能、服务、心理满足、荣誉、优惠等），同时考虑是否能提高消费者的体验满意度。

（四）个性原则

个性（individuality）原则是指企业首先要明确品牌定位，注重差异化营销，提供个性化的服务和产品，然后选择恰当的网络营销方式，以引发目标消费者内心共鸣，培养忠实用户。

四、整合营销的策划思路

案·例

全真光学"致敬未来色彩"营销活动内容

随着自媒体时代的来临与短视频媒介的加入，"双微一抖""媒体社群"等成为线上传播的主要途径。怎样整合媒体资源，最大化利用和转化流量，成为营销过程中最大的难点和关键。全真光学"致敬未来色彩"营销活动致力整合全线媒体资源，包括微博话题抽奖、微博话题广场、微博热搜、微信社群、微信朋友圈、官方公众号、微信视频号、抖音全民任务、抖音创意短视频等，多平台同步联动，凝聚最大化流量。此次活动时间集中在2020年9月中下旬，主要利用新浪微博和抖音短视频平台进行话题引爆、互动、参与，其他新媒体手段加以配合。主要活动内容如下。

1. 新浪微博

时间为9月15日—9月21日，参与微博话题有奖互动，转发微博并关注@全真光学变色镜片，可赢取价值千元的全真光学变色眼镜一副。

2. 抖音短视频平台

时间为9月18日—9月27日，在短视频平台搜索"致敬未来色彩"进入话题挑战页面，拍同款视频，关注并@Maatoptical，就可参与瓜分10万元现金大奖。

（一）以整合为中心

整合营销着重以消费者为中心，并把企业所有资源综合利用，实现企业的高度一体化营销。整合既包括企业营销过程、营销方式以及营销管理等方面的整合，也包括对企业内外的商流、物流及信息流的整合。

（二）讲求系统化管理

整体配置企业所有资源，企业中各层次、各部门和各岗位，总公司、子公司，产品供应商、经销商及相关合作伙伴协调行动，形成竞争优势。

(三)强调协调与统一

企业营销活动的协调性不仅是企业内部各环节、各部门的协调一致,而且强调企业与外部环境的协调一致,共同努力以实现整合营销。

(四)注重规模化与现代化

整合营销十分注重企业的规模化与现代化经营。规模化能使企业获得规模经济效益,为企业有效地实施整合营销提供客观基础。整合营销也依赖于现代科学技术和现代化的管理手段,现代化可为企业实施整合营销提供效益保障。

知识拓展

整合营销的技巧

在互联网大潮的影响下,企业营销手段更加多样化,而对营销工具的整合也成为企业面对市场竞争的一种必然选择。因此需要更加精准地定位与切入,才能够引起人们的关注,产生共鸣。

1. 任何营销方式都要融入搜索营销的思想

软文、论坛、微博、视频、社会化媒体、网络公关等营销都要融入搜索营销的思想,因为无论哪种营销方式都需要搜索。

2. 社会化媒体营销要融入网络公关的思想

社会化媒体可以与客户产生互动,迅速地传播信息,因此要时刻监控客户的反应,一旦发现客户有不良反应,就要及时处理,消除隐患。

3. 新闻营销和社会化媒体相结合

一个事件发生后,可以先采取新闻报道的形式加以推广,之后再以新闻为切入点在社会化媒体传播,而社会化媒体的言论又可作为新闻营销的内容源头。

4. 视频营销和硬广告营销相结合

视频营销可以采用"润物细无声"的方式传播信息,而硬广告则相反。将这两种方式相结合,则会给客户带来巨大的冲击力。

本章小结

网络营销是企业整体营销战略的一个组成部分,是为实现企业总体经营目标所进行的,以互联网为基本手段营造网上经营环境的各种活动。企业通过开通博客或借助一个本身已经有很多人关注的事件,并在这个事件中"恰当"地植入企业、品牌、产品等诸多信息,那么不仅保证了高关注度,更保证了营销信息的高效传达,可谓"一箭双雕"。通过网络,一个事件或者一个话题可以轻松地引起关注和进行传播。通过本章的学习,希望读者认知

第八章 其他网络营销方式

博客营销策略；掌握事件营销的传播流程；把握搜索引擎营销的基本方法；能够进行整合营销的策划。培养随机应变的能力，提高对企业品牌的维护意识，加强团队协作能力。

本章习题

1. 试分析博客营销的策略。
2. 简述网络事件营销的特征。
3. 简述搜索引擎营销的内容和层次。
4. 试分析整合营销的 4I 原则。

网络营销

第九章

网络营销效果评估与优化

网络营销效果的评估，不仅是方案执行之后的总结，更应该贯穿始终。由于网络用户群体具有多样性与易变性的特点，在网络推广方案的执行过程中，企业要不时对不同的广告类型、网站等进行调试，分析不同的调试效果，以确定更为合适的广告投放及推广方式的组合。网络营销效果的评估与优化，是对某一阶段网络营销活动的总结，也是制定下一阶段网络营销策略的前提和基础。

本章重点

评估指标；网站流量；关键词；点击率；转化率；访问轨迹；热点图。

素质目标

培养自身可持续发展的能力，提升职业知识与技能。
增强适应能力，提升获取前沿技术信息、学习新知识的能力。

广告是互联网产业重要的收入支柱，如芒果TV的广告业务主要分为软广业务和硬广业务，软广业务以内容为核心，充分发掘优质内容IP的营销价值，为客户提供冠名、植入等广告产品。而硬广业务则为客户提供贴片、中插等广告服务。受到疫情等宏观经济影响，广告主的收入变少，这导致他们在营销上的预算，一砍再砍。比如京东的CEO徐雷曾说："在2020年的第一季度，中国的整个广告市场，是负增长。"

与此同时，短视频、直播带货等效果广告的影响下，也让品牌对赞助综艺等长视频进行品牌广告越发困难。据击壤洞察公布的数据显示，从2019年到2021年，国内综艺市场有植入的综艺节目数量连年下滑，从635档减少到513档。恋爱综艺《半熟恋人》，以及芒果 TV 的《欢迎来到蘑菇屋》，皆没有拿到品牌赞助。

云和数据发布的《2022Q1 综艺网播表现及用户分析报告》显示，2022 年 Q1 全网综艺累计正片有效播放 59 亿，同比下滑 33%，其中，电视综艺、网络综艺分别为 27 亿、31 亿，下滑幅度均为 33%。同时，腾讯视频、爱奇艺、芒果 TV、优酷的综艺播放量均有所下滑，同比缩减 2～5 成（图 9-1）。

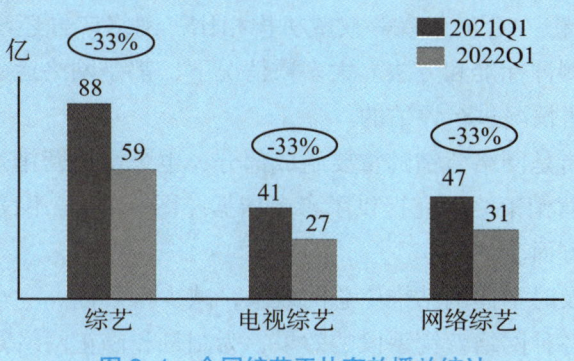

图 9-1　全网综艺正片有效播放统计

第一节　认知网络营销评估指标

一、认知网络营销效果评估

（一）网络营销效果评估含义

网络营销效果评估就是对各种网络营销活动进行及时跟踪控制，以保证各种网络营销方法可以达到预期的效果，同时对网络营销方案的正确性和网络营销人员的工作成效进行检验。网络营销效果评估非常重要，企业需要重视起来。

网络营销效果的量化评估数据并不容易获得，即使对于一些可以获得的指标。例如，网络营销对销售额的贡献率是多少，对品牌形象的提升产生多大效果，也很难量化。虽然人们可以监测到某个搜索引擎每天的访问者数量，或者某个网络广告的点击数量，但是这些访问者或者点击最终产生多大效益，仍然很难评估。因此，应该综合评估网络营销的总体效果，即评估各种效果的总和，如企业品牌提升、客户关系和客户服务、对销售的促进等方面，而不仅仅局限于销售额等个别指标，网络营销的根本目的在于企业整体效益的最大化。

以网络广告为例，对网络广告效果的评估，目前主要是根据广告的经济效果指标来进行的，具体包括广告费用指标、广告效果指标、广告效益指标、市场占有率指标和广告效果系数指标等。因此要评估一个广告投放是否成功，不能仅从单一指标就得出结论，而是要做一个全面的考察。例如某网络运营商在广告投放调试期内，分别在 A 网站和 B 网站投放 1 000 元做同类型的广告，假如在所有外部条件相同的情况下，A 网站给网络运营商带来 5 000 元的利润和 2 000 个点击；而 B 网站则给网络运营商带来 4 000 元的利润和 5 000 个点击。该如何判断哪个网站的广告投放效果更好呢？如果仅从带来的利润来看，A 网站要优于 B 网站；但不能忽视的是，B 网站带来更多的潜在客户，这将是一笔巨大的财富。

（二）网络营销效果评估标准

在评估过程中，要评估网络广告效果的好坏，必须有一个可衡量的、标准化的方法。与传统广告拥有索福瑞、AC 尼尔森等权威机构相比，网络广告还没有一家公开的第三方机构可以提供量化的测评标准和方法。大多数情况下，都是网络运营商通过网站后台访问统计分析和具体的销售情况进行评估的。

网站访问统计分析是网络营销的重要组成部分，也是网络营销效果评估的基础，它为网络营销优化和网络营销策略研究提供了参考依据（图 9-2）。网站访问统计分析的作用主要表现在以下几个方面。

①能够帮助企业及时掌握网站推广总的效果，减少盲目性。

②能够及时评估各种网络营销手段的效果，为制订和修正网络营销策略提供依据。

③通过网站访问数据分析进行网络营销诊断，包括对各项网站推广活动的效果分析、网站优化状况诊断等。

④了解用户访问网站的行为，为更好地满足用户需求提供支持。

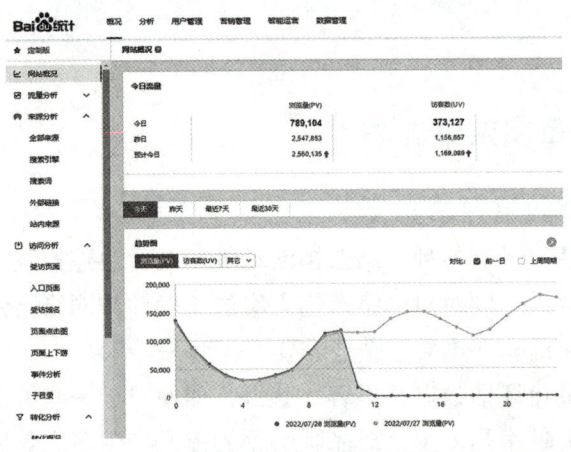

图 9-2 网站访问统计分析

二、网站访问统计常用指标类型

（一）网站流量统计指标

网站流量（traffic）是指网站的访问量，是用来描述访问一个网站的用户数量以及用户所浏览的网页数量等的指标。常用的网站流量统计指标包括网站的独立访问者数量、总访问者数量（含重复访问者）、页面浏览数、每个访问者的页面浏览数、用户在网站的平均停留时间等。

1. 独立访问者数量

用户独立访问数量就是网站流量统计分析中另一个重要的数据，并且与页面浏览数分析之间有着密切关系。用户独立访问数量主要描述访问网站用户的总体状况，是指在一定周期内访问网站的数量，每一个固定的用户只代表一个唯一的用户，无论这个用户访问网站多少次。访问网站的用户越多，说明网站优化的效果越好，这也是评价网站的一个重要标准。

2. 总访问者数量

指访问网站的用户数量，包含重复访问者。用户重复访问数量反映了用户对网站的忠诚度，网站用户的忠诚度越高，重复访问的用户也就越多。

3. 页面浏览数

指在一定时期内所有访问者浏览的页面数量，页面浏览数说明网站受到关注的程度。如果一个访问者浏览同一页面三次，那么页面浏览数就是三个，页面浏览数量经常作为网站流量统计的主要指标。

4. 每个访问者的页面浏览数

这是一个平均数，就是在一定时间内全部页面浏览数与所有访问者相除的结果。这一指标说明了用户对网站内容或产品信息感兴趣的程度，这就是黏性。如果大多数访问者的页面浏览数仅为1，表明用户对网站内容或者产品没有多大兴趣。

5. 用户在网站的平均停留时间

平均停留时间也就是搜索引擎在访问这个网站时的平均访问时间。用户在网站的停留时间具有不确定性，如果用户在网站停留时间很短，那么一般来说跳出率都很高，说明网站没有内容，或者内容质量不高，没有什么有意义的内容，所以访客很快离开。

除此之外，还有一些与流量指标相关的评估指标。虽然这些指标不能用来直接衡量流量的多少，但是与流量的获取密切相关，如网站被各主流搜索引擎收录的数量及在其中的排名、被其他网站链接的数量等。一般来说，网站被搜索引擎收录的网页数量越多，对增加访问量就越有效果；在搜索引擎中排名靠前也很重要，因为排名在搜索结果的前三页之后，或者在几百名之后，这样的推广基本起不到作用。另外，获得高质量的网站链接、被其他网站链接的数量越多，对搜索结果排名越有利，而且访问者还可以直接从链接的网页进入网站。

虽然网站链接的数量与网站访问量之间没有严格的正比关系，但从搜索引擎优化的角度来看，高质量的网站链接对网站推广还是具有较大价值。

（二）用户行为指标

用户行为指标主要反映用户是如何来到网站的、在网站上停留了多长时间、访问了哪些页面等，主要的统计指标包括用户在网站的停留时间、网站跳出率、用户来源网站、用户所使用的搜索引擎及其关键词、在不同时段的用户访问量情况等。

（三）用户浏览网站的方式

用户浏览网站的方式主要是指用户的来源及其使用的相关设备，主要的统计指标包括用户所在地理区域分布状况、用户上网设备类型、用户浏览器的名称和版本、访问者计算机的分辨率显示模式、用户所使用的操作系统名称和版本等。

第二节　分析网络营销评估指标

一、页面浏览数分析

在网站流量统计分析报告中，给出网站的页面浏览数，一般是指一个统计时期内的网页浏览总数，以及每天的平均网页浏览数。这两个数字表明了网站的访问量情况，可以用作网站推广运营效果的评估指标之一。页面浏览数对网络营销效果评估主要有以下四个方面的应用。

（一）分析页面浏览数历史数据与网站发展阶段的相关性

对3个月以来每天的网站页面浏览数进行分析，企业可从中分析出网站流量的发展趋势，并将这些数据与网站所处阶段特点结合起来分析。对于新发布的网站，如果网站页面浏览数呈现上升趋势，那么这与网站发展阶段的特征是基本吻合的；否则就要反思为什么此期间网站访问量没有明显上升。如果网站处于稳定阶段，页面浏览数应该相对稳定或有一定波动，但如果数据表明页面浏览数在持续下滑，则表明网站出现某种问题。如网站内容和服务方面存在问题，或者出现新竞争者造成用户转移，或者在保持老用户方面做得不好致使用户流失等。

（二）分析页面浏览数变化周期

当网站运营一段时间之后，网站处于相对稳定阶段，此期间网站访问量会呈现一定的周期性变化规律，如星期一到星期四的访问量明显高于星期五到星期日的访问量；而在同一天中，上午10：00和下午3：00可能是网站的访问高峰。掌握了这些规律后，就可以充分利用用户的访问特点，在访问高峰到来之前推出最新的内容，尽可能提高网站信息传递的效果（图9-3）。

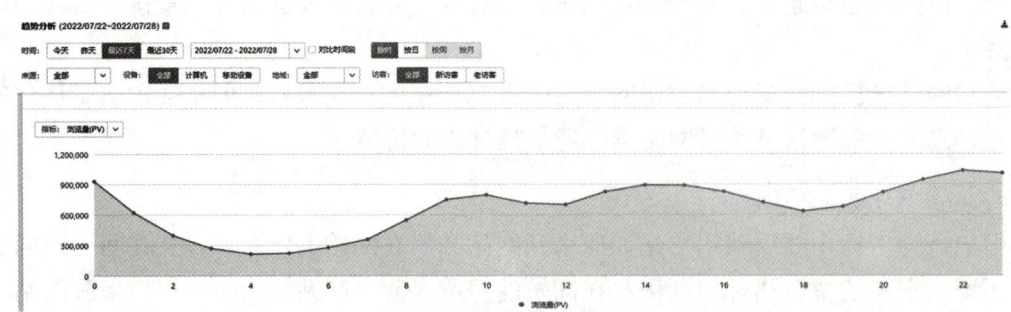

图9-3　页面浏览数七日变化趋势图

（三）分析单个访问者的页面浏览数变化趋势，判断网站访问量的实际增长

用户页面浏览数的变化，反映了用户从网站获取的信息量。一般来说，平均页面浏览

数越高，说明用户获取的信息量就越大。在分析每个访问者的页面浏览数变化趋势时，如果发现这一数据基本保持稳定。那么与网站页面浏览数进行对比分析时，单个访问者的页面浏览数的变化趋势就反映了网站总体访问量的变化。如果单个访问者的平均页面浏览数有较大变化，则需要对网站的独立访问者数量、页面浏览数等指标进行比较分析，才能发现网站访问量变化的真正趋势。如果每个访问者平均页面浏览数增加，即使独立访问者数量没有增长，同样会使页面浏览数增加；反之，如果独立访问者数保持稳定，但平均页面浏览数下降了，就会造成页面浏览数减少。

（四）分析网站的重要信息是否被用户关注

通过各个栏目（频道）页面浏览数的比例，分析网站的重要信息是否被用户关注。在 Alexa 全球网站排名系统中，可以看到一些网站各个栏目首页访问量占网站总访问量的比例，这一信息对于选择将网络广告投放在哪个频道具有一定的参考价值。这种数据主要来自第三方的统计，并且对于大多数访问量较低的网站来说，信息的准确性较差。但这种分析思路可以推广到任何一个网站，通过对各个栏目页面浏览数比例的分析，可以看出企业用户对哪些信息比较关注，这些数据对于各个重要网页的推广具有重要意义。例如，根据自己的期望，决定采用搜索引擎关键词广告推广时应该链接到哪些页面、注册快捷网址时直接到达哪些页面等。

二、独立访问者数量分析

独立访问者数量有时也称为独立用户数量，是网站流量统计分析中另一个重要的数据，并且与页面浏览数有密切关系。独立访问者越多，说明网站推广越有成效，这意味着网络营销的效果越好，因此它是最有说服力的评估指标之一。对于页面浏览数量而言，网站独立访问者数量更能体现出网站推广的效果。在网站流量分析中，独立访问者数量对网络营销效果分析主要有下列作用。

（一）独立用户数量比较真实地描述了网站访问者的实际数量

相对于网页浏览数和点击数等网站流量统计指标，网站独立访问者数量对网站访问更有说服力，尽管这种统计指标本身也存在一定的问题。对独立访问者数量的定义，通常是按照访问者的独立 IP 进行统计的，这实际上和真正的独立用户之间也有一定差别，比如多个用户共用一台服务器上网，使用的是同一个 IP，因此无论通过这个 IP 访问一个网站的实际用户数量有多少，在网站流量统计中算一个用户；而对于采用拨号上网方式的动态用户，在同一天内的不同时段可能使用多个 IP 来访问同一个网站，这样就会被记录为多个"地理访问者"。

（二）网站访问者数量可用不同于类型网站访问量的比较分析

在"网站页面浏览数分析"中介绍，通过每个访问者的页面浏览数变化趋势分析网站访问量的实际增长时需要用到独立访问者数量统计指标，因为对于不同的网站，用户每次访问的页面数量差别可能较大。独立用户数量是一个通用性的指标，可以用于各种不同类型网站之间进行访问者的比较。

（三）网站独立访问者数量可用于同一网站在不同时期访问量的比较分析

与不同网站的用户平均页面浏览数有较大差别类似，同一网站在不同时期的内容和表现会有较大的调整，用户平均页面浏览数也会发生相应的变化。因此在一个较长时间内进行网站访问量分析时，独立用户数量指标具有较好的可比性。

（四）以独立用户为基础可以反映出网站访问者的多项行为指标

除了网站的"流量指标"之外，网站统计还可以记录一系列用户行为指标如用户电脑的显示模式设计、电脑的操作系统、浏览器名称和版本等，这些都是以独立用户数量为基础进行统计的。同样，在一个统计周期内同一用户的重复访问次数也可以被单独进行统计。

三、用户来源分析

网站用户来源统计信息为网络营销人员从不同角度分析网站运营的效果提供了方便。例如，它可以分析常用的网站推广手段带来的访问量。

用户来到一个网站的方式通常有两种：一种是在浏览器地址栏中直接输入网址或者点击收藏夹中的网站链接；另一种是通过别的网站引导而来，即来源于其他网站。用户来源网站，也称为引导网站或推荐网站。许多网站统计分析系统都提供了用户来源网站统计的功能，这对于网站推广分析具有重要意义。

分析用户来源统计数据，可以了解用户来自哪个网站的推荐、哪个网页的链接。如果是通过搜索引擎检索的，可以看出用户来自哪个搜索引擎、使用什么关键词进行检索，以及你的网站（网页）索引出现在搜索结果的第几页第几条等。

一般来说,通过网站流量统计数据可以获得用户来源网站的基本信息包括来源网站(网页)的 URL 及其占总访问量的百分比、来自各个搜索引擎的访问量百分比、用户检索所使用的各个关键词及其所占百分比、对网站访问量贡献最大的引导网站、对网站访问量贡献最大的搜索引擎、网站在搜索引擎检索中表现最好的核心关键词等。

以搜索引擎为例，通过来源网站的分析，企业可以清晰地看出各个搜索引擎对网站访问量的贡献如何，各个主流搜索引擎的重要程度如何，是不是值得购买其付费搜索服务等。这些结论有利于选择对网站推广有价值的搜索引擎作为重点推广工具，从而减少无效的投入。

当然，这些基本统计信息所能反映的问题并不全面，有些隐性问题可能并没有反映出来。例如，根据分析，某个关键词对于一个网站应该很重要，但是通过对主要搜索引擎带来访问量的分析发现，只有其中一个搜索引擎带来访问量（通过自然搜索而不是付费方式）。这种情况并不能因此而否定其他搜索引擎的价值，还需要进一步分析才能知道这是自己网站本身的问题，还是搜索引擎的问题。

四、搜索引擎和关键词分析

通过网站流量统计数据，企业可以对用户使用的搜索引擎及关键词进行统计分析，具体指标包括各个搜索引擎重要程度的统计、关键词使用情况的统计、最重要的搜索引擎分析、最重要的关键词分析、分散关键词的分析、搜索引擎带来的访问量占网站总访问量的百分比。根据这些统计数据，企业可以初步断定该网站用户使用搜索引擎的一般特征，并可据此改善、优化搜索引擎营销策略（图9-4）。

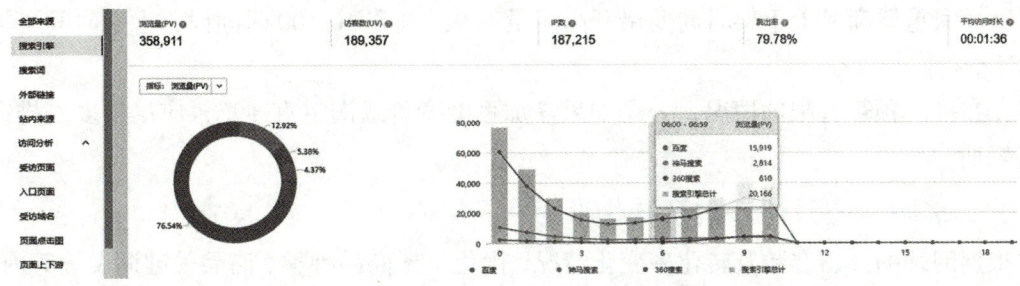

图9-4 搜索引擎和关键词分析

网站流量统计分析非常重要，尤其是其中的搜索引擎关键词分析，对于制定和改进网站的搜索引擎推广策略至关重要。无论是自己进行网站流量分析，还是请专业机构来操作，都很有必要了解网站流量统计分析期望获得的结果。

第三节 优化网络营销效果

网络营销效果优化主要是指在对网络流量统计数据、点击率、转化率等数据进行分析并正确评估的基础上，对原有的网络营销策略进行调整、优化的行为。

一、访客流量的分析及优化

（一）网站每天的访客流量分析

根据网站每天的访客流量高峰及低谷，如图9-5所示，企业可优化客服人员安排、商品上下架时间、广告投放时段等。

日期		浏览量(PV)	访客数(UV)	IP数
1	11:00 - 11:59	35,447	14,577	13,411
2	10:00 - 10:59	117,171	47,780	44,333
3	09:00 - 09:59	111,970	45,997	42,173
4	08:00 - 08:59	77,067	35,853	33,138
5	07:00 - 07:59	47,857	24,362	23,159
6	06:00 - 06:59	38,461	19,940	18,986
7	05:00 - 05:59	30,784	15,204	14,507
8	04:00 - 04:59	29,602	14,160	13,455
9	03:00 - 03:59	38,584	18,921	16,949
10	02:00 - 02:59	58,153	29,865	25,722
11	01:00 - 01:59	88,104	43,722	42,152

图9-5 网站访客流量时段分析

例如，某商家通过访客流量分析发现流量的高峰期在10：00~11：00及9：00~10：00，流量的低谷期在凌晨4：00~5：00，针对网站每天的访客流量高峰及低谷的变化规律，对该网站进行如下的调整与优化。

①客服人员安排，4：00左右可以休息，9：00、10：00要适当增加客服人员。

②商家重要商品上下架时间要错开高流量的9：00和10：00时间段，上架时间可提前1小时左右。

③在推广预算有限的情况，公司如果参加百度竞价或淘宝直通车，应尽量多安排在流量高峰期。

（二）网站的月访客数及转化率分析

根据网站的月访客数及转化率变化情况，优化上架商品种类、商品关键词设置等内容。例如，某店铺的访客数快速增加，而转化率呈快速下降的趋势，说明店铺的上架商品选择、商品关键词设置等出现问题，客服人员应该及时进行调整与优化，具体操作可从以下几方面着手。

①商品方面，选择应季、时尚、款式好、性价比高的商品，并且每类商品只推广1~2款，其他商品适当做关联销售。

②商品的关键词设置应精确，尽量与推广商品的目标客户搜索习惯及需求相一致。

③商品图片一定要清晰、美观、大气，商品描述一定要图文并茂，以提高商品的转化率。

④客户对所购商品的评价尽量避免中差评。即使最后客户给了中差评，客服人员也应该给出一个合乎情理的解释与回复并解决，防止不良信息发酵并持续扩散。

二、访客来源的分析及优化

通过分析某网站的访客来源图（图9-6）发现：最重要的客户区域为广东、江苏、山东；其次重要的客户区域为河南、浙江、河北等。针对这种状况，应对公司的网络营销策略进行相应的调整。

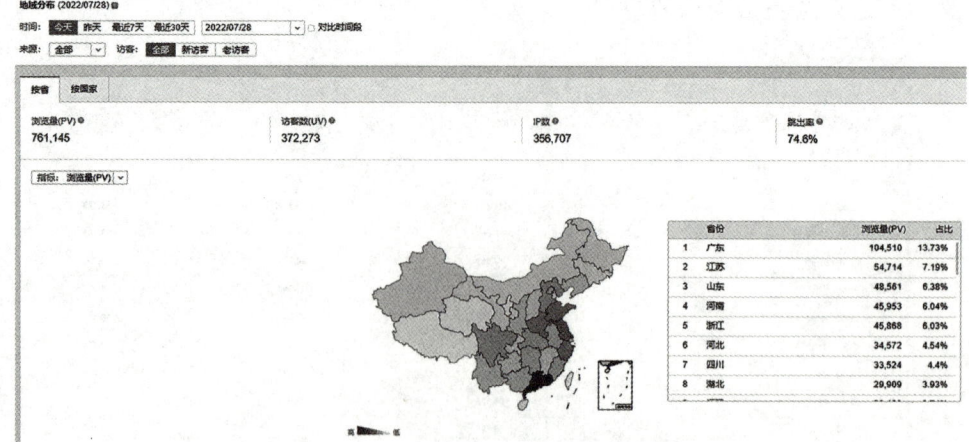

图9-6 访客区域示意图

对于访客比较集中的广东、江苏、山东等区域，商家或企业可以单独针对此区域的客户实施一些优惠促销活动，如包邮、满减等，以提高转化率；也可以实施区域定向的百度竞价（或淘宝直通车）推广计划。

要及时关注新、老客户的浏览访问率，如图9-7所示，注意维护好与老客户的关系。

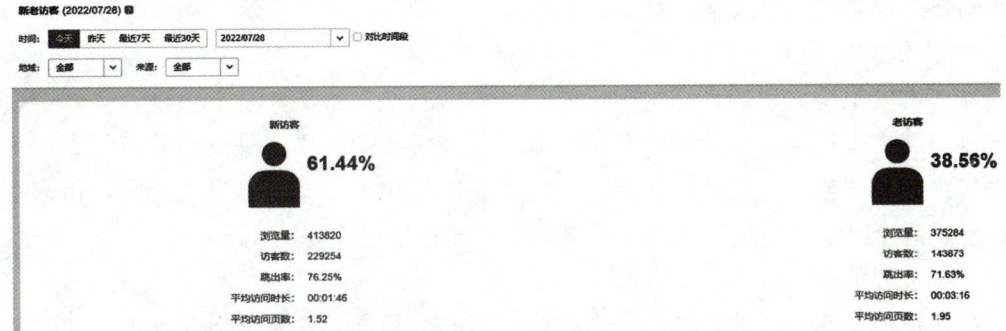

图9-7　新、老访客的浏览访问率对比示意图

对于访客稀少的区域，要认真研究为什么会缺少流量。如果是地域原本人烟稀少，或者是快递送不到的区域，可以暂时不做过多考虑。如果是网站的内部设置有问题，就要进行调整，例如查看运费设计是否合理等。另外，在网站（网店）测试阶段，还可以做包邮尝试，通过开展促销活动增加访问流量；如果确实无流量，可以暂时放弃该区域。

知识拓展

外链优化

1. 外链的作用

外部链接，简称外链，指在别的网站导入自己网站的链接。导入链接对于网站优化来说是非常重要的一个过程。导入链接的质量（即导入链接所在页面的权重）间接影响了网站在搜索引擎中的权重。对于搜索引擎尤其是百度、Google来说，决定一个网站自然排名的关键是外部有多少高质量的链接指向这个网站。简而言之，外链主要从数量和质量两方面来影响排名。

2. 外链种类

（1）锚文本链接

锚文本就是把一个关键词，做一个连接，指向一个页面，也称锚文本链接。锚文本可以直接告诉搜索引擎他所指向的页面，最想要表达的内容。对于关键词的排名，对于文章页面的收录，以及网站的权重，都是非常有帮助的。合理的站内锚文本，可以引导蜘蛛爬取更多的页面，呈现我们对搜索引擎的友好。同时，站内锚文本在提供用户体验度上有很好的引导作用。用户往往可以通过锚文本，准确而快速地找到自己需要的信息，如果没有这些锚文本，用户往往会关闭页面。

（2）超链接

超链接的意义跟锚文本一样，可以由一个页面直接指向另一个页面，只是他的表现形式不是关键词，而是文本式的链接。如果网站有效的相关域很多的话，就说明这个网站的传播性很广，被大众的熟知度很广泛。而且这种有效的相关域是可以点击的，要是有需求的用户可以直接点击进入网站，这样的有效相关域也是外链的一种有效形式。所以不难推断出，超链接在关键词的排名效果上，没有锚文本的作用大，但是在传递网站的权重上，效果是差不多的。

（3）纯文本链接

纯文本就是纯文字的，即纯字母的一个链接表现，是不能直接点进入另一个页面的链接。纯文本链接的作用相对于锚文本，超链接，他的作用是最弱的。但是一个纯文本如果运用得当，可以让很多用户愿意来复制这个纯文本，这样就给网站带来很大的流量。这个时候，他的作用可能是锚文本链接和超链接无法实现的。

（4）图片链接

图片链接即用一张图，做一个链接指向另一个页面。图片可以做上 ALT 属性，方便蜘蛛能够识别图片信息，直接获取指向页面的主要内容。图片链接可以让文章更生动，更吸引眼球，图文结合的文章，给用户赏心悦目的感官享受，会越来越受欢迎。如果做外链只为做好主站的优化工作，尽量选择锚文本形式的外链，当然锚文本外链很多时候不好做，图片链接主要用于吸引流量上。

3．外链对 SEO 的影响

外部链接对 SEO 有以下几个方面的影响。

（1）相关性

相关性是搜索结果质量的最重要指标。外部链接内容相关性及锚文字是判断相关性最重要的因素之一，尤其是来自其他网站的导入链接。

（2）权重及信任度

外部链接能使页面及整个域名权重提高，信任度增加。外部链接越多，网站本身权重就越高。投向一个页面的权重和信任度，也会累计在整个域名上。权重和信任度与特定关键词和主题没有直接关系。如果网站来自百度、华尔街、央视等这种权重高的网站链接，网站权重会有质的提升，不管网站目标关键词是什么，对排名都会有帮助。

（3）收录

页面收录是排名的基础，不能进入索引库就谈不上排名。外部链接数量及质量对一个域名所能带动收录的总页数有至关重要的影响。没有强有力的外链，仅靠内部结构和原创内容，很难使大型网站收录充分。

三、访客行为的分析及优化

互联网智能化发展是当前互联网科技发展的方向之一，基于用户的个人行为，将信息有针对性地推送给用户，体现个性化的服务，是智能互联网的重要体现。对于用户的访问信息，固然可以通过用户调查，让其主动填写的方式获得，但这种方式需要用户主动参与才能得到其访问行为信息，覆盖范围有限。因此，目前业界更加关注于通过分析用户在互联网上的行为，得到其访问信息并挖掘其商业价值。用户访问行为分析是网站进行优化的基础依据。

（一）用户访问行为的分析途径

1. 访问轨迹

从大的层面而言，它可以告诉用户在整个访问网站的过程中都做了哪些事情，既用户的客观行为；从小的层面而言，它可以告诉一些不通过分析访问轨迹无法得知的网站在用户操作流程上可能存在的问题，加上停留时间的参数进行分析的话，甚至可以告诉访问网站的用户的类型。

访客经常在网站中的各个页面之间跳转，访问的路径不胜枚举，但可以通过观察焦点页面及其上下游页面，掌握访客的来路和去向，发现较普遍的访客访问习惯。页面访问轨迹即用来完成该功能，用户可自由指定观察焦点页面，系统会列出该页面的前十位来路页面和去向页面。对观察焦点页面而言，其自身的导入、导出 PV 的多少能够反映出该页面在网站的权重地位，通过观察来源和去向页面，企业或商家又能最大限度地了解到访客的行为习惯及兴趣点。访问轨迹能够告诉网站主，用户在一个网页上的视觉大致浏览轨迹，即用户的客观行为。由此还可以得出一个网页设计是否合理，是否能够使用户真正注意并且点击到需要让他点击的位置，最终影响到整个网站的信息架构。

2. 热点图

"热点图"通过不同颜色区分不同区域的点击热度，可以更加直观地展现访客兴趣，高效追踪访客来源，从而多维度分析各种特征的访客点击情况。用户只需将关注的受访页面链接添加到"热点图"功能中，并保证该页面已成功放置"站长统计"代码，第二天即可查看"热点图"相关数据情况。在申请开通"热点图"功能后，用户可同时关注多个热点页面。打开某一页面热点图，兴趣点展现一目了然。

3. 鼠标点击

用户的鼠标点击某种程度上可以告诉用户在某个网页上的视觉轨迹。因为根据人的一般行为规律，用户会先点击他最先注意到的网页元素，无论这个元素是个按钮还是其他。因此，对用户鼠标点击的总结和分析将能够告诉用户在一个网页上的视觉大致浏览轨迹。由此可以得出一个网页设计是否合理，是否能够使得用户真正注意并且能够点击到企业需要让用户点击的位置，最终影响到整个网站的信息架构甚至网站结构。

4. 浏览器

对于浏览器和用户操作系统信息的获取已经不是什么新鲜的功能，它们能够告诉用户使用机器的一些基本信息，不同类型的厂商对搜集用户行为上有各种方法：如对终端软件提供商而言，可以通过终端软件搜集用户上网的点击行为；对于 Web 服务提供商而言，可以通过网站的 Web 服务记录用户在本网站的浏览历史；对电信运营商而言，用户所有的网络访问行为都可以被记录，相比终端软件提供商和网站服务提供商，所记录的用户行为覆盖更广，基于这些数据统计分析得到的用户偏好信息相对更加全面。

5. URL

用户的行为日志数量庞大,对每一条记录都进行详尽分析在实际中并不可行。依据 Web 访问的特点,滤除用户在浏览网页时产生的对图片、动画、脚本等和内容关系不密切的 HTTP 请求记录。然后,再把短时内来自同一 IP、具有相同域的 HTTP 请求记录进行聚类合并,使得最终结果更加接近真实的用户网络点击访问行为,这也是分析互联网上用户行为的一种方法。在得到用户的 HTTP 请求的 URL(uniform resource locator)后,需要明白其代表的信息类型才能知道用户的具体偏好,而开放式分类目录(ODP)能解决这个问题。它是在一个开放式的框架下,将各种网站 URL 进行分门别类,建立起网站 URL 的知识本体(ontology)。可以利用此工具将用户的行为记录翻译成表示网站类型的名词,并进行统计,得到反映用户偏好的直方图。

(二)访客行为的优化

例如,通过某淘宝店铺的访客行为分析图发现,店铺的直接访问入店跳失率和店铺收藏跳失率均比较高,并且店铺收藏跳失率高于直接访问入店跳失率。说明收藏店铺的老客户对店铺已不感兴趣,店铺对用户缺乏吸引力,商家就应该采取相应的网络营销策略来进行补救,具体可考虑以下优化措施。

①注意维护好与老客户的关系,定期给用户发送一些打折促销或新商品信息。

②注意店铺商品的更新换代,多方面满足老客户的需求。

③店铺的装修风格应保持稳定,避免老客户对新风格的反感。

网络营销效果评估与优化是一项复杂而又非常重要的系统工程。随着电子商务的飞速发展,网络营销必然会受到越来越多专业人士的青睐,评估与优化的手段也会不断创新与发展。可以预见,在不久的将来,会有越来越多的有识之士耕耘在中国互联网的这片沃土上,在辛勤探索与不断创新中成就其网络时代的追求与梦想。

课堂实训

网站页面浏览数统计分析

1. 训练目的

通过实训,掌握网站页面浏览数统计分析。

2. 训练内容及步骤

(1)对某网站近 2 个月以来每天的网站页面浏览数进行分析。

(2)分析页面浏览数变化周期,掌握网站访问量周期性变化规律。

(3)分析单个访问者的页面浏览数变化趋势,判断网站访问量的实际增长。

(4)通过各个栏目(频道)页面浏览数的比例,分析网站的重要信息是否被用户关注。

3. 训练思考

当网站运营处于相对稳定阶段,此期间网站访问量会呈现哪些周期性变化规律?

本章小结

网络营销已经成为大多数企业发展业务的主要方式，但很少企业真正了解其效果，更不知道如何有效地去改进。由于网络营销所涉及的技术、手段比传统营销更复杂、更专业，因此对网络营销效果的评估和优化不是一件容易的事。但这件事却是企业经营者为提高经营业绩所需要重点关注的事。通过本章的学习，希望读者能够根据常见的网络营销效果评价指标正确评价网络推广的效果；具备在营销效果分析的基础上优化推广策略的能力。培养分析思辨、判断决策的能力。锻炼表达沟通交流的能力和合作解决问题的能力。

本章习题

1. 简述网站访问统计常用指标类型。
2. 如何对独立访问者数量进行分析？
3. 如何进行访客流量的分析及优化？
4. 如何进行访客行为的分析及优化？

参考文献

[1] 刘建华,许茂伟.网络营销基础与实务[M].北京:人民邮电出版社,2022.

[2] 黄耿生.网络营销实务[M].北京:清华大学出版社,2022.

[3] 何晓兵.网络营销基础与实务[M].北京:人民邮电出版社,2021.

[4] 杨韵.网络营销:定位、推广与策划[M].北京:人民邮电出版社,2021.

[5] 田玲.网络营销策划与推广[M].北京:人民邮电出版社,2021.

[6] 王丽丽.新媒体营销实务[M].北京:中国人民大学出版社,2020.

[7] 惠亚爱,乔晓娟,谢蓉.网络营销推广与策划[M].北京:人民邮电出版社,2019.

[8] 肖进.网络营销与推广[M].北京:机械工业出版社,2019.

[9] 杨若莹,张卫林,陈琪.新媒体营销[M].哈尔滨:哈尔滨工程大学出版社,2021.